Medo da consciência negra

Lewis R. Gordon

Medo da consciência negra

tradução
José Geraldo Couto

todavia

Para Hank Aaron, Colin Abel, Samir Amin, Hugh Becca, Chadwick Boseman, Ray Bottass, Kamau Brathwaite, Sarah (Waterloo) Broadie, James Cone, Elijah Cummings, Anani Dzidzienyo, Ruth Bader Ginsburg, Sheila Grant, Kwame Gyekye, Wilson Harris, F. Abiola Irele, Colin Krikler, Shirley Levy, Alanna Lockwood, María Lugones, Joseph Margolis, John Mascolo, Jill Mehler, Denise Dawn Elaine Mitchell, Minoweh Ikidowin (também conhecida como Donna Edmonds Mitchell), Milton Mitchell, Aubrey Maitshwe Mokoape, Richard Wayne Penniman (também conhecido como Little Richard), Ghjuvan'Teramu Rocchi, Emile Michael Solomon, Lorenzo ("Tio Sonny") Solomon, Walter South e Wamba dia Wamba, que foram se unir aos ancestrais durante a feitura e conclusão deste livro.

Prólogo 9
Introdução: Lutando para respirar 17

Parte I: Aprisionados
1. Temidos 35
2. Enegrecidos 52
3. Apagados, ou "não vejo raça" 71

Parte II: Fabricação da raça e do racismo
4. Fabricação da raça 93
5. Racismo "interseccionado" 110
6. Privilégio, luxo, imunidade 129
7. Trans, mas não transcendidos 143

Parte III: Realidades políticas
8. Cinco tipos de invisibilidade 161
9. A consciência negra é política 184
10. Consciência negra em Wakanda 208

Parte IV: Mesmo quando *black and blue*
11. *Blue* 243
12. Valorizados 272

Agradecimentos 287
Uma nota sobre o autor 289
Notas 291
Índice remissivo 323

Prólogo

Olhando para dentro
Às vezes se vê a derrota
Em face das limitações

Olhar para dentro
Floresce-intensifica
Implode

Cair para dentro
É a mais celestial das quedas,
Dizem-nos os físicos

Pergunte a qualquer buraco negro
— de uma certa distância,
é claro

Poema do autor

Não nasci com uma consciência negra. Duvido muito que alguém possa ter nascido com uma. Isso vale para uma consciência parda, indígena, branca, amarela, ou para qualquer outro tipo de consciência racializada. Poderíamos declinar uma longa lista de identidades sem as quais nascemos. No entanto, acabamos aprendendo e, às vezes, somos colocados à força dentro delas.

Nasci no país insular da Jamaica em 1962, alguns meses antes da sua independência oficial do Império Britânico. Isso quer dizer que me foi dado o privilégio de uma infância com primeiros-ministros que eram todos pardos ou negros — ou pelo menos de cor.* No entanto nós, crianças, não tínhamos

---

* "De cor": no original em inglês, "of color", expressão usada para designar de forma genérica os "não brancos" e, ocasionalmente, "não brancos e não negros". No Brasil, a fórmula "de cor" adquiriu, em certos contextos, uma conotação de racismo envergonhado. Como se, considerando a palavra

motivo algum para pensar neles nesses termos. Eram simplesmente as mais altas lideranças do nosso país. Pessoas semelhantes tinham seu retrato impresso em nossas cédulas de dinheiro, e não era incomum encontrarmos um dentista, advogado ou professor que se parecia com a maioria de nós. O mesmo valia para jornalistas e artistas de televisão. As pessoas que produziam nossa música também eram assim e, embora víssemos pessoas de pele muito clara nas praias dos locais turísticos, nada nelas indicava alguma limitação nossa. Afinal, "nós" estávamos em todos os setores da vida. Da elite à classe trabalhadora, incluindo o povo da montanha ou da "roça", todos éramos "nós". Éramos jamaicanos. Essa forma básica de pertencimento é algo que muitos negros que vivem em países predominantemente brancos não experimentam. Quando eu acordava a cada manhã, meu objetivo não era deixar meu país natal, e até onde eu sabia e intuía, a vida tinha a ver com fazer parte de um mundo que precedia todas as pessoas que eu conhecia e que prosseguiria depois que tivéssemos morrido. Éramos, em outras palavras, comuns.

Todas as imagens de autoridade, beleza e amor da minha infância eram de pessoas que, nos contextos da América do Norte e da Europa, cruzavam linhas divisórias de cor. A imagem suprema de autoridade na minha família era meu bisavô materno, Uriah Ewan, que chamávamos simplesmente de "Avô". Avô tinha mais de dois metros de altura, era um panamenho-liberiano de pele escura na faixa dos noventa anos. Tendo perdido sua batalha contra o glaucoma, também estava cego. Suas palavras eram repletas de sabedoria, e seu toque — ele precisava nos tocar com os dedos ou nos segurar com suas mãozorras

---

"negro" ofensiva, a pessoa se referisse aos negros como gente "de cor". No texto de Lewis R. Gordon não há esse sentido. [Esta e as demais notas de rodapé são do tradutor; as notas do autor se encontram ao final do volume.]

para nos "ver" — era sempre brando e amoroso. Minhas outras imagens de autoridade eram minha bisavó materna, Beatrice Norton Ewan ("Vovó Bea"), uma judia de ascendência irlandesa, escocesa e tâmil; minha avó paterna, Gertrude Stoddart, chinesa e escocesa; e minhas muitas tias, de diversos tons de pele. Minha principal imagem de beleza era minha mãe, Yvonne Patricia Solomon, uma mulher de pele escura de ascendência judaica de ambos os lados, uma vez que sua linhagem judaica irlandesa materna se cruzou com sua linhagem judaica palestina paterna. A família, para mim, era algo multicolorido. Ainda é.

Isso não quer dizer que eu não me apercebesse da aristocracia de cor da Jamaica. Como a ilha se tornara um país independente poucos meses depois do meu nascimento, perduravam vestígios do colonialismo britânico. Pessoas de pele clara eram qualificadas de "lindas", "decentes" e "espertas". Pessoas de pele escura eram frequentemente chamadas de "feias", "indecentes" e "burras" — e mesmo de "renk" (um termo de dialeto para "malcheiroso"). Isso implicava muitas contradições, uma vez que minha mãe de pele escura recebia elogios por sua beleza e inteligência por onde passava. Havia também a alta consideração que tínhamos pelo Avô, e quase todos os meus contatos diretos com a beleza, a gentileza e a sabedoria se davam no encontro com parentes e amigos de pele escura. Entretanto, era evidente que a sociedade jamaicana dava preferência a gente de pele clara. Os profissionais não brancos eram esmagadoramente pardos ou mais claros. Apesar de a sociedade jamaicana pender tanto para o lado das pessoas de pele clara, sempre me espantou o fato de que os brancos nunca estivessem satisfeitos. Havia sempre alguma coisa que os incomodava.

Um incidente relacionado à pele escura se destacou de todo o resto para mim. Havia um garoto negro na escola fundamental que eu frequentava quando tinha seis anos. Algumas crianças mais velhas viviam provocando-o e chamando-o de "Paul Bogle". O rosto bonito do histórico Bogle estampa a nota de dois dólares da Jamaica. Paul Bogle foi um dos heróis nacionais do país. Foi enforcado por se rebelar contra os britânicos. Imagine uma criança nos Estados Unidos sendo azucrinada por se parecer com Nathan Hale, que celebremente lamentou ter apenas uma vida para doar a seu país. Aquele garotinho deveria se sentir orgulhoso por se parecer com Bogle, e os outros deveriam admirar essa semelhança. No entanto eles o provocavam porque, para eles, como ficou claro, o traço dominante de Bogle, assim como o do garoto, era o tom escuro da pele. Apesar desse molestamento, ninguém, nem mesmo os molestadores, assumia a posição de que aquele menino não era jamaicano ou, menos ainda, de que era de uma "raça" diferente.

Deixei a ilha da Jamaica em 1971, com a ajuda de duas tias, para me juntar a minha mãe, que imigrara para Nova York com apenas cinco dólares norte-americanos no bolso ao se separar de meu padrasto. A história dela e o que seus três meninos tiveram de encarar são hoje narrativas familiares, como são conhecidas em todo o planeta tantas histórias de agruras enfrentadas por migrantes e refugiados sem documentos. Minha empolgação por estar na metrópole de um país mostrado a toda hora no cinema foi transformada em pouco tempo pela realidade de sujeira, animosidade e violência do Bronx, onde eu viveria por quase vinte anos. Foi ali que desenvolvi uma consciência negra racializada.

Minha primeira experiência de consciência negra foi na escola fundamental. Ao meu lado se sentava um menino branco chamado Tommy. Eu estava muito entusiasmado com o fato de estar na escola. Lia tudo e me apressava a responder as perguntas que a professora dirigia à classe. Na segunda semana,

Tommy virou-se para mim e perguntou, com um sorriso maldoso: "Como vão as coisas, *nigger*?".*

Por estranho que pareça, eu não sabia o que significava a palavra "nigger". O que me deixou desconfiado foi o esgar dele. Era evidente que ele estava tirando vantagem da minha ignorância e que se deleitava ao fazer isso. Quando lhe perguntei o que a palavra queria dizer, ele riu e se recusou a explicar. Então, durante um exercício em grupo, pedi a outros alunos que me explicassem. Eles eram porto-riquenhos pardos e de pele mais escura e, na linguagem de hoje, afro-americanos. Sua expressão facial deixava evidente que havia algo fora do lugar. Estavam tendo dificuldade em explicar, até que um deles finalmente disse: "É um nome feio para gente preta. Quer dizer sujo, burro — preto".

Voltei para a minha carteira.

Tommy sorriu. "Então, o que você aprendeu, *nigger*?"

Agarrei-o pelo pescoço, joguei-o no chão e pisei no seu rosto. A professora me tirou de cima dele.

Mais tarde, na sala da diretoria, minha professora — uma italiana alta e loura cujo estilo parecia saído direto do seriado televisivo *Mod Squad*, do final dos anos 1960 — olhou para mim e disse: "Você parece um garoto tão bom. Não esperava isso de você".

Não abri a boca.

Ela suspirou. "Você tem sido tão bonzinho. E inteligente. Realmente eu não esperava isso."

---

* "Nigger": termo pejorativo e ofensivo referido a indivíduos negros e, por extensão, a outras minorias étnicas discriminadas. Seu uso, entretanto, foi apropriado por setores da população negra e de sua cultura, como o hip-hop e o cinema, numa tentativa de ressignificação. Por conta dessa complexidade, e pela impossibilidade de encontrar um vocábulo equivalente em português, optou-se aqui por manter no original, em inglês, a palavra e suas variações.

"Por quê?", perguntei a ela. "Por que a senhora não vai falar com o Tommy sobre o que esperava dele?"

Quando terminaram as aulas e estávamos todos voltando para casa, avistei Tommy. Ele estava com um grupo de meninos brancos. Apontou para mim. Quando vieram em minha direção com os punhos cerrados, irrompi no meio deles e derrubei Tommy no chão. Eles se lançaram contra mim e, enquanto eu os empurrava para o lado, Tommy se viu livre e saiu correndo. Corri atrás dele. Seus amigos ficaram paralisados diante do que lhes parecia algo impensável. Logo aprendi que a imagem de um garoto branco correndo de um garoto negro era rara naquela parte do Bronx — e aliás em qualquer lugar dos Estados Unidos. Nossa escola era o local onde se encontravam, por um lado, a comunidade italiana, e, por outro, a negra e porto-riquenha, como um ponto central do qual cada grupo seguia um rumo separado. Eu ainda não tinha aprendido a ver como brancas as crianças italianas, irlandesas e judias europeias. Elas se pareciam com alguns dos meus parentes da Jamaica, nenhum deles identificado como branco.

Tive muitas experiências de ser chamado de "nigger" ao longo dos anos. Não tolerar isso — mesmo quando essa atitude resultava em receber mais insultos — tornou claro para mim que a valorização da não violência e da tolerância, sobre a qual ouvi falar pelos anos subsequentes da adolescência, era profundamente equivocada. É uma receita para cultivar nas pessoas negras nada menos que um complexo de inferioridade. Erguer-se contra as ofensas vindas de brancos, mesmo quando a gente perde, é francamente saudável. Bem no fundo, a maioria das pessoas brancas sabe disso. Elas não fariam diferente se a situação fosse inversa. Lutar contra a humilhação e o desrespeito nos capacita a viver com nós mesmos. Passei dois anos letivos com Tommy naquela escola fundamental. Nem sequer uma vez, depois daquele incidente, ele ou qualquer outro aluno branco pronunciou a palavra "nigger" em classe. Será que contiveram em pensamento esse insulto? Muito provavelmente. Mas sua hesitação em lançá-lo contra nós marcava uma diminuição de seu poder.

Infelizmente, essa paz não era a mesma entre os alunos negros e os porto-riquenhos. Demasiadas brigas atestavam a miríade de trocas de ofensas entre nós, e no meu caso — já que às vezes eu era tido como porto-riquenho — a experiência significava atravessar a hostilidade aos negros, aos porto-riquenhos e a quase-tudo-o-mais. Por exemplo, ao vivenciar meu primeiro inverno, me dei conta de que segurar a mochila contra o peito me mantinha aquecido. Quando eu estava caminhando assim pela rua, um garoto se aproximou correndo e gritou: "Olha só a bicha, carregando os livros como uma garota!".

No entanto, a despeito de todos esses conflitos, muitas das crianças brancas e das de cor daquelas salas de aula se tornaram amigas, ou pelo menos amistosas. Como fazem os amigos, crianças negras visitavam os apartamentos umas das outras. Nenhuma das nossas famílias possuía casa própria. Um menino italiano chamado Johnny e eu ficamos amigos, e caminhávamos juntos pela vizinhança italiana próxima à Arthur Avenue, onde se passa a famosa cena do filme *O poderoso chefão* em que Michael Corleone troca tiros com o policial irlandês corrupto e a gangue turca rival. Na verdade, pensando bem, Johnny era parecido com Al Pacino, o ator que representava Michael Corleone. Tudo estava ótimo até nos darmos conta de que ir à casa dele para jogarmos conversa fora não era uma boa ideia. Embora ele fosse uma pessoa maravilhosa, sua família era outra história. Aquilo foi o fim da nossa amizade.

Os anos que se seguiram incluíram de tudo, de receber cusparada e ser atacado por brancos com tacos de beisebol a testemunhar o sangue escorrendo pelas calçadas quando hordas de brancos atacavam estudantes negros no meu colégio, e, claro, a longa lista de modos pelos quais os garotos brancos eram e continuam sendo escolhidos para promoções enquanto os negros e pardos eram — e outros tantos continuam sendo — rechaçados. Três décadas depois, as pessoas negras sabiam muito bem o que significava a política de Nenhuma Criança Deixada para Trás, do presidente George W. Bush. Nenhuma criança *branca* deixada para trás.

Enquanto escrevo este prólogo, pessoas de todo o planeta são acossadas por uma pandemia mortal exacerbada de um lado pela incompetência e de outro pela má-fé das lideranças de alguns países nostálgicas dos tempos em que pessoas negras que se erguiam por seus direitos acabavam como corpos pendurados nas árvores mais próximas. No entanto, quando a forca foi substituída por armas de fogo de vigilantes brancos contra um homem negro correndo em Atlanta e o joelho de um policial cumpriu a mesma função por nove minutos e vinte segundos em Minneapolis, as pessoas ocuparam as ruas em 2020 ao tomar consciência do que significa gritar "Não consigo respirar".

Da minha experiência de infância de adquirir consciência negra aprendi uma coisa: é um rude despertar.

Introdução

Lutando para respirar

No início de 2020, fui tratar de algumas questões em Nova York. No dia seguinte ao meu retorno, senti dores na lombar que atribuí ao fato de estar ficando velho demais para ir e voltar de carro, ao volante, desde o norte de Connecticut. Em seguida comecei a sentir calafrios. Caí de cama alguns dias mais tarde, atingido em cheio pela Covid-19. Arrastei a condição de "Covid longa" penosamente pelo ano que se seguiu.

Depois de alguns meses, um amigo me perguntou como era a sensação. Eu lhe contei que me sentia como se tivesse sido jogado numa cova com dragões de Komodo mordentes e, depois de conseguir sair, tivesse rolado por cima de cacos de vidro, achando nisso um alívio. No auge da doença, abri meu "arquivo da morte". Febres elevadas traziam alucinações que incluíam visitas de pessoas amadas que já tinham morrido. Eu achava reconfortantes essas visitas, embora estivesse ciente de que era o meu subconsciente trabalhando. Tínhamos conversas maravilhosas, até mesmo bem-humoradas, sobre a vida após a morte. Então lembrei que, quando costumava sonhar com parentes mortos, mencionar sua morte fazia com que eles fossem embora. Dessa vez, eles não iam. Comecei a achar que eu mesmo podia ter dado meu último suspiro. Felizmente estava errado. Ainda não era a minha hora.

Eu me recusei a ir para o hospital. Tendo visto o modo como negros são tratados por profissionais de saúde nas alas de emergência, concluí: gente negra entra, mas a maioria de nós não sai — pelo menos não com vida. A demografia terrível das vítimas fatais da doença sustentava minha conclusão. Mesmo nos locais em que as pessoas negras podem ter acesso igual à saúde, isso não significa que não haja racismo envolvido na prestação de serviços médicos a nós. Falei com outros homens negros e sul-asiáticos que evitaram hospitais quando se deram conta de que tinham sido contagiados. Consideravam que estavam vivos por terem sido tratados em casa. Compreendo, porém, que seria equivocado evitar vacinas salvadoras e profissionais de saúde dedicados.

Perdi amigos, alunos, parentes, e estou em contato com muitos que perderam entes queridos quando a pandemia atacou com toda a força. Os sobreviventes se debatem com o fato de não terem podido estar com os seus naqueles momentos finais e no processo de enterro ou cremação. Uma boa amiga de Paris ainda sofre por uma pessoa amada que morreu sozinha porque ninguém tinha permissão de visitá-la no hospital. Ela e os parentes só tiveram permissão de ficar de fora do crematório, a certa distância. Na condição de judia ortodoxa que sobreviveu à Shoá (Holocausto), ela experimentou múltiplas camadas de trauma ao ver a fumaça subir aos céus enquanto o corpo dele se convertia em cinzas.

Penso com frequência no que a minha avó materna costumava dizer, aos quase noventa anos, quando eu lhe telefonava. "Como vai, jovem senhora?", eu perguntava.

Sua resposta: "Aqui ainda".

Nem todos, entre nós, entendem a importância de poder dizer tais palavras. Para alguns, ao começar a sentir-se melhor, a embriaguez do afluxo inicial de oxigênio os levou a lançar-se temerariamente de volta ao mundo exterior, sem entender que se sentir melhor não é o mesmo que estar melhor de fato. O estrago em seu interior faz com que a volta precipitada para o mundo seja algo perigoso. Muitos relatam ter sido "reinfectados", quando mais provavelmente tenham sofrido uma recaída ou simplesmente se deteriorado ao interromper o esforço de seus corpos para se recuperar de dentro para fora.

Ainda estou aqui. A história nunca espera por quem quer que seja. Há tanta coisa ainda por fazer. Com humildade — porque há tantas coisas maiores do que nós —, alguns seguem em frente. Estando vivos, encaramos a oportunidade continuada e, tal como expresso no judaísmo, a *mitzvá* [mandamento] de viver.

A Covid-19 chegou em meio a outras pandemias em andamento. Elas incluem o racismo contra os negros, o capitalismo voraz, o colonialismo disfarçado, o neofascismo e as políticas sociais desumanizadoras que reproduzem a desigualdade estrutural. Este livro foi escrito durante a convergência dessas pandemias — dos esforços antidemocráticos em curso para efetuar um enfraquecimento global de tudo o que não seja um pequeno grupo de elites, sob o disfarce de "democracia liberal". Um nome dado a isso é neoliberalismo, cujo mantra é "privatização". Sob essa rubrica, valorizam-se noções abstratas e moralistas do "indivíduo", como se cada pessoa fosse um deus individual capaz de determinar por conta própria as condições de suas necessidades. Como os seres humanos dependem uns dos outros para sobreviver, o isolamento nascido da privatização nos torna mais vulneráveis, na medida em que o acesso e o amparo institucional se distanciam da maioria dos seres humanos rumo às mãos de umas poucas elites globais. Esse declínio nos serviços sociais perpetua a produção de vulnerabilidade. Essa situação precária cria inevitavelmente, como foi testemunhado na primavera de 2020 na América do Norte, uma crise de legitimidade. Promessas de arranjos privatizados que em última instância beneficiariam "a todos" são claramente falsas; segue-se uma busca pelas fontes da miséria, abarcando da pandemia aos surtos de desemprego. A resposta neoliberal de mais privatização, mais capitalismo e mais desregulamentação é, no mínimo, ilusória.

Outra resposta vem do neoconservadorismo. A resposta neoconservadora à crise do neoliberalismo é olhar para trás ao invés de olhar para frente. Pensar no futuro leva a noções do "social", tais como socialismo democrático, em uma forma, e social-democracia, em outra. Socialismo democrático envolve a gestão democrática de uma sociedade socialista. Social-democracia implica meios democráticos de alcançar o socialismo, o que situa a conquista em algum lugar entre o capitalismo e o socialismo. Rejeitando qualquer coisa que inclua a palavra "social", os neoconservadores miram o termo "liberal" de democracia liberal. Eliminar o adjetivo, no entanto, significa explorar o que permanece. Se o que resta é a "democracia" em si, a pergunta é: de que tipo?

Para os neoconservadores, o que deve ser feito depende de diagnosticar as fontes das crises. Para eles, as causas são a desordem e o alcance *internacional* da globalização. A tarefa, em seu modo de ver, é retroceder a uma sociedade ordenada e contida. Isso significa reforçar instituições de lei e ordem, tendo estas últimas como fonte de legitimidade. Dedicar atenção à ordem requer a eliminação das fontes de desordem, que é como os neoconservadores encaram o dissenso e a diferença. Assim, grupos e ideias que eles consideram fora da ordem tornam-se alvos de contenção e eliminação. Esses grupos invariavelmente são os periféricos e todos aqueles que eles consideram estrangeiros indesejáveis. A propensão à xenofobia anda de mãos dadas com o racismo, a misoginia, a homofobia e o ódio a todos os considerados outsiders. Essa tendência reacionária rejeita a ideia de que países como o Brasil, a Índia, o Reino Unido e os Estados Unidos sejam cidadãos do mundo e a substituem pelo nacionalismo fundamentado em valores escolhidos a dedo no passado de cada país sob a égide da "tradição". Fundado na aversão à diferença, esse apelo expressa noções de pureza. A busca da nação "pura", inevitavelmente racista, significa também que, diferente do neoliberalismo, o neoconservadorismo enfoca grupos. A busca da nação pura num país como os Estados Unidos significa "branca" — especificamente protestante anglo-saxônica — e, como o mundo viu na campanha presidencial de Donald Trump em 2016 e em sua gestão presidencial subsequente, confere a esse passado de dominação branca um adjetivo desejado, "grande", pelo qual alguns se dispuseram a invadir o prédio do Capitólio dos Estados Unidos em janeiro de 2021 quando o Congresso oficializou a derrota dele e a vitória de Joe Biden na eleição de novembro de 2020.

A despeito de sua agenda comum de privatização radical do poder, as elites econômicas globais estão divididas entre os neoliberais e os neoconservadores. Sua riqueza compartilhada, porém, significa que cada um dos grupos pode investir na difusão global de sua própria agenda. A ala neoconservadora faz isso investindo no autoritarismo e na erosão dos serviços públicos. Isso radicaliza as desigualdades onde quer que se imponha. As crises crescentes que elas geram criam mais mistificação, e, a exemplo da demanda neoliberal por mais privatização e capitalismo, o elemento neoconservador demanda *mais eliminação dos diferentes e dos serviços que os protegem*. O conservadorismo e o neoconservadorismo, radicalizados, levam inevitavelmente ao fascismo; no entanto, essa forma de extremismo não está mais disposta a admitir o que é. Seus adeptos atuais preferem termos como "alt-right" [direita alternativa] e "nacionalismo branco" ou, como se declara na Índia, "nacionalismo hindu" ou "bramanismo". Em espaços de poder, eles usam todos os velhos mecanismos do fascismo: informação falsa e desinformação, militarização e uso da força para erodir a esfera pública, eleição de raças como bodes expiatórios, masculinidade valorizada e perpetuação da insegurança para legitimar a necessidade de proteção por meio da militarização e do policiamento.

O racismo já é evidente nos caminhos do neoliberalismo através do neoconservadorismo e do fascismo. O racismo neoliberal não parece racista em princípio. Afinal, os neoliberais alegam defender as liberdades e os direitos civis, e existem políticos neoliberais de cor. O problema é que eles reconhecem apenas *indivíduos* que ostentam tais direitos. Isso é de pouca ajuda para as pessoas que são objeto de discriminação racial. Nenhuma pessoa negra ou indígena é discriminada *como um indivíduo*. O racismo antinegro é contra *negros*, no plural. O racismo anti-indígena é contra *povos indígenas*. O neoliberalismo alimenta assim o racismo ao solapar as condições de enfrentá-lo. É, em resumo, irresponsável.

O neoconservadorismo e o fascismo não defendem o indivíduo em detrimento de grupos. Eles reconhecem os grupos. Seu racismo é direto. Eles consideram outros grupos "perigosos" e os tornam alvos para o encarceramento ou, pior, a eliminação. É por isso que as chamadas milícias, o exército e a polícia se unem para combater manifestantes do Black Lives Matter em passeatas pelos direitos dos negros e dos povos indígenas, mas ficam de lado e às vezes até dão apoio a grupos supremacistas brancos marchando com armas à mostra e, como se viu nos ataques ao Capitólio dos Estados Unidos, ferindo e matando policiais, apesar de ter cantado em coro em outras ocasiões que vidas azuis — isto é, a polícia uniformizada — importam.[1]

Uma vez que o neoliberalismo, o neoconservadorismo e o fascismo são promovidos por gente com um capital econômico extraordinário, seu alcance é global, como se vê em países desde o Brasil até a Índia, passando pela Hungria. E seus efeitos negativos são sempre os mesmos. São, numa palavra, pandêmicos.

As dimensões sociais da pandemia têm sido evidentes desde que Cristóvão Colombo aportou nas Bahamas em 1492. Ele e sua tripulação não apenas trouxeram doenças biológicas da Europa, mas também inauguraram o colonialismo euromoderno, que inclui a produção de vulnerabilidades por meio das quais tais contágios podem ser facilmente disseminados. Esse desenvolvimento — o colonialismo euromoderno — infectou o mundo e foi, assim, uma pandemia social. Instaurou o cenário para as condições precárias mediante as quais todas as pandemias subsequentes encontraram terreno fértil. Sua crueldade, no que diz respeito às metrópoles e aos centros coloniais, ficou isolada em quarentena. Para aqueles que sofriam seus sintomas — escravização, genocídio, altas taxas de mortalidade, pobreza permanente, violência cotidiana, degradação espiritual —, isso significava a invisibilidade como uma experiência de seu sofrimento quarentenado. Na época, como agora, tais pessoas eram, no mais das vezes, mantidas longe da vista dos que se aproveitavam de sua desgraça. Havia momentos ocasionais de exposição, como, por exemplo, quando a Rebelião de Sharpe na Jamaica (1831-2) levou os britânicos a declarar ilegal a escravização e o tráfico de seres humanos sequestrados do outro lado do oceano Atlântico. Pelo fato de o Império Britânico ser global naquela época, isso foi interpretado como uma proibição da escravidão no alto-mar. No entanto, a escravização continua.[2] Continuam também os outros sintomas sociais que quase eliminaram os povos indígenas das Américas do Norte e do Sul e da Austrália. Os descendentes desses povos, ao se defrontar com a Covid-19, concluem o óbvio: seus sintomas de injustiça não são nada novos.

Pessoas negras sofrem alguns sintomas adicionais. Onde quer que a escravidão tenha sido tornada ilegal, prosseguiram os investimentos em sua manutenção. Assim, como mostraram W. E. B. Du Bois e muitos outros no contexto norte-americano, o foco do policiamento em pessoas negras na prática age em nome dos brancos.[3] A restrição do movimento de pessoas negras levou à quase onipresença do rótulo de crime sobre nós, o que por sua vez levou ao bem conhecido sistema de encarceramento marcado racialmente e à economia que o acompanha — o complexo prisional-industrial. Essa lógica era, e continua a ser, a quarentena de pessoas negras. Além do aprisionamento, seus mecanismos incluíam linchamento, privação econômica, segregação de moradia e uma complexa campanha de propaganda na qual a degradação de pessoas negras era fundamentada na elevação de pessoas brancas mediante a falsificação e a desinformação da história e de outras formas de ciências humanas, da economia à biologia humana, da psicologia à sociologia e à medicina. Do nascimento ao túmulo, isso significou para todos os norte-americanos, brancos e negros, aprender a evitar qualquer coisa que expusesse as contradições de um sistema que alega que as pessoas negras são o problema, em vez de pessoas que enfrentam problemas impostos a nós por uma sociedade racista e injusta.

Pessoas negras nunca sofreram tudo isso sem lutar. Afinal, como se pode respirar sob tais circunstâncias? Essa preocupação com a respiração é uma das marcas registradas da consciência negra. Como poderia ser diferente se o linchamento, sobretudo na forca, foi uma das tecnologias da subordinação dos negros? Frantz Fanon — o grande filósofo, psiquiatra e revolucionário da ilha caribenha da Martinica — escreveu sobre "respiração" e "respirar" tantas vezes em suas obras que foi inevitável, para mim, perceber que as condições coloniais que colocaram as pessoas negras naquela situação impuseram o mesmo aos povos colonizados no Sudeste da Ásia: "Não é por terem descoberto sua própria cultura que os indochineses se revoltam. É porque 'muito simplesmente', em mais de um sentido, estava ficando impossível para eles respirar".[4]

Esse tema de ter que se revoltar por causa da ameaça de asfixia continua no século XXI. Basta recordar as últimas palavras de Eric Garner quando estava sendo estrangulado com um mata-leão aplicado pelo policial de Staten Island Daniel Pantaleo: "Não consigo respirar!". Também foram essas as palavras de agonia de George Floyd, pronunciadas quando seu pescoço estava sob o joelho do policial Derek Chauvin em Minneapolis.

A luta coletiva para respirar, que é a marca distintiva de todas as rebeliões negras desde a Revolução Haitiana, passando pelas lutas anticoloniais na África e pelas revoltas nas Américas do Norte e do Sul, nunca foi de fato uma preocupação de brancos, exceto na lógica conservadora de sua própria proteção *contra* tais revoltas. A pandemia, entretanto, propicia um rude despertar para a perspectiva da consciência negra, que por enquanto vou chamar simplesmente de pontos de vista dos povos negros. Apesar de todos os esforços do poder branco, o SARS-CoV-2 (o novo coronavírus) não "vê" fronteiras de nação, raça ou qualquer outra delimitação. Ele só atua de acordo com frestas ou, de modo mais preciso, "condições preexistentes". A pandemia preexistente de neoliberalismo, neoconservadorismo, fascismo e o racismo associado a eles criaram locais sociais de vulnerabilidade que espalharam o vírus de modo mais eficiente em países como os Estados Unidos, o Reino Unido, a Índia e o Brasil, apesar dos recursos tecnológicos e econômicos à sua disposição. A devastação do vírus é mais evidente em meio às populações às quais essas sociedades dedicaram suas tecnologias de enfraquecimento — os negros em todas as quatro, junto com povos indígenas no Brasil, na Índia e nos Estados Unidos. Há muitos outros países em que se veem efeitos similares, mas o status hegemônico dos Estados Unidos e do Reino Unido, especialmente na condição de países imperiais e arquitetos do neoliberalismo e do neoconservadorismo, faz deles exemplos vívidos.

O Brasil e a Índia vêm atrás por meio da adoção de tais políticas por suas lideranças.

Na experiência da pandemia, a quarentena também tem o efeito da mistificação. O neoliberalismo e o neoconservadorismo não veem diferença entre distanciamento social e distanciamento físico. Uma vez que isola indivíduos a ponto de negar sua conexão com outros, dado seu desprezo pelo coletivo, o neoliberalismo designa a realidade social como sua inimiga. Faz sentido, portanto, que governos neoliberais prescrevam distância *social*. O vírus, no entanto, é transmitido fisicamente, o que significa que a recomendação deveria ser de *distanciamento físico*. É possível estar próximo fisicamente, mas distante socialmente e vice-versa. A proximidade social continua de várias formas, embora predominantemente por meio de tecnologias da comunicação como FaceTime, Skype, Google Meet, Microsoft Teams, Webex e Zoom. Os que contraem Covid-19, porém, ficam distantes tanto social como fisicamente. Quarentenados, ficam fora de vista. Quando atingidos a ponto de ficar inconscientes ou incapazes de se comunicar, também ficam socialmente distantes. Muitos não conseguem falar e, quando colocados em alas hospitalares destinadas à Covid-19, são envolvidos em equipamentos sanitários, sedados, e só conseguem respirar por aparelhos. O que são eles senão objetos passivos de assistência médica? Sua humanidade é obliterada numa vasta rede de quarentena. Confinados, eles são invisíveis, e muitos sucumbem ao efeito culminante da doença — cessando de respirar.

Para aqueles que não veem a pandemia como uma fraude, a ameaça pendente de ficar sem respirar faz com que os que estão sem contágio ou sintomas pareçam sobreviventes ou abençoados. Essa visão encara os atingidos como marcados ou, pior, condenados. Velhas argumentações moralistas contra os contaminados têm êxito mais facilmente quando a maioria deles

está entre povos historicamente marginalizados e negligencia-
dos. A invisibilidade da doença é compartilhada também por
aqueles que ela marca. O fato de não ser trazida à plena vista
encoraja a descrença em sua realidade. Isso é efetuado mais
facilmente entre muitos na direita ideológica porque eles já
estão munidos da lógica de sua invulnerabilidade — seja pela
crença em que uma força divina como Jesus está do seu lado,
seja pela presunção de que o sistema lhes oferece um "direito"
a tudo o que quiserem, incluindo sua sobrevivência. Isso assumiu então formas absurdas na primavera de 2020 nos Estados
Unidos, quando manifestantes de direita não tomaram medidas de proteção em cabeleireiros e outras atividades não es-
senciais, bem como quando, na temporada eleitoral, partici-
param de grandes eventos disseminadores de contágio, como
os comícios de Trump. Porquanto aqueles que se contagiaram
e morreram entraram na lógica das mortes confinadas, eles
não foram vistos, e desse modo seu falecimento não foi percebido como real por seus fanáticos camaradas. Como a história
já tem mostrado no Brasil sob a presidência de Jair Bolsonaro
e em outros países marcados por políticas retrógradas e racistas, a população dos Estados Unidos não é a única a sofrer as
consequências de uma liderança malévola e incompetente.[5]

O tema comum a essas pandemias — a da antidemocracia,
a do colonialismo, a do racismo e a da doença — é a invisibilidade. Como pandemias de invisibilidade, elas são alimenta-
das pela insistência, seja psicológica ou ideológica, contra o
aparecimento de seus sintomas. Lembro-me de como algumas pessoas ficavam iradas comigo apenas por eu mencionar
o fato de estar sofrendo minha enfermidade de longa duração.
É como se boa parte da humanidade regredisse à reação das
crianças de esconder a cabeça sob as cobertas quando pressen-
tem a presença de um fantasma em seu quarto. O que o fantasma vai fazer? Dar o fora porque foi tornado impotente por

uma *coberta*? Existem, claro, elementos psicanalíticos em ação em tais atividades. Fechar os olhos ou cobrir o rosto é uma admissão secreta de projeção. Há uma forma de responsabilidade presente em todas as negações. A tradição dos Estados Unidos e de muitos outros países marcados pela supremacia branca é uma longa história de encobrir a memória nacional no que diz respeito ao colonialismo, ao racismo e à tentativa, às vezes bem-sucedida, de genocídio de povos indígenas. Essa negação faz parte dos alicerces de tais nações. Assim, à medida que o cômputo das mortes aumentava, e investimentos em uma ciência equivocada confundiam e desinformavam o público — e muitas pessoas abraçaram, como uma coberta, essa desinformação —, mais energia era necessária para se dissociar da verdade, para reprimi-la e suprimi-la. As alternativas passaram a ser a implosão ou a explosão.

O assassinato de George Floyd não aconteceu isolado em quarentena. Testemunhado em todo o planeta, ele trouxe à tona a realidade do sufocamento. Se as pessoas que testemunharam o ato tivessem reagido como cidadãos a uma atividade ilegal e imoral — tentativa de assassinato — e dominado os policiais, Floyd estaria vivo. Como apenas brancos têm o direito de fato de efetuar prisões de cidadãos nos Estados Unidos, isso não iria acontecer. Todo mundo sabe que as testemunhas oculares que interviessem teriam sido presas por atacar policiais ou, pior, mortas pela polícia. Graças a Darnella Frazier, a garota de dezessete anos que gravou o horrível evento apesar das ameaças que recebeu da polícia, muita gente mundo afora testemunhou um incidente permitido pela cumplicidade estrutural, pela impotência política, pela injustiça e pela enfermidade social.[6] O assassinato de Floyd é emblemático de um fracasso em lidar com essas pandemias convergentes. Os policiais, como muitos vieram a perceber, são estruturalmente agentes da asfixia social. A humanidade existiu por quase 300 mil anos sem forças policiais, e a verdade — para além das fantasias do cinema, da televisão e da literatura de ficção — é que a maioria das pessoas raramente precisa da polícia a não ser para ordenar o tráfego ou preencher boletins de ocorrência depois de um acidente de carro ou um arrombamento.[7] *Proteger* pessoas é raro, e investigar e levar aos tribunais aqueles que perpetuam crimes é ainda mais raro. Com certeza a humanidade pode encontrar um modo melhor de viver coletivamente do que destinar uma parte tão grande da nossa economia a forças que, ao defender a necessidade de tais investimentos, produzem violência e, mais que isso, o próprio crime, como gerentes de facto dele. Na medida em que a violência da polícia nos lembra do que significa não conseguir respirar, ela se torna emblemática dessas pandemias convergentes. As pessoas mascaradas que tomaram as ruas contra elas trazem ao primeiro plano o significado de respirar; seus protestos são máscaras sociais contra um contágio.

Embora a consciência negra seja um rude despertar, outro tipo de consciência pode brotar dessa percepção: a necessidade de ser ativo, de lutar contra a opressão. Esse tipo de consciência, a consciência Negra, é distinta da consciência negra (com inicial minúscula); é uma consciência política que encara as contradições asfixiantes das sociedades antinegras. Por medo de enxergar seu reflexo negativo, essas sociedades antinegras frequentemente tentam quebrar o espelho. Suprimir essa consciência exige suprimir não apenas a possibilidade negra, mas também a vida política. Sociedades antinegras são, portanto, fundamentalmente antipolíticas e antidemocráticas — porque estão empenhadas em bloquear o acesso das pessoas negras à cidadania —, e por isso lutam contra seus próprios membros que combatem o enfraquecimento negro. Essa luta revela uma temida verdade do empoderamento negro: a luta contra o racismo antinegro é, em última instância, uma luta *pela* democracia.

A humanidade precisa continuar a lutar contra as forças antidemocráticas porque, dos ataques ao meio ambiente aos golpes contra os serviços mediante os quais os seres humanos poderiam viver num mundo humano, todos precisam respirar. Combater essas forças requer uma luta sem trégua pela democracia. Trazido a campo aberto, esse esforço é uma busca desesperada de ar, aquilo que Fanon tão apropriadamente definiu como "o oxigênio que inventa uma nova humanidade".[8] É verdade. Desde que, evidentemente, ainda exista uma humanidade para inventar.

Este livro é uma investigação da consciência negra e da consciência *Negra*. Em resumo, a consciência negra é predominantemente passiva e às vezes imóvel; a consciência Negra é efetiva e sempre ativa. Ambas são temidas em sociedades antinegras, embora a segunda mais que a primeira. O medo leva, em última instância, ao desrespeito à verdade, e à rejeição das consequências éticas e políticas de admitir tal verdade, que seriam a percepção daquilo que de fato se revela sobre as alegações de supremacia branca e inferioridade negra quando vistas pelos olhos dos Negros. Essa revelação é o conjunto de mentiras sobre as quais se constrói a declarada legitimação de sociedades antinegras. O fato de todas as sociedades antinegras de hoje apresentarem-se como democracias leva essa hipocrisia ao extremo. Essas mentiras incluem a alardeada celebração de liberdade das sociedades ao mesmo tempo que movem contra ela uma guerra ao obstruir a verdadeira democracia.

Mostrarei que há um movimento de uma consciência negra sofredora em direção a uma consciência Negra libertadora na qual a revelação da roupa suja e da impostura da supremacia branca e da inferioridade negra é uma verdade temida. Num mundo fundado na premissa de possuir a elevação moral necessária à legitimidade política, isso faz de muitos brancos que governaram uma grande porção do planeta nos últimos séculos um fracasso moral e, em última instância, político. Um refúgio na redenção moral individualizada é o que buscam muitos dos acusados desse fracasso. Esse, sustento eu, é um esforço em que o medo da consciência Negra é também uma fuga da realidade e da responsabilidade política.

Inicio a rota que percorrerei aqui abrindo caminho em meio à névoa de narcisismo branco e às variedades de consciência que ele perpetua. Em seguida passarei para o estudo da consciência especificamente racial, do racismo e dos tipos de invisibilidade que produzem. Essa análise será seguida por discussões das muitas maneiras pelas quais sociedades racistas antinegras tentam se esquivar da responsabilidade política pelo racismo antinegro. Concluirei com uma meditação sobre respostas políticas e criativas de consciência Negra que não pede desculpas pelo fato de vidas negras e Negras terem valor.

A gente pode se perguntar que reflexão intelectual e responsabilidade política oferecer à luta contra o racismo antinegro, o que exige assumir a tarefa de construir um mundo humano de dignidade, liberdade e respeito.

Muitos anos atrás, me vi numa discussão com um ativista comunitário que soube que eu era um doutorando de filosofia. Meu amigo ativista disse: "Não tenho tempo para abstrações. Eu trabalho com o concreto".

"Você sabe que 'o concreto' é uma abstração, não sabe?", retruquei.

Meu argumento àquele amigo de tanto tempo atrás era que comunicar, refletir e pensar desempenham papéis importantes nas lutas e requerem formas apropriadas de generalização. Embora exista um passo escorregadio entre a generalização necessária e a generalização precipitada ou excessiva, de todo modo a pessoa precisa generalizar para que algo seja compreendido por outros além da própria. Se as ideias a seguir forem úteis, elas precisarão necessariamente ir além de *mim* para alcançar o *você* em geral.

As generalizações sempre terão seus limites. Usarei muitos exemplos do noticiário, da história e mesmo da cultura popular (filmes e música) para transcender tais limitações.

Outra advertência: apesar dos meus esforços, alguns leitores talvez não se enxerguem neste livro e, pior, talvez até se enfureçam com o que digo e revelo. O que vemos nos outros pode servir como um espelho que nos ajude a enxergar a nós mesmos com alguma clareza e, se ousarmos admitir, com a força libertadora da verdade e do ar fresco.

Dito isso, prossigamos juntos nesta jornada através — e para muitos às vezes por baixo — dessas águas escuras e perigosas.

Parte I
Aprisionados

Bem, crianças, onde tem tanta balbúrdia,
deve ter algo fora de ordem.

Sojourner Truth[1]

I.
Temidos

Vejamos o seguinte relato dos tempos coloniais no Caribe britânico. Um ministro da Educação anglicano foi enviado para inspecionar as escolas das colônias. Desejando observar como estavam sendo dirigidas, decidiu chegar sem ser anunciado a uma das escolas secundárias. Quando estava se aproximando do portão, viu um menino negro de uns onze anos entrando apressado. O ministro deteve o garoto na esperança de avaliar alguns dos benefícios de uma boa educação colonial. Pousou a mão no ombro do menino.

"Mocinho."

"Sim, senhor", respondeu o menino, nervoso por ser parado pelo cavalheiro branco.

"Você poderia me dizer, por gentileza, quem derrubou as muralhas de Jericó?"

O menino olhou para o imponente representante branco do império. Soube imediatamente o que dizer. "Não fui eu."

O ministro ficou abismado. Segurou o menino pelo braço. "Venha comigo." Entrando na escola, pediu para falar com o diretor. Foi conduzido até um homem afro-caribenho. Vamos chamar esse funcionário de sr. Smith.

"Você é o diretor?"

"Sim, senhor. Sou o sr. Smith."

"Ótimo. Eu sou o ministro da Educação. Estou aqui para inspecionar sua escola. Acabei de perguntar a este rapazinho quem derrubou as muralhas de Jericó, e sabe o que ele me disse?"

"O que foi que ele lhe disse, senhor?"

"Disse que não foi ele!"

O sr. Smith olhou para o menino apavorado e depois para o ministro perplexo. Tirou os óculos. O pobre sr. Smith tinha subido a duras penas pelo degradado sistema educacional colonial. Conseguiu obter instrução e treinamento suficientes para se tornar professor e depois, com grande esforço, conquistou o cargo de diretor de escola. Empenhou-se em contratar uma equipe de primeira linha e orgulhava-se dos muitos alunos diplomados que tinham partido para opções melhores do que as oferecidas pelas aldeias de onde provinham. Depois de um suspiro, respondeu: "Senhor, eu conheço este menino há muito tempo. Se ele disse que não foi ele, eu lhe garanto que não foi mesmo".

Indignado, o ministro acabou telefonando para o gabinete do governador-geral.

"Do que se trata?", perguntou um funcionário.

"Estou na escola anglicana. Acabo de perguntar tanto a um aluno como ao diretor quem derrubou as muralhas de Jericó, e sabe o que os dois me responderam?"

"O que foi que responderam, senhor?"

"Que não foi o menino!"

Depois de um momento, o funcionário respondeu: "Acho que o senhor ligou para o departamento errado. Espere um minuto, vou transferi-lo para o Departamento de Obras e de Águas".

Falar sobre consciência negra e consciência Negra demanda uma sondagem da comunicação distorcida, dos mal-entendidos e das oportunidades perdidas, bem como de todos os tipos de perdas e males que ocasionam: ansiedade, desespero, receio e medo. Assim, falar sobre elas frequentemente leva a fazer rodeios à sua volta ou, pior, a falar sobre tudo menos sobre elas.

A ironia de evitar um assunto é que isso acaba por torná-lo ainda mais presente. O elefante na sala é a metáfora conhecida. O esforço exigido para evitar o que está plenamente à vista requer identificá-lo enquanto se tenta habilmente livrar-se dele. A motivação aqui é o desconforto, talvez o temor, que o tema negado ou evitado estimula. Em alguns casos, o que a pessoa teme é o que pode aprender sobre si mesma, a imagem de si que pode emergir.

Conversei recentemente com uma amiga que estava lendo um livro de reflexões de intelectuais brancas sobre como as mulheres veem a si mesmas. Perguntei a ela se as perspectivas daquelas autoras sobre as mulheres e os homens eram, na prática, especificamente brancas. Expliquei que estava lendo textos de mulheres afro-americanas e indígenas americanas que sustentavam que muito da literatura mais influente sobre as vidas de mulheres e homens — sobre as vidas de seres humanos — era acerca de gente branca, e na verdade de pontos de vista e experiências brancos apresentados como supostamente sendo "da natureza humana" ou de "todo mundo". Muito do que é tido como o modo como mulheres e homens se comportam é sobre como mulheres brancas e homens brancos tendem a se comportar. Minha amiga, que, assim como eu, é de ascendência africana, ficou inicialmente em dúvida quanto ao meu argumento, até que lhe pedi para ler a descrição do transtorno de personalidade narcisista (também conhecido como narcisismo maligno) da Clínica Mayo. De acordo com a Clínica Mayo, os narcisistas malignos têm "um senso exagerado de autoimportância", "um sentimento de ter direito", demandando "admiração constante, excessiva", uma expectativa de "ser reconhecido como superior mesmo sem ter feito por merecer", uma percepção inflada de seus feitos e talentos, uma preocupação com "fantasias de sucesso, poder, brilho, beleza ou do par perfeito", e uma propensão a monopolizar conversas e depreciar pessoas que eles julgam inferiores. A clínica acrescenta que pessoas com transtorno narcisista esperam "favores especiais e submissão incondicional a suas expectativas"; frequentemente tiram vantagem de outros para conquistar seus objetivos; ignoram ou têm pouca disposição em reconhecer as necessidades e sentimentos dos outros; invejam outros e estão convencidos de que outros os invejam; são arrogantes, jactanciosos, convencidos e pretensiosos; e insistem em obter o melhor de tudo, como "o melhor carro ou o melhor cargo". Apesar dos ares de autoimportância, tais pessoas não conseguem lidar com as críticas que recebem. Ficam "impacientes ou furiosas quando não recebem tratamento especial". São hipersensíveis e reagem com raiva e desprezo, tentando depreciar outros "para parecerem superiores". Sofrem dificuldade emocional e estresse por uma percepção constante de suas imperfeições — apesar de insistirem que são melhores que os outros —, o que revela "sentimentos secretos de insegurança, vergonha, vulnerabilidade e humilhação".[1]

O leitor pode imaginar aonde aquilo iria levar. Pedi a minha amiga para descrever pessoas brancas — não para descrever *cada* indivíduo branco, mas o que muitas pessoas, em especial as de cor (de pele preta, parda, vermelha etc.), pensam quando imaginam o que significa ser branco.

Ela riu. A lista de patologias era a mesma.

A branquitude, entendida aqui como uma consciência imposta ao mundo na qual o normal é ser branco, é basicamente um grupo que invade a festa de aniversário de outra pessoa e cujos membros dizem a todo mundo não apenas que eles estão fazendo um favor a todos ao invadir a festa, mas também que a comemoração deve ser em sua homenagem.

Tais pessoas têm uma história muito bem orquestrada de "superioridade". Elas rebaixam todas as outras, consomem tudo o que podem e ficam furiosas ao não receber um tratamento especial naquilo que desejam. No entanto, ao mesmo tempo são altamente sensíveis às críticas recebidas e frequentemente escondem o que tal comportamento sugere — a saber, uma profunda insegurança. Tais pessoas são sempre as vítimas, mesmo quando controlam as condições que afetam todos os outros. E quando não alegam ser vítimas, justificam seu comportamento como sendo "da natureza humana". Supostamente todo mundo é como eles. Sua reação é provar seu argumento mediante a negação paradoxal de sua aplicação especificamente às pessoas brancas. A ironia é que também isso confirma sua branquitude aos olhos de todos que sejam capazes de reconhecê-la.

Por que esse comportamento floresce mesmo em face de sua negação? Em parte, ele persiste porque é sedutor. Muitas pessoas, mesmo entre as que são dominadas, querem que a supremacia branca seja o que alega ser porque isso daria algum significado ao seu sofrimento ao fazer a dominação branca parecer justa. Elas não podem, em outras palavras, encarar a verdade dessa supremacia, que é, de fato, sua mentira. É um conjunto de crenças e instituições passadas adiante através de gerações saturadas de má-fé.

O narcisismo branco impõe aos outros imagens negativas e falsas do eu. Além dessas, há também tipos especiais de consciência que ele produz:

1. Há a consciência de ser uma "raça", algo que o mundo branco produziu e em que muita gente de todos os grupos raciais e étnicos passou a acreditar ao longo dos últimos séculos.
2. Há o conjunto de perspectivas negras, também chamadas "experiência negra" e entendimento negro, dessa consciência. É isso o que as pessoas negras produziram.
3. Há a vida cotidiana de pessoas negras quando os brancos não estão por perto ou pelo menos não na cabeça das

pessoas negras. É isso também o que as pessoas negras produziram — e continuam a produzir.

4. E há a transformação política ativa da primeira, da segunda e da terceira perspectivas num movimento que vai da consciência "negra" à consciência "Negra".

Pense no mundo que produziu os três primeiros tipos de consciência negra. Um mundo dominado pela "consciência branca", pela normatividade branca ou, em resumo, pelo "branco é certo". Ainda que possa não ser o mundo tal como *todo* indivíduo classificado como pessoa branca o vê, é reconhecível pela maioria das pessoas em sociedades de supremacia branca desde o berço até o túmulo.[2] Nenhuma explicação sobre a produção do primeiro tipo mencionado de consciência negra fará sentido se não examinarmos as circunstâncias que levaram ao desenvolvimento da consciência branca, o que historicamente impôs autoimagens negativas a muitas pessoas negras. Pessoas negras vivem, porém, para além das projeções negativas da consciência branca. Não é como se os indivíduos negros, ao olhar no espelho enquanto escovam os dentes, lamentassem: "Ainda negro…", sob o gemido de uma guitarra de blues, e se arrastassem sob o fardo de fazer "coisas de negro", cada uma delas marcada por uma constelação de estereótipos negativos de autodepreciação ou, pior, por um nível profundo de ignorância, cujo resultado é uma felicidade ilusória.

Se as pessoas negras fossem meramente o que as imagens negativas impostas dizem que elas são, se fôssemos aquelas coisas vendidas no mercado de carne que supostamente não apresentam ponto de vista algum, muitas pessoas brancas, talvez a maioria, iriam se sentir aliviadas.

No entanto, as pessoas negras têm pontos de vista.

Porém a maioria das pessoas negras — sejam descendentes dos escravizados ou dos povos nativos colonizados — tenta viver sua vida, seja como for. Muitas não sobreviveram. Um número notável deu um jeito de perseverar. A vida dos negros, tanto dos velhos homens e mulheres comuns do povo como dos heroicos e heroicas combatentes pela liberdade — bem como os corrompidos, os Pais Tomás, os Sambos* e os prostituídos —, é uma história complicada de beleza e feiura, alegria e sofrimento, esperança e desespero, resiliência e fadiga.

Muitos negros e negras sustentam uma posição extraordinária de generosidade para com pessoas brancas. Da perspectiva da consciência branca imersa em narcisismo, o mundo se resume a perfeição versus imperfeição, e esta última supostamente deve ser eliminada. É por isso que muitas pessoas brancas, sofrendo de fragilidade egoica, tomam as acusações de racismo de forma tão pessoal. A maioria das pessoas negras, por sua vez, vê um mundo feito de imperfeições, o que vale também para nós mesmos. Quando uma pessoa negra vem a conhecer uma pessoa branca, a suposição, frequentemente confirmada, é de que a pessoa branca tem uma arraigada crença em sua superioridade sobre povos de cor, especialmente negros. Descobrir humildade em algumas dessas pessoas é uma surpresa agradável. Para a maioria das pessoas negras, então, relacionar-se com pessoas brancas se resume a uma disposição para trabalhar com elas, viver com elas, e às vezes simplesmente sobreviver aos encontros com brancos. Os brancos geralmente têm todas as cartas na mão. Aqueles rudes convidados brancos na festa de aniversário, é bom lembrar, também têm a proteção da polícia, do governo e de grande parte, se não da maioria, da sociedade.

---

* "Sambo": termo ofensivo usado para designar indivíduos negros nos Estados Unidos. Deriva da palavra "zambo", usada na América de colonização espanhola para os mestiços de negro com indígena, o que no Brasil seria o "cafuzo".

41

Se as pessoas negras não tivessem pontos de vista, não haveria necessidade de pensar mais no assunto. Compromissos com a verdade, com a justiça e com o aprimoramento delas para a construção de um mundo melhor demandam o oposto.

Tive uma conversa peculiar no início dos anos 1990 numa recepção para um colóquio universitário no qual eu era o orador convidado. Quase ao final de nosso bate-papo sobre amenidades, uma professora branca, umas duas décadas mais velha que eu, perguntou se eu já tinha feito terapia. Considerei a pergunta esquisita. "Por que pergunta?"

Ela respondeu: "Você parece... bem... *saudável*. Isso não é normal".

Seu comentário ficou agarrado em mim durante anos (o que talvez não seja saudável). De certo modo, uma suposição tácita similar frequentemente subjaz a interações entre a maioria dos brancos e dos negros. Numa sociedade de supremacia branca, os detentores dessa supremacia requerem a normalização da negritude patológica. Aquela colega estava dizendo que pertencer ao mundo dela — no sentido de me encaixar, até onde isso era possível — exigia que eu fosse mentalmente doente. Em certa medida, como veremos mais adiante, ela estava certa.

Aquela colega estava também exprimindo uma necessidade branca. Os negros são supostamente anormais; portanto, para que eu fosse "normal", a patologia *tinha* que estar lá. Ela precisava vê-la.

Frantz Fanon observou, já nos anos 1950, que a razão saía voando toda vez que pessoas negras entravam em espaços brancos.[3] Tem havido algum progresso desde então. Agora a razão sai devagarinho.

Fanon argumentava que uma pessoa negra normal, tendo crescido numa família negra normal, experimenta a neurose ao mais leve contato com o mundo branco.[4] Já aí se coloca o dilema. O mundo branco, afinal, está quase em toda parte. De modo específico, Fanon se referia ao tipo de interação direta como a que tive com aquela professora branca nos anos 1990. É uma situação em que a razão foge rastejando.

Ao longo dos anos, esforços para explicar por que a razão parece ser tão irracional sob tais circunstâncias produziram um corpo vasto de literatura e artigos de imprensa.[5] Em tempos recentes as racionalizações têm apontado para a fisicalidade das pessoas negras. Em vez de se referir a pessoas negras ou indivíduos negros, há uma tendência, especialmente entre estudantes e acadêmicos negros, a falar em *corpos negros*.

A expressão "corpos negros" emerge com frequência onde quer que o racismo antinegro erga sua cabeça horrenda e, às vezes, cordial. Está em blogs, em entrevistas de imprensa, em editoriais dos principais jornais, em palestras transmitidas ao vivo e em livros premiados que vão desde *Entre o mundo e eu*, de Ta-Nehisi Coates, a *Como ser antirracista*, de Ibram X. Kendi.[6] Faz sentido, uma vez que o racismo envolve uma forma de pensamento bidimensional, na qual as pessoas negras supostamente carecem de vida interior. Fanon se referia a isso como "o esquema epidérmico". Tem a ver com tratar pessoas negras como meras superfícies, seres físicos superficiais sem consciência e, portanto, sem um ponto de vista — em resumo, meros corpos. No entanto, no meio da atenção a corpos negros, muitos negros ficaram se perguntando o que foi feito das *pessoas negras*. Como é que se tornou aceitável — e mesmo *preferível* — para pessoas negras referir-se a nós como "corpos" em vez de "pessoas" ou "seres humanos"?

É como se muitas pessoas negras se tivessem rendido à visão de que somos o que aqueles que se recusam a nos ver como seres humanos imaginam que somos. Uma coisa é pessoas não negras olharem de fora as pessoas negras, como se estas fossem apenas uma superfície — numa palavra, *coisas* —, mas pessoas negras fazerem o mesmo é uma derrota extraordinária.

É parecido com conceder que não temos ponto de vista algum. Ter uma perspectiva é ser consciente, encarar os outros e, para além deles, encarar o mundo. É isso o que as pessoas fazem: são consciências corporificadas, "consciências na carne", o "corpo vivido", pelo menos enquanto nos mantivermos conectados à realidade.[7] E mais que isso: com o acréscimo do pensamento, a consciência, nesse sentido, é mente corporificada.

Então o que aconteceu à expressão *pessoas negras* sob o peso de "corpos negros"?

Um foco no corpo ignora a importância da mente corporificada, do que significa ser consciência vivida e encarnada. Por que não olhar para a consciência negra e a mente negra corporificadas? Deixar de fazer isso, como veremos, é sedutor porque a consciência/ mente negra corporificada representa a verdade em sociedades antinegras. Sob esse olhar, os horrores e as injustiças de tais sociedades são, numa palavra, desnudados. Não é acidental que uma das tentativas de justificação da inferioridade negra em sociedades de supremacia branca seja a Maldição de Cam, que, como diz a narrativa bíblica, viu seu pai embriagado e nu, Noé. O tema da fúria narcísica continua.

Sociedades antinegras escoram-se em falsidades agradáveis aos brancos, como a da supremacia branca. Seu projeto, em resumo, é expandir-se como sociedades antinegras até tornar *o mundo todo* antinegro, sem deixar em pé perspectiva nenhuma a partir da qual as contradições brancas possam ser vistas, desnudadas. Tal meta, transcendendo tanto a si mesma, requer arrastar consigo uma grande quantidade de gente. Com a negritude a ser mantida sob controle, as práticas de purificação acabam levando ao outro extremo: pode alguma coisa ser branca o bastante quando a meta é manter à distância todas as coisas negras — ou pelo menos escuras?

Mas a verdade, assim como a natureza, não comporta negociação. Ela não precisa nos dar o que queremos. A supremacia branca requer um constante engrandecimento da branquitude, a despeito de realidades desagradáveis.

Já observamos que o narcisismo é um traço subjacente à supremacia branca por meio do exemplo dos penetras da festa de aniversário que declaram sua superioridade sobre os outros convivas. O comediante Lewis Black observou uma vez que se as alegações de tais indivíduos fossem verdadeiras, outros presentes à festa acabariam tendo que devorá-los de modo a obter assim um pouco do seu "poder".[8] Já conhecemos as fantasias brancas de "nativos" africanos dançando em volta de grandes caldeirões em que são cozidas vítimas brancas. Os sinais mais seguros da ilegitimidade da supremacia branca não são apenas esses relatos de narcisismo, marcados simultaneamente pelo desejo e pelo medo, mas também seu histórico de força bruta.[9] Conquista, escravização e genocídio demonstram poder, não apenas sorte. Eles carecem, porém, da satisfação de estarem certos. A incapacidade de reconhecer a ilegitimidade da supremacia branca leva aos outros tipos de evasão, às custas não apenas da vida humana, mas também de várias formas de vida.

Muitas pessoas negras encaram de frente a consciência letal das alegações brancas de supremacia com a pergunta: até onde isso irá para se sustentar? A história sangrenta de linchamentos, genocídio, escravização e colonialismo oferece uma resposta. O diretor e roteirista de cinema Jordan Peele alegorizou essa aspiração em seu filme de 2017 *Corra!*. A supremacia branca quer nada menos do que tudo, mesmo que isso exija suprimir toda oposição, incluindo sua própria consciência. O filme de Peele usa os gêneros da ficção científica e do horror para explorar o que significa ter consciência da realidade e "permanecer *acordado*", como o artista de hip-hop Childish Gambino expressa em sua canção "Redbone", que toca nos créditos de abertura. Embora sociedades antinegras temam, e mesmo repugnem, o que ficou conhecido como o corpo negro, elas também desejam possuí-lo — desde que ele seja habitado e controlado por mentes brancas conscientes. O temor, então, é de corpos negros habitados por mentes negras conscientes. Compare isso com o outrora celebrado e hoje repudiado fenômeno do *blackface*,* que se esforça para ouvir a mente consciente branca sob a pele preta. A consciência negra apossada ali é oferecida como entretenimento. A consciência negra nesse exemplo é desejável até o ponto em que a branquitude seja capaz de controlar e limitar suas possibilidades.

Sendo assim, para quem é desejável ver consciência branca vivendo em corpos negros e para quem é uma fonte de angústia, às vezes até de terror, encontrar corpos negros imbuídos de consciência negra?

Os créditos de abertura de *Corra!* anunciam maravilhosamente uma tese provocadora por meio da canção de Michael Abels "Sikiliza Kwa Wahenga". As palavras são do idioma suaíle. A tradução é "Ouça seus ancestrais". Ela é cantada de modo hipnótico em registro baixo e sussurrada por um coro sob imagens de árvores que passam e que remetem ao que as pessoas escravizadas do passado viram ao fugir da escravidão. O dia é radiante, mas a atmosfera é fria. A cena passa das árvores ao longo de uma estrada para áreas urbanas. A canção "Redbone" é agora o leitmotiv enquanto a câmera mostra fotos em preto e branco primeiro de um negro retinto vestido de preto segurando balões brancos. Seu rosto está borrado a ponto de torná-lo, na prática, desprovido de rosto. A câmera se desloca para a imagem da barriga grávida exposta de uma mulher de pele escura. Ela está vestindo uma miniblusa branca. Seu

---

* "Blackface" era o nome que se dava à prática, comum no século XIX e nas primeiras décadas do XX, de colorir de preto (com carvão de cortiça ou outros corantes) o rosto de artistas brancos para representar personagens afro-americanos em espetáculos de teatro e música (os chamados *minstrel shows*).

rosto também está oculto. Um homem de pele escura está no fundo do quadro, fora de foco, com o rosto de perfil, junto a um carro utilitário esportivo numa paisagem urbana. O céu é branco. A imagem seguinte, também em preto e branco, é um pit bull branco saltando para a frente, com um menino de pele escura e rosto apagado tentando segurá-lo puxando sua trela. Há uma construção no fundo do quadro com três janelas com persianas duplas brancas — a primeira, com uma persiana três-quartos baixada e a outra baixada pela metade; a segunda, com ambas as persianas pela metade; e a terceira, com a única persiana que aparece totalmente baixada. O terreno é desolado: terra, pedras, cacos de vidro e restos de lixo.

A cena seguinte muda para a cor normal. Mostra a sala de estar do protagonista, com duas grandes fotos em preto e branco na parede. A da esquerda é da luz de um poste ao crepúsculo. A da direita é de um pombo em silhueta alçando voo, de asas bem abertas, com as laterais escuras de arranha-céus à sua esquerda e à sua direita e um céu branco acima. Um cão de pelo claro está deitado num sofá de couro preto. Outra tomada do apartamento é da cozinha, onde há uma foto em preto e branco de um garoto vestindo uma máscara da África Ocidental, mas as mãos do garoto são brancas. A tomada continua até mostrar um banheiro de porta aberta, onde um homem de pele escura — mais escura que a de todos os negros nas fotografias em preto e branco — está se lavando na frente do espelho. O seu é o único rosto negro nítido na sequência dos créditos de abertura.

Corta para o close de uma variedade de rosquinhas e croissants em cores vívidas e brilhantes. A câmera sobe para o rosto de uma mulher branca saboreando com os olhos os doces na vitrine.

A câmera retorna ao homem negro no banheiro. Ele agora passa no rosto espuma branca de barbear.

Corta de volta para a mulher branca decidindo que doce irá pedir, com Childish Gambino cantando sobre querer, ter e necessitar. Ela sorri.

De volta para o homem negro, que agora faz a barba. Ele se corta, e imediatamente a câmera retorna para a mulher branca, que agora está num elevador. As portas se abrem enquanto Gambino recomenda permanecer acordado.

A mulher entra no corredor e dobra à esquerda; o homem negro agora está totalmente vestido. Está observando fotos em preto e branco no visor de sua câmera digital. O apartamento é o 208. Há um extintor de incêndio vermelho num nicho branco no corredor, não distante da porta. Uma vez que a câmera centra seu foco nos números e no extintor, eu os tomo como simbólicos. Vermelho, colorindo de maneira especial um aparelho necessário para extinguir o fogo, lembra ao espectador ao mesmo tempo perigo e segurança. Imediatamente antes de o homem negro abrir a porta e sorrir, Gambino alerta para não fecharmos os olhos.

Aí está. Tanta coisa para analisar, e proliferam as interpretações. Ficamos sabendo que o nome da mulher branca é Rose [rosa]. Rosas vermelhas são frequentemente oferendas de amor. Porém são também apropriadas para funerais. Também têm espinhos. Devemos nos lembrar do extintor vermelho. Como apetrecho para apagar o fogo, é uma referência pressagiosa a uma conexão por vir, e, com efeito, a maioria dos usos da cor vermelha no filme aponta para a mesma coisa. Lembremo-nos do sangue tirado do protagonista imediatamente antes de Rose sair do elevador. Rose, conforme descobrimos, está à procura de Chris, cujo nome, devemos ter em mente, significa "messias", o que por sua vez significa ser ungido. Um messias é também um salvador. Ele é o esforço mais recente dela para adquirir um corpo negro no qual seu pai planeja salvar uma mente consciente branca de um corpo branco frágil e em deterioração.

Ao longo do filme também ficamos sabendo de uma experiência hipnótica de sair do corpo estimulada pela psiquiatra Missy Armitage, mãe de Rose, ao raspar uma colher de prata em círculos regulares dentro de uma xícara de porcelana. O som hipnótico lança Chris no "lugar submerso". É parte de um processo de preparação do corpo subjugado para ser tomado por uma mente branca.[10] Chris, representando os negros, torna-se assim espectador de sua escravização corporificada.

Embora seja essa a grande revelação, por assim dizer, outros elementos merecem ser considerados ao longo do caminho. Um deles é de especial interesse para a minha argumentação sobre o desejo. Ao longo de todo o filme personagens brancos são dominados pelo desejo, como Rose diante das rosquinhas, quando contemplam os corpos de potenciais hospedeiros negros.

Um membro idoso do culto comenta que o negro está na moda. Liberado de se confrontar com a consciência negra, ele podia admitir, num plano puramente estético, o que os membros de seu culto e ele próprio sentiam de fato em relação a corpos negros. Em vez de negrofobia, o que há é *negrosomatofilia*. Significa um desejo por corpos "negros". Poderíamos adotar "afro" e falar em *afrosomatofilia*, para designar um desejo por corpos afrodescendentes. Para o negrofóbico ou o afrofóbico — uma pessoa que teme "negros" ou pessoas afrodescendentes —, não é o *corpo* que os amedronta. É medo de um tipo especial de consciência que os encara de volta: a consciência negra.

O que é, no entanto, a consciência negra sem um corpo? Voltarei a essa pergunta mais adiante, mas por enquanto digamos simplesmente que, numa sociedade que separa a consciência e a mente do corpo, é possível odiar pessoas negras, mas desejar corpos negros.

O filme de Peele postula que uma consciência branca encarando os antagonistas brancos não apresenta problema algum, mesmo que essa consciência esteja num corpo negro. É um fenômeno sobre o qual muitos negros que tentam desempenhar esse papel para os brancos aprendem, embora exija tanta vigilância que muitos negros que jogam esse jogo acabam por se tornar espectadores de sua própria vida. O personagem que eles constroem vive entre os brancos, em especial entre os supostamente progressistas — embora não faltem as variedades conservadoras —, aparentemente sem tensão. "Pareça negro", diz a mensagem, mas "não *seja* negro."

Dean Armitage, o pai de Rose, revela que votou em Barack Obama para presidente e pouco depois acrescenta que teria votado nele uma terceira vez se fosse permitido.

Tendo em vista o sucessor de Obama, o comentário já nem requer o proverbial pé atrás.

O racismo, no plano psicológico, é uma história de narcisismo. O comentário pegajoso sobre Obama nos leva a questionar se Dean Armitage via em Obama um corpo negro habitado por uma consciência e uma mente brancas, um reflexo branco dele próprio. Nesse caso, ele via Obama como um coagulante ideal. Ou pior: talvez Obama, o filme poderia estar sugerindo, já seja mesmo um.

"Coagula" é o termo que o culto usa para a fusão de mentes conscientes brancas em corpos conscientes negros com mentes suprimidas. O culto é chamado de a Ordem do Coagula. Eles são também membros da Sociedade Alquimista Vermelha, o que, por sua vez, é uma alusão aos Cavaleiros Templários, uma ordem medieval em que 90% dos membros estavam empenhados em inovar e desenvolver as finanças, e não em participar de combates militares. O vermelho a que aludi ao comentar o nome de Rose se conecta com esses cavaleiros, que usavam em suas vestes uma cruz vermelha, e, evidentemente, a Sociedade Alquimista Vermelha e o nome do culto estão conectados com a coagulação do sangue. Lembremos que Chris se cortou — perdeu sangue — fazendo a barba enquanto Rose estava a caminho do seu apartamento.

Então, Dean Armitage vê *alguma coisa* quando observa ou mesmo pensa em Obama. Dada a histeria branca diante da eleição de Obama à presidência dos Estados Unidos em 2008, havia claramente o temor de que ele possuísse uma consciência Negra. E dado que os republicanos estavam determinados a restringi-lo a um único mandato presidencial e que, em seu segundo mandato, chegaram a recusar até mesmo uma audiência no Senado do indicado de Obama para a Suprema Corte, ficou claro que sua possível consciência Negra estava sendo forçada a ser uma consciência negra subordinada. No mundo de *Corra!*, outro cenário poderia ser o de que a Ordem tivesse interceptado a possível consciência Negra de Obama e a aprisionado no lugar submerso de um de seus membros. Se o que Armitage vê apenas parece ser negro, mas não é, o que, então, significa *ser* negro?

Significar e ser não são a mesma coisa. O significado em si, afinal de contas, tem muitos significados. Há o significado social. Há o significado pretendido. Há o significado preferido. Há o significado sob o significado. O que quer que sejam as pessoas negras, aquilo que elas "significam" para aqueles que temem ou que exotizam os negros não é idêntico a como vivem de fato as pessoas negras. Acrescenta-se a isso que algumas pessoas negras tentam viver sem um ponto de vista próprio, o que deixa nas mãos de outros a questão de saber o que elas são.

O que significa ser negro não é, portanto, tão simples como apontar para alguém na rua e dizer, como exclamou um garotinho apontando para Fanon num trem no início dos anos 1950: "Olhe, um *nigger*!".[11]

A gente pode se enganar.

E mesmo que alguém faça isso e não se engane, uma experiência especial e uma questão especial emergem quando alguém ouve, para e olha você nos olhos.

2.
Enegrecidos

Para não mais ver uma branquitude muda
Para não mais ver morte.

Frantz Fanon

Como pode uma consciência ser negra?

Já comecei a responder a essa pergunta ao abordar o que significa uma consciência ser branca. Em certa medida há a percepção de ser designado "branco" e uma compreensão das conotações — históricas, políticas e psicológicas — de tal epíteto.

Alguns anos atrás eu li uma tese estudantil maravilhosa em que o autor perguntava: "O que querem os brancos?".

A maioria dos brancos não pensa a respeito disso, mas bem no fundo eles sabem, bem como a maioria das pessoas de cor: eles querem *tudo*.

Esse desejo por tudo anima até hoje a criação das pessoas brancas e da dominação branca. Gente branca nem sempre existiu. Os ancestrais de pele clara das pessoas que se tornaram brancas tinham uma consciência diferente. Não pensavam em si mesmos como brancos; não tinham razão alguma para pensar assim. Se por acaso as pessoas brancas de hoje conseguissem obter uma máquina do tempo e voltassem a eras anteriores para informar seus ancestrais a respeito de sua branquitude, a insensatez de tal esforço ficaria evidente. Se voltassem ainda mais no tempo, descobririam, para seu pesar, que todo mundo se parecia com aquelas pessoas que elas hoje chamam de negras.

A maioria das pessoas brancas contemporâneas esquece que é branca e só lembra disso pelo contexto. Nesses raros momentos de identificação, elas afirmam sua branquitude não apenas em relação aos não brancos, mas também em relação ao que está em risco se a perderem. Uma amiga brasileira de ascendência italiana me contou uma vez que, quando preenchia formulários, às vezes se via diante de um dilema quanto a decidir que quadradinho marcar sob o tópico "raça", uma vez que se identificava mais como brasileira. Ela *poderia* se classificar como "outra" ao viajar para países como Canadá e Reino Unido, admitia, mas o que lhe vinha com mais força à mente em tais situações era tudo o que perderia se não se marcasse como "branca".

Pleonexia — desejar tudo para si — requer a ausência de limites. A pleonexia branca transforma em propriedade a terra, as coisas vivas, incluindo outros seres humanos, e até mesmo pensamentos; a mentalidade voraz abarca os céus, o espaço sideral e até o tempo. Como define Jean-Paul Sartre, confundindo-a com uma aspiração *humana*, é o desejo de ser D--s.**[1] Esse desejo se desdobra em expectativa, quando não em presunção, de invulnerabilidade e de direito absoluto. Narcisismo somado a acesso radical são indicativos de uma consciência branca.

Durante a conferência Racismo e Multiculturalismo na Universidade de Rhodes, na África do Sul, no final dos anos 1990, os anfitriões levaram os palestrantes a uma reserva de vida selvagem. Odeio até mesmo a ideia de um safári, mas acabei indo com o intuito de ser sociável. Enquanto o administrador do parque e o veterinário residente estavam explicando as medidas de segurança no local, notei que um dos convidados, um

---

* No original, "G-d", em vez de "God" (Deus), pois, como o autor explica em uma nota, "Quando me refiro à divindade absoluta do monoteísmo, uso a convenção judaica de eliminar a vogal de modo a que a designação não seja confundida com um nome próprio".

francês branco na faixa dos trinta anos, desgarrou-se do grupo. Curioso quanto a suas intenções, observei que ele se encaminhou até uma cerca, atrás da qual repousava uma leoa. Ao perceber sua aproximação, a leoa se ergueu sobre as quatro patas. O francês a encarou por cerca de um minuto e em seguida estendeu a mão para acariciá-la. A leoa lambeu os beiços.

"*Pare!*", gritou o administrador do parque.

O francês estacou, com a mão já perto da cerca. "Por quê?"

"Porque ela vai devorar você!"

Existe uma coisa que muita gente de cor, especialmente aqueles de nós que vêm do Sul Global, sabe sobre pessoas brancas *como grupo*, mas raramente discute com elas. Embora muitas pessoas brancas desprezem povos não brancos, especialmente negros, elas *amam* animais.[2] O amor chega a ponto de muitos brancos, se não a maioria, parecerem não ser mais capazes de imaginar os animais como *selvagens*.

No verão de 2004, minha família e eu viajamos a Darwin, Austrália. No táxi que tomamos no aeroporto, perguntei ao motorista sobre os enormes e ferozes crocodilos de água salgada da região.

"Tem havido ataques?", eu quis saber.

"Sim. Na semana passada mesmo teve um. Uma mulher foi devorada."

"Que horror! Como foi isso?"

"Era uma turista. Ela foi nadar num *billabong* por volta da meia-noite."

Um *billabong* é um lago ou tanque de água estagnada, do tipo que se encontra por toda a Austrália. Escuros como breu à noite, costumam esconder crocodilos, serpentes e outras criaturas.

"Deixe-me adivinhar: ela era do Norte da Europa?", perguntei.

"Como você sabe?"

A branquitude estimula uma percepção pervertida dos animais. Há hoje mais tigres em lares de pessoas nos Estados

Unidos do que nas selvas da Ásia, e podem ter certeza de que a maioria dos proprietários de tigres cativos é branca.[3] Esse fato é exposto plenamente em *Tiger King* (2020), a bizarra e surreal série documental da Netflix sobre a vida de alguns dos mais fulgurantes zoófilos. Para mim sempre foi estranho que as mesmas pessoas brancas que chamariam a polícia contra um homem negro ou uma mulher negra dormindo num banco de parque, observando pássaros ou caminhando por sua rua, não hesitassem em acariciar uma leoa, ou nadar com um crocodilo. É como se, na sua imaginação, animais obedecessem a uma lei não escrita: "Não faça mal a pessoas brancas". É a substância de filmes de Tarzan e outras fantasias sobre brancos que se divertem entre animais na natureza selvagem.

Não admira que relatos de encontros desafortunados entre brancos e animais selvagens não sejam raros. Isso não quer dizer que não existam adoradores de animais entre pessoas de cor. O zoológico doméstico do falecido Michael Jackson é um exemplo, e a associação de pit bulls com negros urbanos é outro.[4] Só que existe, com frequência, uma atitude fundamentalmente diferente em relação a eles. Assistir com uma plateia negra a "A garota que ficou nervosa", um dos episódios do pungente filme antológico *A balada de Buster Scruggs* (2018), de Joel e Ethan Coen, ilustra isso. A história tem um cachorrinho irritante que não para de latir enquanto os migrantes desbravam seu caminho pelas planícies em uma caravana de carroças. A certa altura, um dos líderes da jornada se oferece para liquidar o cão porque ele está atraindo muita atenção de animais selvagens e dos povos indígenas cujas terras eles estão invadindo. O insucesso da proposta acaba levando à trágica situação em que, numa tentativa de resgatar o cachorro, a protagonista feminina dispara um tiro na própria cabeça para não ser capturada por indígenas "selvagens". A posição de meus companheiros negros da plateia estava resolvida desde o começo: livrem-se do cachorro. Plateias brancas ficariam mais do lado da proprietária, a infausta protagonista branca que o mimava e protegia.

A presunção de estar autorizado a tudo cria uma consciência de acesso a direitos supostamente ilimitados a qualquer coisa que se deseje. Tal consciência trata uma limitação como um mal intrínseco. Basta pensar na indignação, nos berros de "discriminação reversa", quando negros são contratados em universidades onde a população branca passa dos 90% — às vezes dos 95%. Isso é desconcertante para os docentes negros e para os negros em outras profissões, que frequentemente se veem como a única pessoa de cor no ambiente.

Num mundo dominado durante meio milênio por uma consciência gananciosa, outras consciências vivem uma história diferente. Enquanto uma quer riquezas e liberdades desenfreadas, as outras aspiram a um mundo melhor com a possibilidade de alguma justiça.

Vários anos atrás, viajei para East London, na África do Sul, para falar na Universidade de Fort Hare, uma instituição historicamente negra. Meus anfitriões foram muito generosos: devido a minha epilepsia, contrataram motoristas para me transportar nas cem milhas de ida e volta até a cidade que então se chamava Grahamstown, hoje Makhanda. Na viagem de volta, meu motorista escolheu uma rota descontraída ao longo da costa. Ao passarmos por fileiras de casas grandes e belas à beira-mar, perguntei-lhe quem morava nelas. Sem hesitação, ironia ou humor, ele, que era negro, respondeu: "Os brancos".

Em países pelo mundo afora, o que a maioria das pessoas não consegue entender é a distância entre a qualidade de vida desfrutada por brancos, mesmo da classe trabalhadora, e a desfrutada pela maioria dos negros e povos indígenas. Vejamos Boston, Massachusetts, uma cidade não isenta de ressentimento branco, onde em 2017 o patrimônio líquido médio de famílias brancas foi avaliado em 247 500 dólares. Para a histórica população negra da cidade — e isto não é um erro tipográfico —, o patrimônio líquido familiar médio era de oito dólares.[5]

Em *The Black Tax* [O imposto negro], o financista Shawn D. Rochester explora a disparidade entre o patrimônio médio de brancos e negros nos Estados Unidos.[6] Colonialismo, escravização e racismo resultaram na imposição do imposto titular, que drena os frutos do trabalho das pessoas negras. A escravidão, argumenta Rochester, é um imposto de 100% sobre o trabalho do indivíduo. A estrutura de um sistema legal regulado por padrões duplos, aliada a uma sociedade civil desenhada para a produção de riqueza branca e pobreza negra, impõe uma longa cadeia de custos, cuja consequência básica é os negros terem pouco e os brancos, muito.

Em países hispanófonos e lusófonos do Caribe, da América Central e da América do Sul — como Argentina, Brasil, Chile, Colômbia, Cuba, Equador, México, República Dominicana, Uruguai, Venezuela —, houve políticas de *blanqueamiento* (branqueamento racial). Elas assumiram a forma não apenas de restrições à procriação negra, mas também de incentivos econômicos que incluíam concessões de terras a imigrantes brancos e apoio financeiro governamental para o cultivo de propriedades e geração de riqueza para os brancos. Isso não foi concedido às populações negras, das quais se esperava que, mediante a promoção da eugenia, acabassem sendo expurgadas do patrimônio genético nacional. A consequência foi evidente: tornar-se branco se converteu não apenas num ideal racial, mas também numa recompensa econômica.[7]

E no entanto muitos brancos, se não a maioria, querem mais — qualquer ganho para os negros é, em sua visão, uma perda para eles próprios. O que quer que tenha lhes restado deve ser arrancado. A consciência gananciosa, evidentemente, também quer justiça, ou pelo menos assim alega; o problema é que ela gostaria que "justiça" e "possuir tudo" significassem a mesma coisa.

A consciência negra, ao menos no que se refere à identidade negra, não tem a ver com possuir tudo. Com o que, então, ela tem a ver? O que os negros querem? Ao longo dos últimos séculos, muito se tem falado sobre os negros, mas bem pouco com alguma substância, e muito do que se diz é frequentemente falso e pernicioso. Dizer alguma coisa com valor construtivo requer tempo, reflexão e argúcia: chega-se a isso respeitando e valorizando o objeto de reflexão.

Aí reside o problema.

Do berço ao túmulo, muitos brancos e outras pessoas não negras, se não a maioria, aprendem a evitar pensar sobre os desafios que as pessoas negras enfrentam, tais como exploração, genocídio e racismo. Enquanto ser branco conota um direito a tudo, ser negro, desse ponto de vista, conota uma *falta* de direito ao que quer que seja.

Não ter direito a coisa alguma também implica uma forma de inexistência. Isso levanta um problema metafísico. Uma virada no aprisionamento de mentes negras conscientes no culto Coagula em *Corra!* é uma escuridão secreta que assombra a presença consciente da luz. Isso impõe um problema adicional quando as pessoas admitem tal opacidade; cultiva-se assim, pelo menos em abstrato, a sensação de que negros estão à espreita em toda parte. Mesmo onde há outras pessoas de cor que nunca esperam se deparar com negros, a vida contemporânea demanda ao menos uma reflexão momentânea sobre o que elas fariam caso tal oportunidade ou ameaça se apresentasse.

No início dos anos 1990, ministrei um curso numa universidade do Meio-Oeste dos Estados Unidos aonde muitos brancos da área rural iam estudar. Muitos alunos de graduação, especialmente entre os do primeiro ano, faziam uma confissão cada vez mais familiar: que minhas aulas eram sua primeira experiência de ver ou se comunicar com uma pessoa negra em carne e osso. Quando confessavam sua ansiedade em torno desse fato, eu tomava suas palavras como prova de um conforto paradoxal, contextual, dentro de seu próprio desconforto. Suas ideias sobre negros vinham de seus parentes, de amigos e da cultura popular — fontes que os alertavam contra criaturas perigosas, sub-humanas, que passaram a assombrar sua imaginação. Esperando um bicho-papão, com frequência se chocavam ao encontrar um ser humano.

Claro que não era necessariamente esse o caso com todos os alunos novatos. Alguns não conseguiam suportar o que viam — um ser humano de *cor escura* — e deixavam o curso. Outros não diziam nada. E havia ainda os que se surpreendiam com uma estranha descoberta: tinham expectativas sobre como reagiriam quando se vissem afinal na presença de um negro, o que para eles significava o mesmo que *negros*, em conjunto. Aqueles que imaginavam que ficariam indiferentes se incomodaram com o quanto a situação os afetou; outros se viram na inquietação de um desconforto que também estimulava o fascínio. O leque de respostas era amplo.

Durante os anos 1980, quando trabalhei por um breve período como professor substituto em uma escola pública, fui ocasionalmente designado para escolas de ensino médio com maioria de alunos brancos da classe trabalhadora. Desenvolvi um exercício informativo para essas situações: eu pedia aos alunos que me dissessem o que sabiam sobre pessoas negras. De início relutavam, mas um aluno acabava declarando alguma coisa supostamente de conhecimento comum.

"Negros são criminosos."

"O.k.", eu dizia, e em seguida escrevia a palavra "criminosos" com giz branco no quadro-negro.

Por fim, todas as mãos se levantavam, e uma longa lista de patologias brotava dos lábios deles: os negros eram endemicamente pobres, doentes, sujos, desprovidos de controle sexual, violentos.

Então eu lhes perguntava se, na condição de brancos, supostamente o oposto dos negros, a vida deles divergia das características da lista. Se os negros eram pobres e os brancos eram o que os negros não eram, então eles próprios eram *ricos*? Eles olhavam uns para os outros. Não.

Eu enumerava as muitas atividades nefandas na lousa: roubo, incluindo furtos em lojas; uso de drogas ilícitas; danos à propriedade; agressão física; higiene precária. Nenhum deles tinha cometido algum daqueles malfeitos? Seus olhos revelavam o que eles sabiam uns dos outros.

Nenhum deles experimentara substâncias ilícitas nem consumira substâncias lícitas de modo ilegal, como bebidas alcoólicas antes de ter a idade mínima para isso? Eles não tinham nenhuma experiência sexual? Nunca se metiam em brigas?

Eram adolescentes de cabelo brilhante, muitos deles identificados como "guidos" e "guidettes", gíria para italianos festeiros da classe trabalhadora; outros eram "metaleiros" vestidos de jaquetas curtas de couro preto, camisetas brancas, cabelos eriçados tingidos de preto e jeans rasgados. Seriam eles infensos às drogas e sexualmente inexperientes? *Uma ova.*

A conclusão nunca falhava: "Vocês devem ser os brancos mais negros que eu já conheci".

Claro que isso levava a uma meditação sobre o que eram as pessoas brancas. Não é que aqueles alunos não fossem brancos; ficava claro que eles concebiam uma identidade branca que não era a da realidade que viviam. O grande comediante Richard Pryor costumava contar uma célebre história que devia fazer muitos brancos pararem para pensar. Pouco depois de chegar à África (àquela altura ele não dizia a que país), ele perguntou a um habitante local: "Com que tribo eu me pareço?".

O homem olhou para ele e respondeu: "Italiana".

A autopercepção dos alunos brancos estava embaçada por um mundo de supostas oposições, para o qual uma palavra definidora é "maniqueísmo". O termo vem do movimento religioso assim denominado em honra ao profeta persa Mani (216-74 E.C.).* A principal doutrina do maniqueísmo, a declarada "religião da luz", era purificar cada domínio separando-o dos outros.[8] Assim, a luz deveria ser purificada de qualquer ligação com a escuridão. A luz, alegavam os maniqueus, pertence ao bem, que é espiritual; a escuridão, ao mal, que é material.

Pode uma divisão assim funcionar para os seres humanos? Não somos criaturas puramente espirituais, nem exclusivamente materiais. Eliminar a conexão entre as duas coisas não seria nossa sentença de morte?

Mani tinha uma resposta clara quanto à possibilidade de uma consciência ser negra: ela não podia, pelo menos não na sua forma pura. Para a consciência, entendida como espírito, que Mani interpretava como a luz, a negritude era inteiramente material, algo a evitar ou iluminar. Ela arrastava para baixo a consciência e ameaçava engoli-la. A meta do maniqueísmo era libertar a consciência do corpo material, que era transitório e vicioso, e que abrigava o negror. Uma *consciência* negra, desse ponto de vista, é um oximoro.

Apesar de seu nome significar em persa "eternidade" ou "o que vive para sempre", Mani morreu na prisão em 274 sob o reinado do imperador persa Bahram. Seus seguidores sustentam que ele foi crucificado. Sua forma material, pelo menos, foi fiel a seu pensamento.

---

* "E.C." é a abreviação de Era Comum. No original, "C.E." (*Common Era*), forma adotada pelo autor em substituição aos tradicionais "antes de Cristo" e "depois de Cristo".

Quando perguntamos "Quem sou eu?", frequentemente nos deparamos com o fato de que aparecemos como coisas materiais no mundo e entretanto sentimos que, ao mesmo tempo, transcendemos esse estado. Podemos nos comprometer tanto com um aspecto em detrimento do outro que acabamos não percebendo o quanto somos uma integração dos dois. E, assim como Mani, muitíssimos de nós atribuem valor negativo ao que julgamos ser material e "escuro", em vez de refletir sobre as falhas do que é imaterial e "luminoso", ou de compreender como um contém o outro — a luz escondida da escuridão, a escuridão secreta da luz. Esse problema básico afeta não apenas nossas negociações cotidianas de relações entre a escuridão e a luz, mas também nossos estudos de ciências sociais sobre como cada uma dessas coisas é vivida.

Por exemplo, me deparei com um problema no início dos anos 1990, quando estava escrevendo meu primeiro livro, *Bad Faith and Antiblack Racism* [Má-fé e racismo antinegro]. Tendo decidido analisar dinâmicas da brutalidade policial, examinei artigos de publicações científicas a respeito e descobri que seus dados sugeriam que o fenômeno era raro. Eu sabia que isso era falso. Cresci em áreas negras do Bronx, em Nova York, onde as agressões policiais eram uma ocorrência quase diária. Testemunhei mais casos de uso ilegítimo da força policial do que os relatados na literatura de ciências sociais que eu estava consultando. Minha família vivenciou crueldade policial, meus amigos, todo mundo que eu conhecia. Parentes que trabalhavam em hospitais da cidade se queixavam regularmente de que suspeitos espancados chegavam algemados. Os policiais eram tão maus que em alguns casos até agrediam trabalhadores do serviço de saúde alarmados com o estado dos acusados levados às alas de emergência. Como eu poderia discutir a verdade quando fontes intelectuais revestidas de autoridade sugeriam algo diferente?

Meu filho mais velho, Mathieu, tinha três anos na época. Um dia, quando ele e eu estávamos voltando a pé para casa em New Haven, passamos por um policial a cavalo. Naquela idade, Mathieu admirava qualquer pessoa uniformizada com autoridade para usar a força. Acrescente-se a isso o cavalo, e o policial deve ter lhe parecido um super-herói. "Olá, senhor guarda!", ele acenou, com um sorriso largo. O policial baixou os olhos para ele e sorriu de volta. Foi um encontro agradável. Droga!, pensei, enquanto continuávamos andando. O futuro do meu filho reservava um despertar terrível: ao crescer, ele iria aprender sobre o perigo inerente às interações entre agentes de polícia e pessoas negras.

Então tive meu momento de iluminação. Voltei à biblioteca e encontrei o livro *Black Child Care* [Cuidado infantil negro], de James P. Comer e Alvin F. Poussaint.[9] Indo direto ao índice remissivo, encontrei o que estava procurando: "brutalidade policial". O livro consistia de cartas de pais e mães buscando a orientação dos dois psiquiatras para a educação de seus filhos. O elemento mais chocante, porém, eram as preocupações adicionais dos genitores, incluindo como abordar o alcoolismo e demais formas de dependência em drogas, estupro e outros crimes, bem como ambientes inter-raciais e miscigenação.

Então me ocorreu que um fator que limitava os dados sobre a brutalidade policial na literatura de ciências sociais nos Estados Unidos era o poder da Associação Beneficente da Polícia [Police Benevolent Association, PBA]. A brutalidade policial era tornada oficial apenas quando agentes policiais acusados eram *condenados* por uma infração. Levando em conta quão baixas eram e continuam sendo as chances de condenação por brutalidade policial, especialmente quando as vítimas são negras, pardas ou indígenas norte-americanos, usar a condenação como métrica oblitera na prática a realidade. O efeito era o que também poderia ser chamado de brutalidade policial epistêmica — a polícia suprimindo o conhecimento e a verdade sobre sua conduta. Os testemunhos de pais e mães em *Black Child Care*, bem como a ênfase do livro no cuidado especial requerido quando se trata da formação de crianças negras, propiciavam uma visão mais clara do assunto.

Embora a busca de dados sobre brutalidade policial fosse minha preocupação de início, os assuntos levantados em *Black Child Care* ofereciam uma importante reflexão sociológica. Para comparação, examinei alguns livros ditos genéricos sobre cuidado infantil. (Palavras como "comum", "dominante", "genérico" e "padrão" frequentemente querem dizer "branco".) Esses livros não apresentavam discussões dos temas que encontrei no livro sobre cuidado de crianças negras. Em vez disso, focavam no desenvolvimento e assertividade do ego, escolha das melhores escolas, desfralde e exploração desimpedida — temas perfeitos para o desenvolvimento de um futuro rei, rainha ou colonizador, à disposição do qual está o mundo. Para que serviam esses livros senão para ensinar àquelas crianças a serem brancas?

No entanto, seria aquela a realidade vivida por todas as crianças brancas? Ou mesmo pela maioria delas? Tenho feito essa pergunta a plateias brancas mundo afora, e a maioria admite que não. Como atestam muitas autobiografias de infâncias traumáticas, quase todas as preocupações levantadas no livro de cuidado infantil negro, do alcoolismo ao estupro, são uma realidade da formação de crianças que atravessa as fronteiras de classe, etnia, gênero, raça e orientação sexual. Basta pensar em violência doméstica, doença mental e incesto: a maioria das comunidades supostamente ideais tem esses lados obscuros. Essa escuridão compartilhada é, sem dúvida, uma das fontes da identificação de jovens brancos com a música negra, desde o blues ao rock'n'roll e ao hip-hop. Em vez de guidos e metaleiros, as escolas secundárias de hoje abrigam turmas de garotas e garotos brancos vestindo roupas que são variações da negritude em voga — adquiridas, por sua vez, em lojas pop-culturais brancas de culturas negras.

Claro que a peculiaridade da perseguição e da brutalidade policiais separa a realidade da criação de crianças negras — e, devo acrescentar, de crianças indígenas — da realidade de outros grupos. Colocando de lado essa exceção, que livros de cuidado infantil descrevem acuradamente a realidade da criação de filhos: os "universais" (para pais e mães brancos) ou os "particulares" (para pais e mães negros e indígenas)?

Black Child Care, cuja capa mostrava um menino triste, foi depois revisado e rebatizado de *Raising Black Children: Two Leading Psychiatrists Confront the Educational, Social and Emotional Problems Facing Black Children* [Criando filhos negros: Dois psiquiatras de renome encaram os problemas educacionais, sociais e emocionais enfrentados pelas crianças negras], que tem na capa uma menina e um menino negros captados num momento de alegria e riso.[10] Enquanto isso, demorou décadas para que surgissem livros de cuidado infantil que reconhecessem a particularidade do que vinha sendo considerado aconselhamento genérico de cuidado infantil. Um deles é *The Gardener and the Carpenter: What the New Science of Child Development Tells Us About the Relationship Between Parents and Children* [O jardineiro e o carpinteiro: O que a nova ciência do desenvolvimento infantil nos diz sobre o relacionamento entre pais e filhos], de Alison Gopnik.[11] A criança na capa é branca e loura, mas o livro aborda tópicos como aborto, Aids, essencialismo e raça. A brutalidade policial, porém, continua ausente.

Essa percepção não se limita aos livros de cuidado infantil. É um traço revelador de como em muitos assuntos os conhecimentos são oferecidos de formas concernentes àqueles que são presumidamente particulares em oposição aos que são supostamente universais. Desde os meus primeiros esforços de pesquisa na área, passaram-se quase três décadas até que viessem a público livros que traziam uma confluência entre evidência empírica e crítica social em torno da brutalidade policial contínua e o "justiceirismo" branco nos Estados Unidos.[12] A arte de não ver está em ação naquilo que muita gente é incentivada a pensar que *deve ser assim*.

Até mesmo a expressão "brutalidade policial" é um problema — onde a força é considerada legítima, só o seu excesso é condenado. O termo preciso seria "violência policial" — indicando situações em que *nenhum uso da força é legítimo*. A legitimidade presumida dos policiais e a ilegitimidade presumida daqueles que eles agridem são resultado de uma atitude permissiva frente à criminalidade cometida na imposição da lei. Elas opõem as trevas e a luz.

Não são só brancos que se vêm em situações maniqueístas, de luz versus trevas, em relação a pessoas negras. E não são apenas não negros que se deparam com contradições em seu alegado conhecimento racial. Indivíduos negros — digamos, de cidades onde eles são a única gente negra que conhecem — também experimentam uma desestabilização ao encontrar negros que são diferentes deles próprios; sentem-se despojados de uma experiência quinta-essencial de representação negra; não sendo mais *os únicos*, vivenciam um desafio a sua autenticidade; W. E. B. Du Bois refletiu sobre a realidade desse fenômeno: nascer negro não traz consigo o conhecimento, em termos sociológicos, do que significa ser negro.[13] Nascer negro certamente não significa saber de antemão o que a pesquisa rigorosa tem descoberto. A pessoa pode viver sem muito conhecimento, em especial de si mesma e da história de seu povo, sobretudo quando o trauma pode desestimulá-la com frequência a admitir o que ela vivencia.

A verdade é que a história pessoal de um indivíduo negro é *uma* história negra, mas nem todas as histórias negras são *a* história negra. Há narrativas pessoais, históricas, científicas, filosóficas, poéticas, míticas e religiosas ou sagradas, cada uma com suas camadas próprias de verdade. Nos Estados Unidos, negros cristãos frequentemente presumem que todos os "verdadeiros" negros são cristãos; negros muçulmanos apresentam suas narrativas, e mesmo entre eles há diferenças de acordo com a denominação islâmica a que pertencem, sunita ou xiita. Negros judeus são de muitos tipos, dos asquenazes aos sefarditas, dos mizraim aos hebreus-israelitas, dos abayudaya aos lemba e aos seculares. E dentro desses grupos religiosos há aqueles que são africanos, asiáticos, australianos, caribenhos, europeus, norte-americanos e sul-americanos. E em todos esses continentes e regiões há aqueles que são imigrantes. Entre esses imigrantes há diferenças de uma geração a outra. Acrescente-se a classe social e temos histórias dos negros pobres versus negros de classe média e ricos. Negros rurais têm suas histórias; negros urbanos, as deles. Em meio aos negros com instrução formal superior, há diferenças relativas às instituições por meio das quais eles adquiriram a educação, das faculdades e universidades historicamente negras (HBCUs, na sigla em inglês) a universidades públicas de pesquisa e faculdades locais, de instituições católicas ou de outras religiões às universidades da Ivy League* e outras escolas superiores privadas de elite e faculdades de artes liberais. Um conjunto análogo de diferenças nessas linhas se encontra no Reino Unido, na Alemanha, na França e em outros países europeus. O mesmo acontece na África do Sul e em todos os países

---

* "Ivy League": denominação coletiva para oito universidades de excelência, todas privadas e situadas no Nordeste dos Estados Unidos: Brown, Columbia, Cornell, Dartmouth, Harvard, Pensilvânia, Yale e Princeton.

onde há população negra. E a tudo isso poderíamos acrescentar posições políticas que vão dos conservadores e liberais de direita aos liberais e radicais de esquerda. A história genética é crucial. Diferenças emergem até mesmo do seio das famílias, onde as aspirações de alguns membros confrontam os valores de outros, como Lorraine Hansberry mostra em *A Raisin in the Sun* [Uma uva-passa ao sol] (1959).

Nem sempre existiu gente negra da maneira como as sociedades racistas nos entendem; nem sempre existiu gente branca. Negros e brancos, no sentido usado por sociedades racistas, são codependentes. Pessoas negras foram fabricadas a partir das forças e trepidações que criaram pessoas brancas.

Houve um tempo em que os povos do mundo entendiam a si mesmos primordialmente através da língua que falavam, de seus locais sagrados ou de sua terra natal. "Hebreu" e "ibo", por exemplo, referem-se tanto às línguas quanto aos povos que as falam. Em muitas línguas, a palavra usada para designar seus falantes se traduz aproximadamente por "humano" ou "pessoa". "Bantu", por exemplo, apesar de suas conotações negativas sob o colonialismo no Sul da África, é simplesmente o plural de "*-ntu*" na constelação de línguas faladas ali e significa "pessoa" ou "humano". Na antiga língua africana Mdw Ntr, falada pelo povo do país ancestral africano Kmt, a palavra para "pessoa" é "anx". A palavra "km" significa "negro". "Kmt" significa a "terra negra" ou "povo da terra negra", como substantivo coletivo. Por estranho que pareça, a palavra "anx" também significa "tira de sandália", "vida" e "espelho". Escrita em hieróglifo, sua relação com a palavra "ankh" (vida) é evidente. "Egito" é o nome que os antigos colonizadores falantes do grego impuseram ao vasto país de Kmt. Foi a transformação grega de um dos nomes da antiga Memphis. Seu templo, Há(t)-ka-ptah (templo da alma [ou fonte de vida] de Ptah), se converteu no grego "Aígyptos", que depois virou "Egito". O que na antiga língua de

Mdw Ntr é às vezes traduzido como "egípcio" é "rmT". A palavra significa "humanidade".

Alguns povos antigos se nomeavam em referência a grandes líderes, a seus totens sagrados ou a seu lugar de origem, mas nunca em função de uma cor. Assumindo a si próprios como a norma, não teriam razão alguma para fazer isso; em vez disso, diferenciavam-se de animais, plantas, elementos naturais, locais e deuses. Um exemplo de localização é quando o *rmT* se referia ao povo do baixo Kmt como *mHw*. A palavra significa "baixo", em referência a uma localização geográfica específica que é hoje o Norte do Egito. Kmt alto era o sul; Kmt baixo, o norte. Isso se baseava no rio Nilo, que flui para o norte até desaguar no Mediterrâneo.

É lamentável que o povo imediatamente ao sul de Kmt, os núbios, seja frequentemente definido como negro quando descrito em contraste com os indivíduos do Norte, geralmente cor de canela. O povo de Kmt chamava a Núbia de "Sty" e os núbios de "styw". Observemos a ausência da palavra "km" (negro). Um adjetivo para coisas criadas por styw é "nHsy". O interessante é que essa palavra está relacionada a um conjunto de outras que se referem a uma variedade de conceitos, de escapar da morte a "eternidade".

Saltando no tempo até o período entre os séculos XVI e XIX E.C., milhões de indivíduos africanos que nasceram como Aja, Akan, Edo, Fanti, Ibo, Talense, Wolof ou Iorubá foram sequestrados e sofreram os horrores de um processo pelo qual se tornaram "negros" e assim, também, a identidade de seus descendentes.[14]

Embora tenham sido amplamente estudadas como o comércio transatlântico de escravizados e o comércio de escravizados do oceano Índico, essas atividades históricas têm sido descaracterizadas.[15] "Comércio" ocorre quando uma oferta pode ser recusada. Alguém oferece o que outra pessoa quer, e a outra pessoa oferece algo em troca. Se não se chega a um acordo, nada é comercializado a partir do encontro. Onde pessoas são caçadas e sequestradas, o comércio ocorre apenas entre aqueles que as capturaram e que então as negociam. Apenas a designação árabe é correta, já que se refere a árabes fazendo negócios com a escravização de povos. Os outros deveriam ser chamados apropriadamente de comércio europeu de escravizados e comércio de escravizados da Índia Oriental ou comércio asiático de escravizados. Oceanos não comercializam pessoas.

Existe, entretanto, uma coisa que aqueles que estudaram essa história sabem. Os negros, e muitos outros grupos que sofreram um processo semelhante, compreendidos em termos racistas, foram *produzidos*.

Essa história da produção de negros nos leva ao desenvolvimento de um conceito poderoso, que induz ao trauma: raça. Uso a palavra "trauma" porque a resposta mais comum à questão da raça é evitá-la — uma resposta a que não podemos nos permitir.

3.
Apagados, ou "não vejo raça"

Se a consciência está associada com o espírito ou a luz, então as perspectivas para a negritude são, na melhor das hipóteses, turvas.

Houve um tempo em que ninguém era negro, branco ou qualquer dos epítetos raciais usados hoje. Poderíamos dizer que as pessoas eram vistas numa percepção visual pura — marrons, beges, rosadas, amarelas, brancas como osso (albinas), escuras. Pessoas com metemoglobinemia parecem azuis. Até mesmo os daltônicos veem todo um espectro cromático.

As pessoas no passado não "viam" o que muita gente hoje "vê" quando categoriza seres humanos segundo a cor. Nós vemos por intermédio de uma bagagem acumulada de material histórico racializado. Se as pessoas no passado "viam" claro e escuro, elas não "viam" raça.

Algumas pessoas hoje diriam o mesmo de si mesmas: "Não vejo raça".

"Não vejo cor", alguns talvez digam.

Tradução: "Não sou racista".

Outra tradução: "Eu *não posso ser racista*, porque primeiro eu teria que ver raça".

E mais outra: "Por não ver cor, não posso ver raça; portanto, *sou incapaz de ser racista*".

Tem mais: "Posso ver além do que outros veem. Vejo que *eles* veem cor e raça; eu sou melhor que eles, porque vejo que o que eles veem está errado. E já que o racismo se baseia em acreditar no que é falso, o fato de eu ver a verdadeira forma do ser humano meu semelhante — nada de cor, nada de raça — significa que estou acima do racismo. Sou bom".

Houve um tempo em que racistas não se incomodavam por ser chamados de "racistas". Isso era porque o racismo era "normal". Ser racista em sociedades racistas era *razoável*, como Frantz Fanon explicou nos anos 1950.[1] Críticos negros anteriores, como os revolucionários norte-americanos do século XVIII Lemuel Haynes e Benjamin Banneker, criticavam as ações dos Pais Fundadores brancos dos Estados Unidos e suas políticas, mas não os chamavam de "racistas".[2] Isso sem dúvida deve parecer estranho a leitores contemporâneos, uma vez que muitos daqueles Pais Fundadores e seus herdeiros fizeram grandes esforços para justificar os óbvios abusos e a resultante desigualdade de povos indígenas e de africanos sequestrados e escravizados nas colônias das "Américas" do Norte e do Sul. No caso de George Washington, a brutalidade também envolveu arrancar os dentes de alguns dos escravizados para fazer sua própria dentadura e, caso também de Jefferson, produzir numerosos filhos de suas "propriedades" femininas.

O leitor pode se perguntar por que também escrevi "Américas" entre aspas. É porque a palavra é um epônimo referente a um dos supostos "conquistadores" daquela parte do mundo, o cartógrafo Américo Vespucci. Os povos que já moravam ali chamavam a região e suas constelações de uma variedade de nomes, um dos quais é Abya Yala. A intelectual decolonial Catherine Walsh apresenta a seguinte reflexão sobre essa importante reivindicação:

Abya Yala é o nome que o povo *Kuna-Tule* (dos territórios hoje conhecidos como Panamá e Colômbia) dava para as "Américas" antes da invasão colonial. Significa "terra em plena maturidade" ou "terra de sangue vital". Seu uso atual começou a tomar forma em 1992 quando povos indígenas de todo o continente se reuniram para contrapor-se às celebrações do "Descobrimento", "para refletir sobre quinhentos anos da invasão europeia e para formular alternativas para uma vida melhor, em harmonia com a Natureza e a Dignidade Humana".[3]

Também coloquei aspas em "conquistadores". Era assim que viam a si próprios os indivíduos que navegaram das costas ocidentais da cristandade ibérica até o outro lado do Atlântico. Os descendentes dos povos que os acolheram têm um termo mais acurado, como nos lembra Walsh, uma vez que tais povos ainda estão lutando por sua sobrevivência e liberdade. Eles chamam aqueles autodenominados conquistadores de "invasores".[4]

Um processo de transformação global dos que são considerados pessoas começou em 1492, quando Cristóvão Colombo aportou nas Bahamas. O entendimento que esse homem tinha da individualidade, involucrado na palavra "eu", muitos de nós herdaram como uma história da suposta busca de Colombo por uma rota mais curta até a Ásia. O que se ignora com frequência é que aquela individualidade rapidamente se transformou no "eu" que praticou genocídio contra povos indígenas e inaugurou o tráfico humano global.[5] Esse "eu" podia viver num mundo de racismo sem atribuir a si uma identidade racista. Desse modo não enfrentou, pelos menos durante os anos de formação e desenvolvimento, uma acusação desse tipo.

Os termos "racismo" e "racista" só surgiram nos anos 1930, em caracterizações francesas da ideologia nazista. Expressões anteriores, como "racialismo" e "racialista",* datam do final

---

* No original, o autor contrapõe a palavra inglesa "racism", surgida tardiamente, e o termo anterior "racialism". Em português a questão é um pouco diferente: racismo é uma crença que estabelece uma hierarquia entre raças e etnias, enquanto racialismo (palavra ausente da maioria dos dicionários) seria a concepção de que a espécie humana se divide em raças biologicamente distintas. Em muitos casos usam-se as duas palavras como sinônimos.

do século XIX na colônia britânica da África do Sul. Até então, políticos, intelectuais e cientistas de mentalidade racial falavam de "anglo-saxões", "arianos", e imaginavam "teutões" como seus ancestrais. Eles falavam e escreviam depreciativamente do "selvagem" e do *negro*,* que é derivado da palavra portuguesa para a cor preta. Embora a expressão francesa para a cor preta seja *la couleur noire*, os franceses transformaram a palavra portuguesa hoje racializada em *le nègre*, que especificava a forma racial da cor. No século XVIII, a pronúncia escocesa e do Norte da Inglaterra da versão francesa era "neger", que se enraizou e acabou se transformando em "nigger". A palavra "nigger" tinha inicialmente um alcance amplo. Aplicava-se não apenas aos africanos de pele escura, mas também aos povos de pele escura da Austrália, da Índia, dos países insulares da Polinésia e de Abya Yala. Embora o termo "nigger" sobreviva, ele tem seu uso público infeliz entre negros dos Estados Unidos que vindicam sua suposta "recuperação" e "reapropriação" como "nigguh" e "nigga". Seu uso pelos brancos se dá predominantemente a portas fechadas ou longe dos ouvidos dos negros, exceto quando os estão agredindo ou linchando. Não há dúvida de que mais variações desse termo pejorativo estão por vir.

Colonizadores do século XVIII conceberam leis especificando quase todos os tipos de designação racial. Não falamos mais de "quadrarões" e "oitavões", embora tais heranças sejam preservadas em alguns lugares mais do que em outros. O censo de 1976 no Brasil, por exemplo, tem 136 designações raciais de cor, muitas delas ativas hoje. Com frequência, quando as pessoas dizem não ver cor, querem dizer que não veem *preto*. Um bom número dessas 136 designações raciais

---

* No original em inglês o autor usou a palavra "negro" (e não "black"), o que justifica a explicação que deu em seguida.

brasileiras são modos de evitar definir a si próprio como negro, especialmente sob as contínuas práticas de *branqueamento* do país.[6] Essa modalidade de ver demais para não ver requer criatividade e talento para o autoengano.

O que há de errado em enxergar a si mesmo ou a outro indivíduo como negro? Ou, se não simplesmente negro, qual o problema de enxergar cor?

Imagine uma mulher e um homem num encontro. A conversa flui bem. Sinais conhecidos de sedução se sucedem. Ela meneia os cabelos; ele inclina a cabeça enquanto toma mais um gole de vinho. Depois de algumas horas de conversa e de caminhada sob o luar, refletindo sobre muitos aspectos da vida um do outro, eles chegam finalmente diante da porta da mulher. O homem diz que teve uma linda noite. Ela diz o mesmo. Então ele acrescenta, um pouco ansioso: "Só tem uma coisa que ficou na minha cabeça".

"O quê?", pergunta a mulher.

"Bem...", diz ele, "foi tudo tão maravilhoso. Eu me senti muito à vontade falando com você, exceto... por uma coisa. Se eu pudesse deixar de ver você como mulher, poderia vê-la com verdadeiro respeito. Poderia então alcançar a combinação perfeita de respeitar alguém por quem sinto atração."

Há uma palavra para definir um homem que, para respeitar uma mulher, precisa *não vê-la como mulher*. A misoginia assume a forma de cegueira de gênero ou, especificamente, cegueira diante da mulher.

Seria progressista, então, como talvez imaginem os "cegos para cores", alegar não enxergar cor? Se uma pessoa pensa que ver alguém como negro significa desrespeito, não se depreende daí que ela julga que negros não são dignos de respeito? Poderia haver quem argumentasse, inspirado no exemplo de um homem que admite seu desrespeito pelas mulheres, que há uma linha de pensamento feminista que também é antigênero

75

e antimulher, ou pelo menos contra *enxergar* as mulheres ou a aparência delas. Defensoras dessa linha de pensamento feminista sustentariam, como muitas fizeram, que uma mulher não pode ser respeitada, nem mesmo por mulheres.[7] Muitas dessas feministas, porém, concordariam que seria misógino não ser capaz de respeitar uma mulher como tal. A conclusão racial, portanto, é que é antinegro não ser capaz de respeitar uma pessoa de aparência negra.

Será que "Não vejo raça" não significa na verdade "Não quero ver raça"?

Quando alguém vê, sente também um conjunto de reações que vão da afeição à repulsa, do conforto ao medo. Agora entramos no terreno da ironia e da autonegação, onde a pessoa sente o que declara não sentir, nega enxergar o que enxerga, alega acreditar no que não acredita. Há uma expressão para essas atitudes ou ações de consciência autonegadora. É o que se chama "má-fé".[8]

A expressão "má-fé" tem um significado jurídico e um significado filosófico. O significado jurídico descreve a atitude de uma pessoa que dá um testemunho ou firma um contrato com intenções falsas. "Ele teve má-fé ao assinar o acordo", um litigante pode se queixar no tribunal. O significado filosófico repousa no fato peculiar de que as pessoas são capazes de mentir para si mesmas. Em sua defesa, o signatário do acordo poderia alegar que não usou de má-fé ao assinar o contrato; ele o fez com toda sinceridade. A sinceridade, contudo, da perspectiva filosófica, pode ser de má-fé. Muitos racistas são sinceros.

Entender como a sinceridade pode ser de má-fé requer uma elaboração do que significa ser de má-fé. O conceito de má-fé envolve a habilidade de mentir para si mesmo. Mentir é algo que uma pessoa faz, o que significa que pertence ao agente que mente. O mentiroso e o enganado são a mesma pessoa. Pode-se encarar a atividade inconsciente como comportamento, em vez de ação, propriamente compreendida como intencional. Mas é uma visão simplista demais da consciência, porque frequentemente nos damos conta de algo que vínhamos fazendo — como balançar a perna ou dizer frases do tipo "eu sei, eu sei" — quando alguém chama nossa atenção para isso. Dizermos que não tínhamos controle sobre o que estávamos fazendo ou dizendo causaria dúvida, mesmo que fosse correto dizer que não *estávamos* atentos ao que fazíamos. A consciência, que inclui atenção, deve ser mais complicada.

A consciência é sempre consciência *de* alguma coisa, seja experimentada ou imaginada. Sempre envolve algo de que alguém está consciente. Sem objeto, a consciência desaparece. Em outras palavras, a consciência em si não existe como uma "coisa". É uma relação com a realidade. Essa atividade relacional é chamada de *intencionalidade*. A coisa para a qual a consciência se volta é o que aparece. Coisas das quais não estamos conscientes entram na consciência. Essas coisas se destacam. A essa altura, dizemos que elas existem. É isso de fato o que significa a palavra "existência", já que ela emerge da expressão latina "ex" ("para fora", "a partir de") "sistere" ("ficar de pé"). Destacar-se significa emergir ou aparecer. Em francês, "existir" também significa "viver".

A consciência envolve coisas se manifestando, e a manifestação é uma transição entre o que não se vê e o que se vê. Outra palavra para coisas que aparecem é "fenômeno". O conceito tem uma linda origem mítica. Veio do antigo mito persa do deus Fanes (que se manifesta).[9] Fanes era o fruto do deus/deusa Cronos (tempo). Fenômenos nascem do tempo.

A consciência requer uma relação com os fenômenos, com coisas que aparecem, que se mostram. A má-fé, por sua vez, envolve a tentativa de afastar a consciência das relações mediante as quais as coisas aparecem, emergem, tornam-se manifestas ou inteligíveis. É a imposição da não relacionalidade às relações.

Para que a consciência seja consciência *de* uma coisa, a coisa deve estar *lá* e a relação de que se está consciente deve estar *aqui*. Essa relação aqui-lá significa que a consciência deve ser *incorporada*; deve estar num espaço e num tempo. A consciência tem que estar em algum lugar.

As pessoas fantasiam acerca de sair do próprio corpo — uma das grandes esperanças do maniqueísmo, que se originou na Pérsia do século III E.C.: libertar a luz da consciência da escuridão da matéria. O que isso poderia acarretar é difícil de dizer. Sem estar em algum lugar, a consciência estaria em parte alguma ou em toda parte, sem um *lá* ou um *aqui* mediante os quais estivesse num lugar determinado. Isso significa que só poderíamos desencarnar negando a perspectiva ou o ponto de observação a partir do qual imaginamos a desencarnação. Seria uma forma de má-fé.

Dimensões de má-fé são também reveladoras na língua francesa.[10] O adjetivo *mauvais* significa "falso" ou "sem valor", e no feminino, *mauvaise*, significa "má", "ruim". *La foi*, geralmente traduzido como "fé", também quer dizer "crença", "confiança", "penhor" ou "convicção". Assim, *la mauvaise foi*, embora com frequência traduzido como "má-fé", refere-se a um amplo leque de atitudes que não são imediatamente evidentes na sua expressão em inglês. Iremos, porém, trabalhar com a expressão em inglês (*bad faith*/má-fé), já que é a língua na qual apresento estas reflexões.

"Má-fé" se refere a uma variedade de atos conscientes distintos e, no entanto, conectados. A crença, por exemplo, poderia ser uma manifestação de má-fé. Crer, ao contrário de saber, requer um elemento de dúvida. Entretanto, há pessoas que oferecem a noção de uma crença verdadeira, justificada, ou uma *crença perfeita*. Se a crença fosse perfeita, porém, não haveria razão alguma para dúvida, e, portanto, não seria uma "crença". Tal concepção de crença é um exemplo de má-fé.

Imagine um grupo de sobreviventes que está num abrigo subterrâneo há uma década. Seus relógios não funcionam mais. Eles não sabem bem se é noite ou dia do lado de fora. Um deles acredita que está fazendo sol. Outro acredita que não. Por que o tempo estaria ensolarado? Poderia estar nublado, ou poderia ser noite. O primeiro reafirma sua crença. Seu interlocutor responde: "Não duvido que você acredite nisso. Sua crença não importa. Se formos para fora, veremos. Saberemos".

Soa uma sirene anunciando que a situação está segura de novo. As travas de segurança da porta do abrigo se abrem. Eles saem. É um dia sombrio, nublado. Aquele primeiro morador do abrigo diz: "Não está ensolarado".

"Notei que você não disse 'acreditar' que não está ensolarado", falou o outro. "O tempo não tem a ver com crença. Tem a ver com a verdade e com fatos. Os pensamentos se conectam com a verdade e com os fatos. Sim, você *acreditava* que fazia sol. Mas você estava errado."

Algumas pessoas se refugiam na imaginação. "Se eu estiver imaginando que não está fazendo sol, isso não seria uma crença? Ou mais ainda: eu não estaria agora dizendo a verdade? Como podemos dizer agora mesmo que é realmente dia, mas nublado, e não uma ilusão da nossa imaginação?"

Jean-Paul Sartre ofereceu uma resposta célebre às pessoas que dizem não haver distinção entre imaginação e percepção, entre as ideias e a experiência direta das coisas.[11] Ele pediu a esses "fenomenalistas" — pessoas que alegam haver apenas a aparência das coisas e que não há diferença entre a aparência real e a imaginada — que comparassem o cômputo das colunas de um Pártenon imaginado com a experiência de contar in loco as colunas do tempo grego real. O número de colunas da versão imaginada seria incerto; o número de colunas do Pártenon real é específico, e outros podem se juntar a nós na ação de contá-las. Criamos a imagem do Pártenon imaginado; o Pártenon real resiste ao que possamos desejar que ele seja.

Simone de Beauvoir e Sartre apresentaram um exemplo famoso de má-fé. Uma mulher está num jantar que não é, pelo menos em sua mente, um encontro romântico. No meio da conversa, o pretendente toma sua mão; num ato de confiança cega, a mulher continua falando como se não percebesse nada. Essa é uma ilustração da capacidade humana de *desincorporação*. Apesar de tentar comunicar o desejo amoroso tomando a mão dela, o pretendente descobre que está segurando nada mais que uma *coisa*. A mulher se descolara da própria mão.

A consciência, que precisa residir em algum lugar, deve estar na carne. Ela é devidamente *vivida*. A mulher fez algo extraordinário, ainda que também prosaico: permitiu a seu pretendente tocar sua mão, mas não *ela* — ou, pelo menos, isso é o que ela pode ter acreditado. Sua mão parecia sem vida.

Seria um equívoco ler como um exemplo *moral* a história da mulher abordada, como me referirei a ela (enquanto outros críticos a designam como "a coquete"). Há condições — tortura, estupro, humilhação — sob as quais a pessoa teria bons motivos para buscar a desincorporação; é uma tática de sobrevivência pensar "Isto não está sendo feito *comigo*". As opções para a maioria das mulheres numa sociedade machista, mesmo para aquelas que se consideram exceções, são limitadas. Um problema similar atinge homens de cor em escravocracias e sociedades racistas, onde técnicas de violência sexual são usadas para controlar mulheres e homens de cor escravizados.[12] O exemplo da mulher abordada sugere o que Beauvoir chama de "ambiguidade".[13] Nas relações e situações humanas e sociais só uma parte de uma história é revelada — e isso depende da variedade de significados ligados ao que é vivenciado, feito ou dito.

Também devemos levar em conta o modo como o pretendente percebe a mão que está segurando. É possível experimentar a desincorporação de outra pessoa; o pretendente podia *perceber* que a mulher se apartou da própria mão. Há uma forma de opacidade a despeito do que ambos veem e que, dada a situação, talvez neguem por uma questão de cortesia. O caráter social da situação é afetado. O significado social depende de conexão para ter coerência, mas o caso desse casal é de um toque físico que afeta a comunicação. As pessoas podem convencer a si mesmas de que são coisas em alguns casos e espectros desincorporados em outros. O problema é que "coisas" — pelo menos as não vivas — não são propriamente sociais; são desprovidas de ponto de vista. Para ser social precisa haver pontos de vista comunicados, incorporados.

Isso não quer dizer que o que tem sido descoberto hoje em dia na física quanto à localização de fótons e pontos de vista esteja errado. Da Antiguidade até o presente, saber se a realidade material tem um ponto de vista sempre foi um tema de discussão. A pesquisa contemporânea sobre a realidade material como algo que também tem perspectiva — realidade com um ponto de vista — leva simplesmente a dizer que ser "coisa" é um atributo imputado. Significa que elas também poderiam ser possibilidades do "aqui". Isso não muda o ponto central do argumento. Coisas — *como apenas coisas ou seres em si* — não são sociais.

Termos como "sinceridade" e "autenticidade" são em geral equiparados a "boa-fé". Assim, ser sincero, autêntico ou de boa-fé é supostamente não ter má-fé. São ideias que levam a pessoa a ser o que de fato é ou pelo menos o que declara ser. No entanto, a pessoa pode convencer a si mesma de coisas que são falsas, incluindo coisas sobre ela própria. Investimentos nessas falsas crenças frequentemente envolvem dar as costas à realidade ou, o que é pior, tentar forçar a realidade a se amoldar a tais falsidades. Que defesa seria melhor que apelar para a própria sinceridade, autenticidade e boa-fé? Lidar com a verdade requer entrar em sintonia com a realidade e encarar a liberdade de julgamento dos outros. O oposto de má-fé, portanto, transcende a sinceridade do indivíduo e mesmo sua boa-fé. É um relacionamento crítico com as *evidências* e com a seriedade. Toda evidência abrange uma questão e depende da arte de questionar, por meio da qual a verdade, incluindo a responsabilidade pela verdade, desabrocha. Há assim uma relação entre questionamento e liberdade, porque ambos são acompanhados pela responsabilidade. "Fazer perguntas", lembra-nos Dena Neusner, autora de *Simply Seder* [Simplesmente Seder], "é um sinal de liberdade".[14] Uma consciência crítica abraça sua liberdade.

A má-fé opera por meio do autoengano, o que requer a eliminação da relação do indivíduo com as evidências — são elas que mostram claramente que as mentiras são mentiras. Para se proteger, a má-fé precisa desarmar o caráter evidente das evidências — isto é, sua capacidade de aparecer. Tornadas impotentes, as evidências não podem mais se intrometer na faculdade de uma pessoa ou de um grupo de acreditar em alguma coisa com má-fé. Por exemplo, muitas pessoas gostariam de acreditar que mulheres são intrinsecamente mulheres ao enfocar sua anatomia como única fonte de evidência, em vez do sentido conferido à aparência física de cada um pelo mundo social em que as mulheres vivem. Beauvoir questionou a ideia de que a anatomia acarreta destino — se o corpo de uma mulher sobredetermina o que ela é — sustentando que a pessoa "se torna uma mulher".[15] Será que sua anatomia deve exigir que ela se mova pelo mundo de acordo com um conjunto de expectativas impostas às "mulheres" em cada sociedade? Depois de Beauvoir, outras autoras, das quais a mais proeminente é Judith Butler, transformaram essa questão ao perguntar se uma pessoa, qualquer que seja, deve ser um sujeito tal como "mulher" ou qualquer outra categoria.[16] Butler nos pede que exploremos a possibilidade de agência* (o poder de agir) e liberdade sem os sujeitos que chamamos de "agentes". Seu exemplo é uma resposta crítica feminista à questão de "mulher" ser ou não um campo apropriado de prática política e respeito. Antes de Butler e de Beauvoir, Friedrich Nietzsche levantou a questão dos sujeitos — o que hoje é comumente chamado de "identidades" — ao questionar os valores mediante os quais eles são constituídos. Assumir a responsabilidade por esses valores os liberta de seu "espírito de seriedade", que é a atitude ou crença em ideias ou significados enquanto dados pela natureza em vez de relações produzidas por ações humanas pelas quais somos responsáveis. O espírito de seriedade obstrui a liberdade e é em si mesmo uma forma de má-fé. Num brado de incitação contra a má-fé, Nietzsche clamava por uma "transvaloração de valores", ou pela livre assunção da responsabilidade de trazer valor a nossos valores.[17]

O espírito de seriedade, voltado para o eu, resvala para *levar a si próprio demasiado a sério*, que é uma forma de egotismo. Fazer isso fecha as portas às relações com outros e, consequentemente, à realidade social e ao amor. Para evitar se trancar, uma boa ideia é "descriar" o ego. "Descriação", escreve Simone Weil, significa "fazer algo criado converter-se em incriado [...]. Participamos da criação do mundo ao nos descriarmos."[18] Há uma ideia semelhante no pensamento oriental, explica Keiji Nishitani, na qual o egotismo é uma fonte de mal.[19] Desapegar-se do ego implica uma responsabilidade radical: não existe mais uma corda de segurança que proteja do abismo.

Para Nietzsche, resistir à seriedade envolve *jogar*, ou perceber a construção de regras mediante as quais os jogos ou

---

* A palavra "agência" é usada aqui no sentido dicionarizado de "capacidade de agir" (*Houaiss*) ou no sentido filosófico semelhante, de "capacidade de um agente intervir no mundo".

valores da vida são jogados. Surgem discussões, nos esportes e nos jogos, quanto aos jogadores estarem ou não seguindo as regras; por isso, já que há diferentes modos de jogar determinado jogo, as regras devem ser definidas antes de o jogo começar. Por exemplo, o jogador "sério" de damas está convicto de que as regras do jogo de damas são tão definidas quanto as da química, embora uma delas possa permitir que se salte de volta sobre as peças. Poderia haver um salto sobre as peças entre as quais houvesse um espaço. Não pararia aí. Com o tempo, muitos se dão conta de que poderia haver jogos de damas tridimensionais. Seria possível saltar para cima ou para baixo, para a frente ou para trás, bem como para os lados. E além desses poderia haver um jogo de damas conceitual *falado* a cada jogador. Poderia haver damas em código. Protestar que nenhuma dessas modalidades é o jogo de damas "verdadeiro" porque não são peças redondas brancas e pretas se movendo num tabuleiro xadrez bege e preto de oito casas por oito cheira a seriedade. Explicar que esse jogo de 5 mil anos tem sido praticado de muitas maneiras ao longo de milênios não importaria muito para o jogador imbuído de seriedade. Tal jogador esquece que é um *jogador*, porque essa pessoa não está mais *jogando*. Damas, no caso desse jogador, converte-se em algo como o encontro de dois átomos de hidrogênio e um átomo de oxigênio. Se uma substância não tem a combinação desses átomos, é incorreto chamá-la de "água". Jogar de acordo com alguma das possíveis regras mencionadas não é, para esse jogador, jogar damas.

As regras da química e as dos jogos de tabuleiro diferem num aspecto importante que o jogador sério ignora. Os elementos são governados pela natureza; os jogos de tabuleiro são atividades criadas por humanos e determinadas por regras com as quais os jogadores concordam. Não nos levarmos a sério demais implica lembrarmos as regras pelas quais os valores são produzidos e assumirmos responsabilidade por elas.[20]

Nós não apenas produzimos valores, mas, ao produzi-los, criamos a nós mesmos. Em outras palavras, nos tornamos o que fazemos. O racismo, por exemplo, é uma forma de atividade séria que produz racistas.

Além de nos lembrar que somos responsáveis pelas regras segundo as quais vivemos, o jogo tem o potencial para a alegria e o riso. A capacidade de rir de si mesmo é uma libertação das amarras da seriedade.[21] Um comediante obeso declara: "Eu não durmo na praia. As pessoas querem me empurrar de volta para o mar". A comédia traz o absurdo para o cotidiano ao iluminar a humanidade deslocada — nesse caso, a pessoa teriomorfizando a si própria como uma baleia encalhada. Quem não consegue ver ou compreender o deslocamento perde a piada. Isso pode ocorrer também com o humor visual e musical. Por exemplo, uma técnica cinematográfica cômica é filmar um animal em movimento com uma trilha musical. Pense num jacaré caminhando ao som da pungente "Between You Baby and Me" (1979), de Curtis Mayfield. Tente a versão de 1969 de B. B. King do blues de Roy Hawkins e Rick Darnell "The Thrill Is Gone" (1951), ou "Sorrow, Tears and Blood" (1977), de Fela Kuti. Ou talvez "Danúbio azul" (1866), de Johann Strauss, ou ainda "A cavalgada das Valquírias" (1856), de Richard Wagner. A fonte cultural não vai mudar o efeito cômico. E que tal um cântico gravado do mantra Hare Krishna? E um flamingo caminhando sob a mesma música? Ou uma formiga?

O riso é um *gesto* social. Isso porque é uma forma de comunicação do reconhecimento de algo engraçado. Reconhecimento e compreensão estão em cada momento do riso. Mas, a despeito desse importante papel social de reconhecimento, o riso também nos arrebata. Toda risada é, em alguma medida, uma perda de controle. Poderíamos muito bem ter nos tornado uma espécie sem riso se carecêssemos da capacidade de perder o controle. Nesse sentido, teríamos nos tornado "tensos". Tornando-nos tensos demais, poderíamos quebrar. Uma vez que não temos como nos adequar de antemão a cada situação em que venhamos a entrar, precisamos de adaptabilidade e elasticidade ou flexibilidade. Liberado das contrações da rigidez por meio do riso, nosso corpo se apresenta, nas palavras do grande filósofo francês Henri Bergson, como *"uma deformidade que uma pessoa de constituição normal poderia imitar com êxito"*.[22] Observe as fotos de família ou de plateias subjugadas pelo riso. Se aquele fosse nosso modo cotidiano de andar pelo mundo, pareceríamos deformados.[23] A rigidez da qual somos liberados no momento do riso leva a uma conclusão importante para nossa análise: *"As atitudes, gestos e movimentos do corpo humano são risíveis na exata proporção em que o corpo nos faz lembrar uma mera máquina"*.[24] O riso nos livra da seriedade enquanto mecanismo. A liberdade é expressa no modo como vivemos ou revestimos a corporeidade. Ela requer graça. Um ser humano vivendo de modo humano é gracioso.

Algumas pessoas tratam o corpo como uma coisa que elas *vestem*.[25] A questão então passa a ser se o corpo delas "cabe". É possível vestir uma raça ou um gênero? Se for, muitos de nós deveriam se perguntar se estamos vestindo a raça ou o gênero "certos". Se decidirmos que nossa raça ou gênero não cabe, encararemos expectativas sociais que podem resultar em reações negativas que vão da raiva ao riso. Consideremos a reação do riso. Tendo como alvo o gênero ou a raça deslocados, o riso é uma resposta à visão ou à compreensão de uma coisa que pode ser, talvez, uma forma de recusa a ver e compreender. Seria uma forma de riso de má-fé, que é uma possibilidade que rebaixa o propósito do riso com um efeito mecânico. Diferentemente do riso comum, que é um retorno à graça mediante uma libertação instantânea da rigidez, o riso de má-fé requer uma rigidez do eu e dos outros. Ali, o riso nasce não da percepção da rigidez no outro, mas antes da afirmação de graciosidade manifestada onde supostamente ela não tem lugar. É tratar um ser humano em movimento como uma criatura com uma trilha sonora inapropriada e obrigar a ele, ou a ela, ou a eles, que voltem a seu suposto lugar desairoso.

O racismo impõe mecanismo e rigidez à vida humana por meio da raça. Ele imobiliza alguns de nós em armaduras, outros em algemas. A pessoa que alega não se enquadrar em nenhuma categoria racial, ou a que declara se enquadrar em outra raça ou gênero que não aqueles que recebeu ao nascer, poderia ser um desafio à ideia de viver em pureza racial. Alguns também afirmam o triunfo da pureza ao rejeitar a pureza racial. Um apelo à pureza depende de eliminar todas as relações externas, o que inclui a raça, como "contaminantes", e essas pessoas poderiam reagir refugiando-se em uma desconexão estéril ou na ausência de relações: o que resta para elas é um eu supostamente puro.

Alguém poderia objetar assim: e quanto a ter apenas relações puras com coisas puras? Seria possível tentar alcançar isso, mas surgiria a pergunta: o que torna puras tais coisas, para começo de conversa? O que tornaria pura uma *relação*? Responder isso exige explicar a impureza. Esta emerge quando alguma coisa que não deveria estar em contato com outra viola as fronteiras. Se uma coisa tem a qualidade de não ser outra, como, então, poderia a pureza de cada uma ser considerada quando a outra é levada em conta? Qual seria a base da separação requerida?

O esforço todo desnorteia a mente quando apresentado abstratamente. Na vida cotidiana, há coisas que poderiam nos prejudicar e coisas de que não gostamos. Tentamos não nos relacionar com essas coisas. Buscamos as que são o oposto delas. Estar limpos, então, não tem a ver com garantir que nada tenha contato conosco. No entanto, perder o controle sobre algo, como um jogo de tabuleiro, é um contaminante para algumas pessoas. Elas querem tocar sem ser tocadas, ver sem ser vistas, ouvir sem ser ouvidas, cheirar sem ser cheiradas, contatar sem ser contatadas. Seria possível trabalhar imaginativamente para alcançar alguns desses objetivos, mas contatar sem ser contatado é uma meta de êxito improvável. Ela demandaria não estar em relação com coisa ou pessoa alguma — incluindo possivelmente a si mesmo.

E se, entretanto, as relações também se tornam uma forma de impureza? O que é impuro é, afinal, descoberto, e às vezes isso acontece quando é tarde demais. Seu estrago já está feito. Não demora para que a pessoa se dê conta de que a impureza vem do fato de se expor, de se destacar.

"Não vejo raça; não vejo cor." Essa declaração é contra a ideia de raça e cor se destacando.

"Não vejo raça" é uma falsidade agradável em contraposição a uma verdade desagradável. Enxergar raça, enxergar cor, implica a responsabilidade pelo que se vê. Significa também perceber que se vive numa sociedade que vê as pessoas racialmente. De um só golpe, a negação enaltece o negador ao rejeitar a responsabilidade por desafios propostos por um mundo em que a raça importa. É mais fácil ficar fechado num mecanismo de não ver. Essa ilusão foi despedaçada para muitos que viram o vídeo de um grupo de policiais — um negro, um asiático-americano e o terceiro branco — não fazendo nada enquanto seu colega pressionava o joelho sobre o pescoço de um homem negro algemado durante nove minutos e 29 segundos, o que resultou em sua morte.

Há também a questão de saber se o assunto em discussão diz respeito a ver raça ou não. Imaginar a perspectiva pessoal como essencial e em seguida isentar a si próprio dessa responsabilidade fornece uma ilusão sedutora. O que acontece com a raça e o racismo quando se confere validade à cegueira?

Recebemos permissão para tentar não ter conexão com assuntos raciais. Raça e racismo se tornam intrusões intrinsecamente ilegítimas que é melhor ignorar.

Virou moda em estudos críticos de raça chamar essa negação e essa cegueira declaradas de "ignorância epistêmica" — o que é paradoxal, já que "epistêmico" se refere a saber, a conhecer. Uma incapacidade de conhecer dificilmente será uma boa defesa contra a responsabilidade. Isso não quer dizer que tudo se resolva quando se admite enxergar raça. Ao longo do período de escravização formal e depois de segregação nos Estados Unidos, havia muitas pessoas brancas que alegavam enxergar raça, mas negavam ser racistas. Esse foi também o caso na África do Sul do apartheid. Brancos em ambos os países tinham escravizados ou "serviçais" (seu termo geralmente preferido) negros que moravam em seus lares e a quem eles diziam "amar". Eram formas de ser integrados num sistema que dava aos senhores o que eles preferiam ver. Uma breve investigação desses casos revelaria uma atitude em relação a seus escravizados domésticos semelhante ao status de bichos de estimação e outros animais domesticados. Seu "ver" raça é uma forma de não ver. A humanidade dos negros nunca entrava na casa.

De modo que, por contraste, "não ver" raça supostamente abre a porta para que o humano apareça. Mas isso não barraria a entrada dos negros? Em vez de não ver negros, por que não encontrar um meio de ver sem fazer isso com demasiada seriedade?

Há um riso a ser produzido às custas daqueles que fingem não saber. Uma adolescente branca empolgada veio correndo até meu filho caçula, Elijah, no corredor do colégio deles. "Acabei de ver *Pantera Negra*!", exclamou. "É maravilhoso!"

Elijah, um multiartista cujo repertório inclui comédia *stand-up*, detectou uma forma de autoindulgência na declaração dela para *ele* — um colega de classe negro e judeu. Ele optou por se divertir um pouco às custas dela. "Isso é racista", comentou. "Você deveria dizer 'Pantera Afro-Americana'."

Aturdida, ela se apressou em pedir desculpas.

Parte II
Fabricação da raça e do racismo

Expectativas não alcançadas causam dor, e já tivemos nossa cota.

Vine Deloria Jr.

4.
Fabricação da raça

Há um mercado em Coyoacán, na Cidade do México, não muito distante da casa transformada em museu da famosa artista Frida Kahlo, onde os habitantes locais sustentam que uma panela de sopa está cozinhando há mais de mil anos. Interrompido brevemente pelos conquistadores espanhóis, um dia o mercado retomou suas atividades, e aquela panela de sopa também. Será que os ancestrais que mexiam a panela, em algum momento, como quem passa o bastão numa corrida de revezamento, passaram sua colher para outros, que por sua vez fizeram o mesmo, numa corrente ininterrupta, até os mexedores de sopa de hoje em dia? Será que o caldo primordial — com vários ingredientes acrescentados ao longo do tempo, incluindo água, novos temperos, carne e vegetais vindos de longínquas terras invadidas, peixes e crustáceos provenientes de oceanos distantes — tinha sido despejado em panelas subsequentes? Talvez, quem sabe, as panelas tenham variado do barro ao metal, no esforço contínuo para equilibrar o velho e o novo e preparar-se para o que estava — e para nós ainda está — por vir?

Não poderia ter havido num mercado na África, onde começou a humanidade, uma panela de sopa que principiou sua jornada numa vasilha de pedra ou de barro, depois de ferro, até um dia se converter em aço inoxidável?

A rede de genes em nossos corpos se parece muito com os ingredientes nessa panela de sopa. Não obstante isso, muitos vêm tentando purificar a sopa mediante processos de eliminação, sem se dar conta de que ao fazer isso só deixariam água fervente — ou pior, uma panela vazia.

Algumas pessoas gostariam de tornar o mundo purificado de raça; desgraçadamente, isso com frequência toma a forma de eliminação da cor. Inclui livrar o mundo da consciência negra. Livrar-se de pessoas negras costuma vir em seguida.

Questões raciais são enganosamente simples. Um adolescente se detém para comprar um doce enquanto conversa com sua namorada pelo celular. Um homem adulto o aborda. O adolescente tenta se afastar do homem, que o persegue como se quisesse agarrar um criminoso; o jovem luta para se defender; o homem lhe dá um tiro; o garoto morre. O homem acaba sendo julgado e inocentado; o júri determina que ele agiu em legítima defesa. O homem inocentado, George Zimmerman, é branco, ou pelo menos tido como tal em comparação com o rapaz que ele assassinou; o adolescente assassinado, Trayvon Martin, é negro.

Agora, inverta a raça dos atores: o homem é negro; o adolescente, branco. A maioria dos leitores teria certeza de um desfecho diferente. Em vez da absolvição, provavelmente haveria uma condenação por assassinato em primeiro grau. Num passado não muito distante, o suspeito negro teria menos chance de chegar a um julgamento do que de encarar uma horda branca de linchadores e uma corda em volta do pescoço ao pé de uma árvore alta e robusta.

Um crítico pode objetar argumentando que a gente nunca *sabe* ao certo o que aconteceria se situações opostas ocorressem. Há, em resposta, evidências empíricas de como as coisas geralmente se dão quando um indivíduo negro é acusado ou condenado pelo homicídio de um indivíduo branco — basta consultar os relatórios anuais do Centro de Informações sobre a Pena de Morte dos Estados Unidos.[1] A presunção de inocência tem o péssimo hábito de não valer quando o acusado é indígena, pardo ou, especialmente, negro.

O fato de a raça ser tão determinante levanta a questão de sua realidade vivida. O acréscimo do racismo é um fator, já que estabelece uma longa cadeia de considerações quanto ao que é acessível a brancos em comparação com outros grupos, especialmente negros, que, tal qual estamos vendo, são tratados como a antítese ou o oposto dos brancos.

Como temos visto, a discussão sobre raça e racismo é estorvada por muitos obstáculos, porque, em geral, a maioria das pessoas — e falo em termos globais — é treinada desde o nascimento para evitá-la. Falar sobre raça geralmente envolve ao mesmo tempo tentar negar que se está fazendo isso, o que é neurótico. Uma condição para a presença da raça é, nesses casos, sua ausência. Esse problema transborda para o comportamento daqueles que o estudam. Estudiosos de raça precisam de alguma maneira negar a legitimidade de seu projeto de pesquisa num esforço para legitimar seu trabalho. É por isso que, entre muitas razões, tanto o racismo como as discussões sobre racismo estão frequentemente saturadas de má-fé.

O racismo manifesta má-fé em indivíduos e nas instituições que eles criam. Isso envolve nos pressionar para que rejeitemos o que vemos, especialmente onde nossa relação com a realidade está em xeque. As pessoas confundem os racistas, os indivíduos, com o racismo, o sistema que os sustenta. Diferentemente do que acontecia com os Pais Fundadores, que, apesar de enfrentar críticos como Benjamin Banneker, Lemuel Haynes e Thomas Paine, viviam num mundo de racismo que em geral tratava os racistas como normais ou sensatos, hoje se espera de nós que reconheçamos racistas sem reconhecer o racismo. Deslegitimadas pelos mecanismos de poder que amparam uma sociedade racista, as pessoas que encaram o racismo como a posição correta a assumir seriam no máximo consideradas bizarras, resquícios anômalos de um passado infeliz.

Ou assim muitos gostariam de acreditar. Os desastrosos desdobramentos desde 2016, marcados por uma reafirmação global, se não simplesmente por uma emergência a céu aberto, do fascismo, da escravização e do racismo, levantaram o problema dos aparatos institucionais de poder à disposição de práticas fascistas e racistas de governo. O resultado foi o aumento da precariedade e da vulnerabilidade mediante as quais, por exemplo, a Covid-19 rapidamente se tornou uma pandemia em 2020, com um efeito acentuado em populações negras e indígenas.[2]

O racismo é a produção institucional de status não humano a grupos de seres humanos, com a consequência de uma "raça" ou conjunto de "raças" serem tratadas como inferiores ou superiores a outras. Uma raça julgada inferior tem opções sociais limitadas. Dito de outra maneira, o racismo requer que uma sociedade negue a humanidade de certos seres humanos mediante a organização deles em categorias que vão dos intrinsecamente elevados aos endemicamente desprezíveis; por meio de regimes de poder, a sociedade racista agrupa seres humanos sob a categoria de uma raça com o intuito de limitar suas opções sociais e em seguida negar a eles a atribuição de serem realmente humanos. Segue-se disso uma contradição formal, em que uma sociedade precisa primeiro identificar a raça ou raças como seres humanos de modo a negar que sejam humanos.

O racismo é também um esforço para evitar ou destruir a reciprocidade e a igualdade nas relações humanas. Sua meta é empurrar membros de grupos racializados de pessoas para fora da esfera da realidade social e para dentro de uma forma de impotência análoga à do "lugar submerso" do filme *Corra!* — uma zona escura, etérea, onde o protagonista, Chris, é aprisionado. Chris não está se desincorporando ali; não está de má-fé. Os membros brancos do culto, por sua vez, estão cientes de que sua vítima está submersa e estratificada bem lá no fundo, o que significa que há uma forma de condição assimétrica, com capacidade de agir de apenas um dos lados, mas consciência em ambos. Ironicamente, apesar das alegações históricas de dependência dos negros, o filme é uma alegoria da dependência dos brancos em relação ao que os negros — ou, neste caso, pelo menos seus corpos — oferecem.

Um momento vigoroso em *Corra!* é quando Missy Armitage, a mãe da namorada de Chris, Rose, lança Chris no lugar submerso mediante o poder da hipnose. Chris ergue os olhos para uma pequena fresta através da qual Missy olha de volta para ele para se assegurar de que está aprisionado naquele "ali" que é aparentemente "lugar nenhum". Ela precisa olhar através dos olhos vidrados de Chris para encontrar uma versão imobilizada dele. Em vez de suas vítimas se desincorporarem por conta própria, são os membros do Coagula que as mantêm estratificadas bem no fundo dos corpos que eles roubaram. Para sustentar isso, precisam reprimir ou se dissociar daquela negritude aprisionada em suas profundezas interiores. Precisam afastar a reflexão para longe da consciência.

Fanon observou que o que ele chama de "o negro", tal como entendido numa sociedade racista, é uma construção branca. Poderíamos estender essa observação a raças e racismo em geral. Conforme vimos em nosso segundo capítulo, não havia razão para as pessoas da África se considerarem "negras", a não ser pelas circunstâncias históricas que impunham essa identidade a eles e a seus descendentes. O mesmo vale para os povos indígenas de Abya Yala e do Pacífico Sul, que não conheceriam a si mesmos como "indígenas" se não fosse pelas invasões daqueles que se estabeleceram em suas terras e impuseram-lhes uma identidade "nativa".[3]

Não compreender o modo como a invasão, a colonização, a escravização e a exploração afetaram os povos que sofreram a ação dessas forças levou também a um falso entendimento daquelas pessoas que infligiram esse reino de terror a eles ao longo dos últimos quinhentos anos. Os muitos grupos étnicos da África e os de Abya Yala e da Oceania foram transformados em tipos raciais, enquanto vários grupos do que hoje conhecemos como Europa passaram a ser conhecidos simplesmente como "brancos". Embora a população inicial de invasores vindos da Espanha e de Portugal fosse multirracial — conforme se vê em pinturas mediterrâneas do século XVI como *Retrato do duque Alessandro de Medici* de Bronzino em Florença e os famosos detalhes do *Chafariz d'el Rey* no bairro de Alfama em Lisboa —, a busca de lucro logo fez os exploradores se interessarem uns pelos outros. Esse fenômeno requeria que pessoas de todo o globo passassem a acreditar que tinham sido sempre como vieram a ser conhecidas. Assim, a história da antiga cristandade, na qual o termo "raza" se referia a grupos afro-muçulmanos e judeus espalhados nos califados, que chegaram até o Sul da França entre o século VIII e o XV E.C., é reescrita sob a supremacia branca como uma era de exploração por um povo monolítico que carregava a tocha da "civilização ocidental" e da "modernidade". Omitidos nessa história são os modos pelos quais "raza" se transmutou em "raça" como conceito antropológico fundamental da era, e também o modo como "moderno" se tornou sinônimo dessa era.

O lexicógrafo, criptógrafo e sacerdote do século XVI Sebastián de Covarrubias explicou que a palavra "raza" pertencia originalmente à "raça dos cavalos puro-sangue, que são marcados por um sinal de modo a ser reconhecidos. [...] Em linhagens, 'raza' tem um sentido negativo, como no caso de ter alguma raza de mouro ou judeu".[4] Covarrubias não cavou muito fundo em busca da origem da palavra. As populações que os romanos e mouros colonizaram na Ibéria eram principalmente germânicas. No entanto, o termo "raza" não provinha do alemão, do latim ou do grego, as línguas que dominavam o lado europeu do Mediterrâneo, mas sim do árabe, com claras conexões com o amárico, o hebraico e o Mdw Ntr. Como uma variação de palavras como "ra" e "ras" (árabe), "ras" (amárico), "rosh" (hebraico) e "ra" (Mdw Ntr), está conectado a palavras que significam "cabeça" e "começo". A mais antiga, do Kmt do Egito, refere-se a Ra (pronunciado "rei", e às vezes "ri", como na palavra "riso"), o deus sol. Ra, devemos lembrar, levantava-se diariamente no Oriente. Para os ibéricos andaluzes, isso significava a África Oriental e a Ásia Ocidental. Para os cristãos ibéricos, era uma variação de uma palavra estrangeira para designar a condição forasteira daqueles que os governavam.

Está claro o que significa a palavra "raza" quando aplicada a seres humanos: é, no fim das contas, um termo criado para animais. O uso de "mouro ou judeu" como exemplos de linhagem "negativa" é revelador para discussões contemporâneas sobre raça. Mouros eram afro-muçulmanos (fundamentalmente misturas de árabes, berberes, malineses mandingas, nigerianos, númidas e mauritanos), e muitos judeus eram, em sua maioria, indistinguíveis dos mouros, embora ambos fossem, àquela altura, populações multirraciais.[5] Agora consideremos a referência a cavalos. Cavalos domésticos evoluíram a partir de suas espécies ancestrais por meio de intervenções humanas; assim, sua forma "natural" foi fortemente modificada ou *desviada* da natureza. O uso de "mouro ou judeu" como exemplos de "negativo" representava um afastamento das intenções naturais da divindade. Seu extravio exemplifica a húbris humana, ou o afastamento da relação natural que os seres humanos deveriam ter, no caso dos cristãos, com Cristo. Compará-los com animais domesticados, então, assinalava também o papel que se esperava que desempenhassem na cristandade.

Os espanhóis se referiam à derrota dos mouros em Granada em 1492 como a "reconquista". Essa descrição era claramente mais uma atitude quanto à ordem de poder preferida do que um apelo ao fato histórico. Os mouros tinham invadido e dominado a península Ibérica de maioria cristã, e os judeus funcionavam como um grupo mediador entre populações de maioria cristã e muçulmana. O termo "reconquista" era uma maneira de afirmar uma ordem natural, o que significava que oitocentos anos de domínio muçulmano eram supostamente "não naturais". Uma vez que pelo menos um quinto da população ibérica era então constituída de pessoas que hoje seriam consideradas negras, pode-se imaginar como sua presença era vista entre os povos de pele mais clara da península, em especial levando em conta que elas eram da população invasora.

Devemos ter em mente que a cristandade também adquiriu sua identidade convertendo o antigo Império Romano no Sacro Império Romano. Considerar esse feito como "conquista" tornaria a recuperação das terras uma segunda conquista. O foco em conquista revela um traço fundamental dos valores cristãos ibéricos. Em sua maravilhosa história *The Eighth Flag* [A oitava bandeira], Stanford Joines oferece sucintamente algumas dimensões adicionais:

Imagine uma Europa muçulmana dominada por árabes e africanos.

Quase aconteceu.

O exército omíada invadiu a França sob o comando de Abd-al-Rahman em 722 e saqueou o país à vontade por dez anos. Os mouros tinham se tornado confiantes demais na época em que Carlos Martel forjou uma aliança de tribos francas (germânicas) e apareceu diante deles em 10 de outubro de 732. Abd-al-Rahman não se dera ao trabalho de se informar sobre aquela nova força bárbara e subestimou-a por completo. Mesmo assim, o exército mouro só foi derrotado por pouco na batalha de Tours, quando a infantaria de Martel, formada em falanges e escondida atrás de árvores num morro íngreme, destruiu a até então invencível cavalaria pesada omíada. [...] Martel unificou os francos — basicamente toda a Europa, com exceção da Inglaterra — e criou o alicerce para o império de seu neto Carlos Magno, o primeiro Estado-nação na Europa desde a queda de Roma.[6]

Essa é uma história frequentemente negligenciada em relatos absolutistas do domínio branco e das alegadas virtudes da "civilização ocidental". A época da supremacia branca sob a qual vivemos hoje ainda é mais breve que o período de domínio afro-árabe no que é atualmente o Sul da Europa. Joines continua:

Pouco depois da derrota em Tours, o califado omíada caiu em ruína e se fragmentou em emirados minúsculos, com o Emirado de Córdoba governando a península Ibérica. A cultura da Ibéria moura era tolerante com outras religiões; cristãos e judeus eram autorizados a ter seus próprios negócios e a ocupar cargos no serviço público, embora registrados como cidadãos de segunda classe. Muitos ibéricos, no entanto, nunca puderam aceitar ser governados por invasores, e ibéricos "cristãos" lutaram pela liberdade por 780 anos.

O Emirado de Córdoba perdeu territórios para vários pequenos reinos cristãos, e, em 1469, o casamento de Fernando e Isabel criou a nação unida da Espanha. O emirado ruiu, e em 2 de janeiro de 1492 Granada, o último bastião mouro na península Ibérica, capitulou.[7]

Nossa excursão às origens da palavra "raça" oferece farto material para compreender a fluidez e a extensão de seu uso contemporâneo. Consideremos a palavra "semita", que vem do adjetivo do final do século XVIII "semítico", concebido pelo historiador alemão August Ludwig von Schlözer para agrupar linguagens do Nordeste da África e do Oeste da Ásia, como o árabe, o amárico, o aramaico, o hebraico e o tigrínia. O termo é a latinização do hebraico "Shem", nome de um dos filhos de Noé — aquele que não foi amaldiçoado e cujo nome também significa "nome". Apesar dos esforços contemporâneos por parte de judeus para escapar da racialização, o termo ficou atado a uma referência ao antijudaísmo ou ao ódio às pessoas que praticam o judaísmo. Hoje, a tendência é falar de "antissemitismo", palavra cunhada pelo intelectual judeu austríaco Moritz Steinschneider como algo separado do racismo.[8] Devemos ter em mente, porém, que a maioria das pessoas que odeiam judeus não sabe coisa alguma sobre judaísmo; elas odeiam pessoas judias. Isso é indicativo de um fato básico: se a raça é construída, então qualquer grupo pode ser moldado como uma raça e tornar-se objeto de ódio. Como os mouros ou afro-muçulmanos estavam entre os grupos que a formação inicial do protoconceito de raça na Andaluzia tinha o intuito de depreciar, parece que o velho termo voltou convertido em variadas formas de ódio contemporâneo contra povos muçulmanos, apesar de o alcance da religião atravessar diferentes raças convencionalmente concebidas.[9]

Outro conceito que demanda iluminação no estudo de raça é o de "moderno". O termo é tão equiparado a ser europeu e branco que raramente se define de outro modo. "Moderno" deriva da transformação francesa da palavra latina "modo" ("agora mesmo" ou "presente"), o que, como substantivo, refere-se a uma pessoa pertencente ao presente. Claro, não é uma qualidade exclusiva dos povos que conhecemos como europeus e brancos. Embora a expressão date do século XVI, historiadores europeus apontam o filósofo e matemático francês do século XVII René Descartes como inaugurador do pensamento moderno. Outros, como o filósofo e historiador argentino Enrique Dussel, consideram a invasão de Abya Yala no século XV como o início da Idade Moderna. Se Descartes afirmou "Penso, logo existo", na verdade parafraseando o "Se erro, existo" de Santo

Agostinho, Dussel insiste em que a declaração verdadeira, refletindo as práticas herdadas do entendimento íbero-cristão de reconquista, seria "Conquisto, logo existo".[10]

Se, entretanto, o moderno pertence ao agora ou ao presente, como é que tais momentos do passado poderiam pertencer ao presente? Não deveriam eles, em relação a nós, ser antigos? Nenhum povo tem razão para questionar seu pertencimento ao presente, a menos que sua legitimidade seja desafiada, como por conquista ou colonização. Poderia também haver momentos de diferentes grupos se encontrando e se transformando mediante processos contínuos de intercâmbio. Em tais encontros, emerge a questão de encarnar a direção rumo à qual a humanidade se encaminha, o futuro. Se a um grupo não se promete futuro algum, seu presente está em risco, e o pertencimento se torna um traço de seu passado. Pensemos aqui no termo latino "primitivus" ("primeiro de sua espécie" — por exemplo, "primordial"), que de um meio de se referir aos ancestrais passou ao que hoje consideramos ser "primitivo".

Ser moderno significa estar conectado ao lugar para onde a humanidade está indo. Antes das invasões cristãs do século XV e da colonização de Abya Yala e depois da maior parte do planeta, os debates sobre a direção para a qual os povos se encaminhavam, sobre o que eles eram e o que deveriam se tornar, tinham como premissas modos de vida (costumes, leis, línguas) que podiam levar a misturas vivas com outros povos ou à crioulização* das sociedades.[11] Crucial para a crioulização, no

---

* No *Dicionário Houaiss*, a palavra "crioulização" é definida como "processo pelo qual um *pidgin* se expande e se torna linguisticamente mais complexo, tornando-se a língua materna de determinada comunidade", mas o termo inglês "creolization", presente no texto original, tem também o sentido de "processo de assimilação no qual culturas vizinhas compartilham certos traços para formar uma cultura nova e distinta". Parece ser este último o sentido pretendido pelo autor.

entanto, é que os invadidos e colonizados tenham o potencial de se tornar membros do grupo colonizador ao não só adaptar seus costumes, mas também influenciá-los. Na Roma antiga, o impacto dos colonizados foi tamanho que o filósofo e político Sêneca protestou contra a adoção de costumes judaicos, como o Shabat: "Os costumes desse povo tão vil têm preponderado de tal modo que são adotados em todo o mundo, e os conquistados dão suas leis aos conquistadores".[12]

A ascensão do cristianismo foi violenta. Os vândalos, destruidores não apenas de Roma, mas também da maior parte da Antiguidade clássica, dos templos às bibliotecas, eram cristãos. Como conta Catherine Nixey:

Não era uma época para um filósofo ser filosófico. "O tirano" [o cristianismo], como definiam os filósofos, estava no comando e tinha muitos hábitos alarmantes. No tempo do filósofo Damáscio [início do século VI], casas eram invadidas e vasculhadas à procura de livros e objetos considerados inaceitáveis. Caso encontrados, seriam apreendidos e queimados em triunfantes fogueiras em praça pública. A discussão de assuntos religiosos em público tinha sido qualificada de "audácia abominável" e proibida por lei. Quem fizesse sacrifícios aos velhos deuses poderia, segundo a lei, ser executado. Por todo o império, antigos e lindos templos tinham sido atacados, seus telhados destruídos, seus tesouros derretidos, suas estátuas despedaçadas. Para garantir que suas regras fossem seguidas, o governo passou a empregar espiões, agentes e informantes que lhe relatassem o que se passava nas ruas e mercados das cidades e por trás das portas de casas particulares. Como definiu um influente orador cristão, sua congregação devia perseguir pecadores e conduzi-los ao caminho da salvação tão implacavelmente quanto um caçador persegue sua caça.[13]

O objetivo, segundo Nixey, não era simplesmente a dominação cristã; era a aniquilação de todas as coisas não cristãs:

> Os ataques não paravam na cultura. Tudo, desde a comida no prato (que deveria ser simples e evidentemente não incluir condimentos) até o que se podia fazer na cama (que deveria também ser simples e sem condimentos), começou, pela primeira vez, a ficar sob o controle da religião. A homossexualidade masculina foi proscrita; a depilação passou a ser desprezada, assim como a maquiagem, a música, danças sugestivas, comida suculenta, lençóis púrpura, roupas de seda... A lista não tinha fim.[14]

É divertido notar que a maioria das restrições aqui coincide com quase todos os estereótipos de branquitude cultural: preferência por comida suave, repressão sexual, aversão a lares coloridos e por aí afora. Se ligarmos essa mentalidade agonística e ascética à expansão do comércio pelo oceano Atlântico e chegando ao Pacífico, começaremos a ver como o conceito medieval de *raza* se converteu no conceito secular de raça. Como um dos alicerces da emergente antropologia do capitalismo, a raça tornou *brancos* os cristãos europeus e *europeia* a modernidade. O resultado foi a *euro*modernidade.

Formas singulares de melancolia emergiam à medida que, por força de supostamente não ter lugar no futuro, populações nativas da época da euromodernidade se viam num presente no qual elas eram ilegítimas e no qual, portanto, não tinham lugar. É melancólico no sentido psicanalítico de uma sofrida perda fundamental na constituição do eu. É também político em consequência do fato de essas populações terem possuído devidamente voz e poder — elementos cruciais para a prática política — num passado primevo presumido. Mas mesmo isso é contraditório, já que sua ilegitimidade se move de modo retroativo para o passado. A conclusão resultante é que *tais populações nunca deveriam ter existido.*

Esse movimento, de um futuro monolítico que abole a legitimidade do presente e acaba por deslegitimar o passado, também vale para outros elementos da vida humana. Um mundo com múltiplas economias e muitos mercados foi transformado num mundo governado por uma abstração que hoje conhecemos como "o mercado". Esse modelo, o capitalismo, elevou-se ao status de um deus — ou, pior, de D--s.

A religião não está imune a tais processos. "Religiões do mundo", no fim das contas, são na verdade índices do cristianismo e de seus antagonistas reconhecidos: judaísmo, islamismo, paganismo e secularismo. Muitos modos de viver e abordar a vida espiritual são hoje colocados sob a rubrica "religião", ainda que a ideia de estar atrelado ao que esse conceito de orientação latina significava fosse, e em alguma medida continue sendo, alheio a muitas culturas. É por isso que há muitas pessoas que praticam publicamente o cristianismo, o judaísmo ou o islamismo e quando chegam em casa relaxam e colocam seu destino — naqueles momentos cruciais da vida como nascimento, casamento e morte — nas mãos das assim chamadas religiões do mundo consideradas heréticas e pagãs. Muitas pessoas ao redor do planeta continuam a buscar os serviços de curandeiros e adivinhos supostamente tradicionais.

O fato de o mundo euromoderno questionar a humanidade de muitos grupos populacionais induz estes últimos a questionar: "Será que somos humanos?". Isso leva à pergunta: "O que é um ser humano?". E também: "O que significa ser humano?".

Essas questões têm clara relevância para o estudo de raça, bem como de classe, gênero, indigeneidade, sexualidade etc. Infelizmente, esses estudos são muitas vezes dominados por essa história de fantasias euromodernas de conquista e limpeza, o que torna a mistura "impura". O resultado é uma busca herdada pela assim chamada pureza como padrão de valor humano e identidade, uma abordagem que tem sido vigorosamente questionada por críticos da euromodernidade. Fanon, por exemplo, compreendeu que um movimento a partir da identidade imposta como "o negro" demandava agência histórica na qual "o Negro" [com inicial maiúscula] seria liberado como um polo positivo possível, realidade vivida para e pelo futuro, o que poderíamos caracterizar como "modernidade Negra". Isso significa que outras formas de modernidade poderiam ser possíveis por parte daqueles que têm sido presumidos primitivos ou não tendo lugar no presente.[15]

O antropólogo, jurista, filósofo e político haitiano Anténor Firmin questionou os fundamentos epistemológicos das alegações euromodernas; na prática, ele sustentou que as ciências humanas euromodernas não são rigorosamente científicas. A ciência rigorosa se adequa às demandas de seu objeto. Não tenta forçar a realidade a encaixar-se em suas pressuposições. De modo semelhante, W. E. B. Du Bois observou as deficiências da história hegemônica e as deficiências sociológicas da suposta sociologia.[16] Ele estabeleceu os alicerces para que um de seus herdeiros intelectuais, Sterling Stuckey, concluísse: "Historiadores brancos, como um todo, são tão populares entre as pessoas Negras quanto policiais brancos".[17]

Vine Deloria Jr. (Yankton Sioux) e Glen Coulthard (Yellowknives Dene) afirmam esse sentimento em referência às histórias brancas da experiência indígena norte-americana, embora eles acrescentem os *antropólogos*. Deloria escreve: "Numa situação de crise, os homens [e mulheres] sempre atacam a maior ameaça a sua existência. Um guerreiro morto em combate sempre vai para a Terra da Caçada Feliz. Mas para onde vai um indígena imobilizado por um antropólogo? Para a biblioteca?".[18]

Essa atividade crítica quanto aos papéis das disciplinas e seus acervos de conhecimento numa época dominada pelo colonialismo brota do que hoje é conhecido como pensamento do Sul Global. Ela identifica o reducionismo, no qual são negadas ao ser humano relações mediante as quais a humanidade pode se tornar manifesta. Se certos povos não se encaixam no que os cientistas sociais esperam, ou se estão ausentes de seus bancos de dados, a tendência é perguntar o que há de errado com essas pessoas. Chamo essa negação de "decadência disciplinar".[19] Essa prática disciplinar é o que ocorre quando profissionais tratam suas disciplinas como retratos completos da realidade. Ao fazer isso, a tarefa, tal como a veem, é aplicar os métodos de sua disciplina a todos os aspectos da realidade, porque seus métodos, como se fossem criados por um deus, são supostamente completos e, portanto, podem conter ou "capturar" toda a realidade. Esses profissionais fetichizam seus métodos. Pesquisando comunidades humanas, tentam espremer povos colonizados e racializados para enquadrá-los nos pressupostos das normas de disciplinas que tomam seus praticantes como os pontos de observação normais. Eles se queixam dos que não se "encaixam" ou não "obedecem" como sendo "problemas".[20]

Para suplantar a decadência disciplinar, devemos aceitar que seres humanos produzem disciplinas, o que significa que cada disciplina se defronta com limitações humanas ao abordar a realidade — especialmente a realidade humana. Apesar de nossos melhores esforços, a realidade sempre nos transcende; nós, portanto, transcendemos as disciplinas que produzimos para nos estudar. Estudar seres humanos significa estudar possibilidades, em vez de conclusões. Requer libertação da rigidez, bem como movimento para dentro do fluxo de comunicação e da elasticidade do pensamento. Deveria ser evidente que a decadência disciplinar é um espírito de seriedade ou de má-fé.

A decadência de que falo envolve uma forma de apagamento da realidade humana por meio da acomodação numa forma de indolência intelectual, moral e política que equivale a evitar a responsabilidade atual de mexer a sopa na panela alegórica de Coyoacán. A raça, como vimos em nossa jornada euromodernidade adentro, tem muitos ingredientes convergentes. Ela foi trazida à tona junto com uma série de arautos de morte e destruição — pandemias, se quisermos — espalhados por todo o mundo, por meio dos quais o sofrimento transborda enquanto a vida continua sua luta.

5.
Racismo "interseccionado"

Para transcender abordagens decadentes no estudo de raça é preciso compreender que a raça está conectada a uma infinidade de outros modos de viver no mundo euromoderno, incluindo classe, gênero, indigeneidade e sexualidade. Essas relações são conhecidas hoje como *interseccionais*, uma ideia formada no pensamento feminista Negro.

A interseccionalidade tem raízes no século XIX, nos escritos da filósofa, crítica social e educadora Anna Julia Cooper, mas sua formulação explícita tem como autora a teórica do direito Kimberlé Crenshaw.[1] A análise de Crenshaw é muitas vezes mal interpretada como uma sobreposição de identidades a respeito de um ponto único, como na geometria euclidiana. Mas, se fosse esse o modelo, poderíamos simplesmente mapear de antemão intersecções formando identidades predestinadas. Perder-se-iam as maneiras singulares como as pessoas vivem suas identidades, a pletora de modos pelos quais suas identidades são descobertas e podem ser transformadas criativamente. A interseccionalidade mostra que nenhum ser humano existe exclusivamente como representativo de uma classe, gênero, raça, orientação sexual ou outra identidade limitada, e é impossível, sem má-fé, ver um ser humano como expressão de apenas uma dessas identidades. O modo como todas elas convergem, no entanto, afeta as opções disponíveis a cada pessoa, inclusive se ela é reconhecida como detentora de direitos diante da lei. Para ilustrar isso, Crenshaw se refere a identidades em conflito tal como aparecem no código civil, nas leis trabalhistas e na legislação antidiscriminação. Ela discute a reparação de danos que, por causa da maneira como estes são interpretados entre os juristas, é negada pelo sistema legal de direito comum dos Estados Unidos (ou código civil, em partes da Louisiana) quando se refere a certos grupos de pessoas. Ela ilustra as limitações dessas interpretações por meio do exemplo de um grupo de automóveis colidindo num cruzamento de quatro vias.[2] Se as testemunhas e o sistema interpretarem que o mal são os danos à propriedade, os carros danificados serão sua preocupação principal. Se o que torna um carro uma propriedade é o fato de ser possuído por uma pessoa branca, então o mal terá sido feito contra o proprietário branco. Para os negros, o problema histórico é que eles não são historicamente vistos como vítimas de danos nas sociedades de supremacia branca. Isso porque eles encarnam, nessa visão, os encontros ou intersecções de uma série de identidades não reconhecidas como detentoras de direitos mediante os quais o dano poderia ser compreendido. No caso de mulheres negras, essas identidades são geralmente de gênero, raça e, para a maioria, classe.

A argumentação de Crenshaw não ignora que brancos possam ser lesados. Seu ponto é que as mulheres negras em especial não são historicamente reconhecidas como sujeitos passíveis de ser lesados no sistema legal euromoderno, por causa da incapacidade de ver que seres humanos não manifestam uma única categoria de identidade. Referir-se simplesmente a seres humanos como "o homem", por exemplo, deixa de reconhecer que os seres humanos não são apenas homens, mas também mulheres; reconhecê-los como "mulheres" deixa de levar em conta a identidade racial ou sexual de uma mulher específica. O que se perde é a realidade viva da convergência dessas identidades, bem como suas implicações sociais e legais. Uma mulher negra numa colisão de automóveis, por exemplo, é não apenas ferida fisicamente, mas também lesada de modos relacionados com o arcabouço legal mais amplo da sociedade — em outras palavras, ela é afetada diferentemente do que seria uma mulher branca ou um homem negro. A criminalização de mulheres e homens negros, por exemplo, significaria que, apesar de sofrerem danos na colisão, um homem negro ou uma mulher negra poderiam se ver enredados num sistema legal racista que os trata como a *causa* dos danos. Há muitos exemplos de pessoas negras sendo detidas simplesmente por estar nas proximidades do malfeito. Essa é uma das razões pelas quais muitas pessoas negras, mesmo quando lesadas, não buscam a ajuda dos agentes da lei e de outros representantes desse sistema. Para as pessoas negras, chamar a polícia é perigoso, até nos casos em que elas realmente não têm culpa num acidente de carro.[3] Mesmo deixando de lado o sistema legal discriminatório, pessoas negras enfrentam muitas outras camadas de vulnerabilidade, do emprego precário ao acesso limitado aos já inadequados serviços de saúde, bem como outros aspectos de uma sociedade cujos modelos permanentes da existência cotidiana têm como premissa a exclusão dos negros. Isso torna perigoso, para muitas pessoas negras, buscar esses importantes bens sociais numa sociedade compromissada com a sua exclusão e que as trata como gente que não fica no seu suposto lugar; atravessar tais linhas demarcatórias aumenta a probabilidade de enredamento legal num sistema no qual elas já são, em sua maioria, ilícitas.

O argumento de Crenshaw é *em favor do aparecimento legítimo* de gente que a sociedade dominante acha que não deveria aparecer, especialmente em lugares onde ter direitos como cidadãos e seres humanos plenos é condição exigida; o trabalho dela, em outras palavras, é um estudo do aparecimento ilícito — formas de aparecimento que violam normas de aparecimento. Sua resposta é investir na radicalização do aparecimento, em que somos chamados não apenas a enxergar os sujeitos identificados, mas também a enxergar o que *eles* enxergam ou vivenciam — em resumo, a pelo menos entender o ponto de vista deles em face das condições que enfrentam. Há também a ideia de multidimensionalidade, que substitui "intersecções" por "dimensões". Embora haja sobreposições entre interseccionalidade e multidimensionalidade, esta última inclui o conceito de uma matriz.[4] Matrizes são semelhantes a chaves: abrem ou expõem realidades. Por exemplo, em *The Future Evolution of Man* [A evolução futura do homem], o grande filósofo e iogue da Índia Oriental Sri Aurobindo observou que não era necessário que a transformação da energia em matéria tivesse ocorrido bilhões de anos atrás (talvez trilhões se o universo ou pluriverso estiver em uma de muitas rotações), mas ela ocorreu, criando um universo (ou pluriverso) de energia e matéria.[5] Este poderia ter permanecido como era, mas da matéria nasceu a vida, depois acabou vindo a consciência. E não parou por aí: da consciência nasceram práticas de comunicação, por meio das quais a linguagem e a autorreflexão se manifestaram na forma da mente, e tudo isso levou à cultura — as artes, a ciência, a tecnologia, os voos da imaginação. Uma interpretação do insight de Aurobindo é que cada um desses momentos evolucionários foi simultaneamente uma condição para a possibilidade de um outro. É isso o que quero dizer quando falo em uma chave ou uma matriz. Vivemos com a simultaneidade e a dependência de cada desenvolvimento que imaginamos ter ficado para trás. "Dimensão" é outro termo para esses aspectos revelados da realidade. Com frequência pensamos em dimensões espacialmente — e é por isso que os conceitos de interseccionalidade e dimensionalidade operam juntos —, mas a ideia aqui transcende as revelações de espaço e tempo. Nesse sentido, já vivemos num multiverso.

A raça, que é uma linha ou dimensão de como seres humanos se apresentam hoje, leva a outras formas de aparecimento conectadas com o que significa pertencer ao presente em contraposição ao passado. Não é só em tribunais legais, mas também na interpretação científica da história humana que a raça acaba tendo a ver com classificação de seres humanos. Por exemplo, paleontologistas concordam que o *Homo sapiens* evoluiu no continente africano há uns 300 mil anos a partir de uma espécie ancestral — alguns eruditos sustentam que seria o *Homo heidelbergensis*; outros, o *Homo erectus* — dos quais também evoluíram os primeiros neandertais na Europa e na Ásia Ocidental, e denisovanos na Ásia Oriental, e talvez outros hominídeos desconhecidos. O *Homo sapiens* acabou se espalhando pela Europa e pela Ásia. Embora possam ter ocorrido conflitos, as evidências genéticas mostram que o contato sexual preponderou entre o *Homo sapiens* e os outros dois tipos de hominídeos (e talvez alguma espécie desconhecida), resultando por fim nos seres humanos "modernos" — isto é, no que chamamos de "nós".

A história sugere, porém, que há pelo menos quatro tipos de "nós": (1) seres humanos que nunca deixaram a África e são portanto "puramente" *Homo sapiens*, (2) aqueles *Homo sapiens* que adquiriram alguns genes de neandertal quando se estabeleceram na Europa ou na Ásia Ocidental, (3) aqueles que fizeram o mesmo com os denisovanos, e (4) aqueles que têm material genético de todos os três, e talvez ainda alguns outros, uma vez que outras espécies hoje desconhecidas podem ser reveladas à medida que avança o estudo de evidências fósseis e genéticas. Escrevi o advérbio "puramente" entre aspas porque uma variedade de hominídeos formou nossos primeiros ancestrais *Homo sapiens* na África.[6] "Pureza", quando se trata de seres humanos, é um sonho mítico sobre nossas origens.

Supremacistas brancos não ficariam contentes com esse relato; seu pensamento tem por base a presunção de pureza branca. A pesquisa genética questiona a posição deles ao provar que não existe o que se possa chamar de gente branca "pura" *moderna*. Todas as pessoas brancas "modernas" são miscigenadas — e com pelo menos uma outra espécie de humano. A coisa mais próxima da branquitude pura acaba sendo o que os supremacistas brancos chamariam de uma espécie "primitiva" que precedeu o *Homo sapiens* na Eurásia, e mesmo esta não era composta exclusivamente de pessoas de pele clara, uma vez que seus parentes na Ásia Ocidental eram escuros. Divertidamente, se a genética concluísse que os brancos foram os primeiros e "mais puros", ao passo que as pessoas de cor eram o resto miscigenado, podemos imaginar a exultação racista que se seguiria, inclusive por parte de alguns dos próprios cientistas que fazem essas pesquisas.

Tenho observado que a compreensão, pelos brancos, de que eles carregam traços de mistura de espécies tem levado a uma guinada extraordinária no modo como os neandertais são descritos em estudos da evolução humana; a saber, um empenho extraordinário em demonstrar como eles eram "inteligentes".[7] Praticamente toda descoberta arqueológica, de um colar neandertal feito de dentes a uma flauta supostamente de osso de veado, é celebrada como evidência do gênio deles, ainda que as evidências arqueológicas revelem que os escuros *Homo sapiens* da África tenham feito melhor em cada momento e em cada nível de criatividade cultural. Eu não me surpreenderia, à medida que cada artefato é encontrado aqui e ali, se estivesse em curso um esforço para conceder títulos de doutorado póstumos aos neandertais.

Há uma tolice adicional na necessidade de ver neandertais intelectualmente superiores como fonte da alegada superioridade branca contemporânea: a tez clara do *Homo sapiens* branco não vem dos neandertais. O *Homo sapiens* de pele clara surgiu 8 mil ou 10 mil anos atrás, vários milênios depois que o último neandertal "puro" caminhou entre nós.[8] Não muito tempo atrás, todos os habitantes da Europa eram basicamente gente de pele escura, o que faz dos brancos de hoje não mais do que, em linguagem atual, pessoas negras clareadas.

Curiosamente, não vejo muita dedicação ao estudo dos denisovanos, que viveram no Nordeste da Ásia e cuja presença genética em asiáticos orientais contemporâneos e em alguns ilhéus do Pacífico revela pelo menos duas ondas de miscigenação.[9] A maioria das sociedades baseadas em raça é obcecada pela brancura, o que coloca os neandertais no centro do palco, apesar de a conexão causal branca com eles ser imaginada. Para leitores curiosos quanto à explicação científica de como povos negros da Europa se tornaram pálidos, revelou-se que genes para mutações de pele clara estão presentes entre africanos subsaarianos, mas foram ativados através daqueles povos descendentes de africanos que se voltaram para a agricultura na Eurásia. A razão é que dietas baseadas em vegetais não são tão ricas em vitamina D, o que tornava a pele clara vantajosa no Norte, onde há menos luz solar, que é uma fonte crucial daquele nutriente. No Sul, voltar-se para a agricultura não ocasionou uma pele mais clara por causa da abundância — na verdade, da presença quase avassaladora — da luz do sol. Voltando à nossa observação anterior, *Homo sapiens* brancos são simplesmente membros de uma espécie predominantemente de pele escura na qual aqueles membros sobreviveram em virtude de mutações de pele clara.[10]

Não é todo mundo que compartilha o retrato cada vez mais róseo dos neandertais. Em oposição, no outro extremo, está o cineasta australiano tornado pseudopaleoantropólogo evolucionista Danny Vendramini, que sustenta que grande parte das recentes pesquisas sobre os neandertais está distorcida pelo antropomorfismo, mediante o qual os paleoantropólogos projetam "neles" seus preconceitos normativos sobre "nós".[11]

Embora escarnecido por muitos cientistas sérios, seus esforços são reveladores pelo fato de confrontar a tendência de retratar como brancos os hominídeos mais próximos de nós. Evidências fósseis, sustenta ele, revelam os neandertais como criaturas troncudas e atarracadas, que foram simiescas durante cerca de 350 mil anos (a maioria dos paleoantropólogos dizem 430 mil) de sua própria evolução numa Europa gelada e inclemente e no Noroeste da Ásia. Os neandertais eram, em sua visão, perversos predadores noturnos que assolavam os primeiros *Homo sapiens* que migraram da África para a Europa. Até seis vezes mais fortes que a espécie invasora, eles caçavam os *Homo sapiens* em busca de carne e violavam as fêmeas. Na descrição de Vendramini, os neandertais mais parecem os Morlocks do livro *A máquina do tempo* (1895), de H. G. Wells, mas, diferente das criaturas de Wells, tecnologicamente hábeis, de pele clara, louras ou ruivas, que se alimentavam dos elois de pele morena ou bronzeada que habitavam a superfície, as criaturas de Vendramini têm pele escura, são cobertas de pelos negros da cabeça aos pés e são pouco inteligentes.

A descrição dos neandertais por Vendramini é espantosamente semelhante à das pessoas negras em *O nascimento de uma nação* (1915), de D. W. Griffith, no qual a Ku Klux Klan salva o Sul dos Estados Unidos de negros tornados selvagens e estupradores de mulheres brancas no período que se seguiu à Guerra Civil. Do mesmo modo, Vendramini retrata neandertais escuros, libidinosos subjugando fêmeas *Homo sapiens* de pele clara.[12] Embora Vendramini seja explicitamente antirracista em seus escritos, ironicamente a lógica racial antinegra subjacente permanece. Os bons e inteligentes *Homo sapiens* são brancos; os maus e estúpidos neandertais são negros. E, sim, os neandertais são antropófagos (canibais) com apetite para o estupro. Homens negros estupradores são uma obsessão nas sociedades de supremacia branca; mesmo um sujeito bom em outros aspectos, como o ator Liam Neeson, confessou de modo infame ter desejado matar homens negros ao acaso por causa do estupro de uma amiga meio século atrás.[13] A verdade é que Neeson não está sozinho nesse tipo de desejo. Embora Vendramini não projete seu senso positivo do eu nos neandertais, ele certamente lhes empresta seus medos. A agressão é um importante atributo da narrativa sobre os neandertais e *Homo sapiens* que ele constrói. Em países anglo dominados — o dele é a Australia —, a brutalidade particular da vida na natureza é uma concepção comum: "sórdida, bruta e curta", como o filósofo inglês Thomas Hobbes a retratou em seu clássico de 1651, *Leviatã*.

Depois de milênios em que essa ação de migração humana teve lugar na África e dali para a Ásia, a Europa e a Austrália, alguns fizeram o caminho para o que viria a ser as Américas. E fomos deixados, depois da colonização euromoderna, com os seguintes tipos humanos: (1) povos First Nation* e nativos das Américas e do Pacífico Sul; (2) europeus, que colonizaram e por um tempo os escravizaram; (3) africanos, que também foram escravizados e colonizados por europeus; (4) asiáticos, que, da perspectiva dos supremacistas brancos, foram inicialmente fontes de trabalho barato e depois passaram a ser uma ameaça intelectual e econômica global; e (5) misturas de todos eles.

Uma teoria convincente do racismo exige esclarecer, de acordo com suas premissas, como essa gente toda faz sentido. Todos, em última instância, dependem de (2) europeus, leia-se "brancos". A começar daí, vemos o que se segue. Esse esquema dominante, europeu, de cinco partes é semiológico (governado por uma lógica de signos e símbolos) e genealógico

---

* "First Nation": literalmente, "primeira nação". A expressão é usada no Canadá para se referir aos povos originários reconhecidos da região, assim como nos Estados Unidos a expressão oficial é "Native American" (americano nativo). Para evitar confusões, a expressão First Nation será mantida nesta tradução.

(sobre origens). De uma perspectiva semiológica, o "branco" é localizado numa linha de distância máxima de seu oposto. Num sentido, é normativo, significando que é o ponto a partir do qual a legitimidade e a ilegitimidade de todos os outros são determinadas. Consideremos o seguinte esquema, do qual numa direção há "excesso de brancura" ou brancura que excede a brancura; e na outra, sua ausência:

(brancos) $\longleftarrow$ (negros...

Nesse modelo, a brancura está a uma razoável, talvez desejável, distância da negritude, que é simplesmente a ausência de brancura ou o ponto mais distante dela. Notem que "negro" não tem o fechamento dos parênteses. A localização de "branco" na ponta da linha indicada pela seta sugere que há um propósito central nesse modelo normativo, que é o indivíduo se distanciar de ser negro e se proibir de ir além da brancura. O ponto em que a brancura está marcada é aquele do qual a negritude está ausente. Como uma ausência, a negritude perde positividade, se interpretarmos como positivo o movimento como sucessões de ser. A brancura aparece como que do nada. Ou, talvez, ela sempre tenha estado ali, o que leva a:

(brancos) $\longleftarrow$ (brancos)

Se admitirmos que a brancura tem um começo, então deve ter existido um tempo em que a brancura não existia. Seria como a escuridão primordial em que um deus declarou: "Faça-se a luz!".

Em algumas interpretações, o primeiro exemplo de movimento do negrume à brancura seria uma história análoga à do meio-termo de Aristóteles entre extremos. A virtude, dizia Aristóteles, requer equilíbrio. Se substituirmos "branco" por "racionalidade", seguindo a suposta equação em boa parte dos modernos estudos científicos europeus dos seres humanos, encontraremos o seguinte, com o positivo à esquerda e o negativo à direita, em que o parêntese ausente revela a irracionalidade ou não racionalidade de ir naquela direção:

(hiper-racionalidade) ⟵ (racionalidade) ⟵ (irracionalidade
e muito possivelmente não racionalidade...

Muitos racistas leem nessa escala uma taxonomia racial de asiático, branco, pardo e negro, como se segue:

(asiáticos) ⟵ (brancos) ⟵ (pardos) ⟵ (negros...

A essa altura há alguns raciocínios estranhos na história da literatura racista. Há alguns racistas que falam *a favor* de ter filhos nascidos de misturas entre homens brancos e mulheres do Nordeste Asiático. Isso desvela a dificuldade de examinar raça sem levar em conta sua interação com gênero e outros fatores. Anténor Firmin criticou o antropólogo francês Pierre Paul Broca por sua defesa de uma noção similar — a de que o termo "mulato" (derivado de "mula") se referia à descendência supostamente estéril de um homem negro e uma mulher branca, e não do filho fértil produzido por um homem branco e uma mulher de qualquer cor. A lógica de Broca está claramente relacionada com as ideologias sexuais de escravização racializada, que eram racial e sexualmente específicas: relações sexuais de mulheres brancas com homens negros deviam ser impedidas a todo custo.

Alguns modelos levantam a questão das pessoas designadas como "vermelhas".* Elas formam um grupo anômalo,

---

* Em inglês, "red". Refere-se aos indígenas norte-americanos, designados imprecisamente como de "pele vermelha".

frequentemente considerado na América do Norte como um ramo dos asiáticos, mas, por serem colocadas abaixo dos "brancos", elas desarranjam a lógica do sistema:

(nordeste-asiáticos) ⟵ (brancos) ⟵ (pardos) ⟵ (negros...

\
  \
   \
    \
     \
      \
       _____ (vermelhos)

Nordeste-asiáticos representam a hiper-racionalidade; brancos, a racionalidade "normal"; e os pardos, algum ponto no caminho para a brancura. Os que se escurecem em direção à negritude tendem a se tornar simplesmente negros. O parêntese de abertura antes de "brancos" representa o máximo de ponto de equilíbrio ou meio-termo a ser alcançado. Ir além dele cria o problema de avançar rumo à hiper-racionalidade. Mas, uma vez que a hiper-racionalidade, de um lado, e a negritude, de outro, estão na escala em que a brancura representa o ponto de equilíbrio, o outsider radical aqui é o "vermelho". Ele é gerado por meio de uma brancura indireta como uma mutação da hiperbrancura/hiper-racionalidade, se as histórias acadêmicas dominantes das primeiras migrações para o continente norte-americano forem dignas de crédito. Isso é representado pela descida das barras invertidas rumo a "vermelho" e pelo parêntese de fechamento, abaixo, à direita. De fato, o movimento da brancura para a hiperbrancura (como nordeste-asiáticos) cai, então, se impelido adiante, do hiperstatus para o vermelho.

Há, entretanto, outro modelo, que, em vez de estabelecer a brancura como centro, reivindica a brancura como *a* meta ou propósito da evolução humana. O que resulta disso é um esquema duplo:

(brancos/europeus) ⟵ (pardos) ⟵ (negros...

(amarelos/nordeste-asiáticos) ⟵ (vermelhos) — (negros)

Nessa versão, brancos/europeus e amarelos/nordeste-asiáticos são a meta de dois mundos distintos. Em alguns modelos eles permanecem separados, mas equivalentes, e em outros se equivalem simplesmente em relação aos negros. Mas em relação um ao outro eles são uma fusão, o modelo ideal:

(eurasianos) ⟵ .

Uma versão diferente é unidirecional, com a brancura como *meta*:

(brancos) ⟵ (negros...

Esses esquemas revelam a gramática por meio da qual termos raciais adquirem significado. Esse é um dos motivos pelos quais, mesmo que as pessoas designadas por cada termo viessem a desaparecer, os sistemas sociais que elas um dia habitaram poderiam muito bem continuar a produzir novos habitantes para suas categorias abandonadas. As pessoas asiáticas orientais, negras, pardas, vermelhas e brancas de amanhã — se tais termos ainda estiverem ativos — poderão não ter semelhança alguma com seus congêneres de hoje. Elas simplesmente têm que ser alocadas em algum lugar ao longo daquele esquema, por exemplo:

(...) ⟵ (...

Isso torna visões racistas férteis não apenas entre grupos, mas também *no interior* deles. Por exemplo, em países como Austrália, Brasil, Canadá, Colômbia, África do Sul e Estados Unidos há uma inequívoca reprodução de diferenciação racista em muitas comunidades negras com base na cor da pele, em que as oportunidades acessíveis a negros de pele mais clara são maiores do que as acessíveis a negros de pele mais escura, enquanto eles se esforçam para ver onde se situam na sequência de pontinhos à direita dos parênteses abertos e não fechados.[14]

O mesmo padrão existe em comunidades asiáticas nas quais os povos nativos são pardos ou negros. Os povos nativos do Japão (os ainos), das Filipinas (entre os quais se incluem os igorot, os lumad e os mangyan) e do Vietnã (entre eles os degar, também conhecidos como montagnard, e os cham) sofrem uma diminuição. Padrões semelhantes ocorrem em países do Sudoeste asiático, como Índia e Paquistão, onde o distanciamento se concretiza nos intocáveis — os dálites* —, que recebem uma pressão adicional entre imigrantes sul-asiáticos planeta afora.[15] O que são os dálites, nesse esquema, senão negros sul-asiáticos? Nas palavras do intelectual ativista dálite V. T. Rajshekar: "O mundo exterior mal sabe que na Índia há um problema de 3 mil anos chamado Intocabilidade".[16] A história aqui é de uma forma de antinegritude social e física — dos brâmanes que alegavam ser descendentes dos mesmos tipos de pessoas que criaram o maniqueísmo — que precedeu o conceito de raça e que foi sucedido, durante o colonialismo euromoderno, por um rematado racismo antinegro.

---

* O termo "dálite", não encontrável nos dicionários de português, foi adotado no final do século XIX pelo ativista Jyotirao Phule para designar o estamento mais baixo do sistema de castas do hinduísmo, o dos "xudras", trabalhadores braçais tidos como "intocáveis" e impuros pela tradição brâmane. Desde então, a designação tem sido preferível a "xudras" e "intocáveis", consideradas pejorativas.

Entre povos indígenas ou First Nation da América do Norte à América do Sul, a situação da pele clara versus pele escura é semelhante.[17] Indígenas americanos de pele mais escura têm um status inferior, em muitas comunidades indígenas, ao de membros de pele mais clara das mesmas comunidades, e as consequências, tanto para as comunidades como para a relação dos indígenas americanos de pele escura com o mundo dos brancos e mestiços (em sua maioria miscigenados com brancos), são parecidas com as vividas pelos negros.

A dinâmica claro-versus-escuro existe também, por estranho que pareça, entre os cegos, em que a distinção se desloca para o timbre e o diapasão da voz, e para aquele item familiar de discussão sobre raças em sociedades racistas: os cheiros. Embora as práticas culturais se estendam dos alimentos que o indivíduo come até os perfumes que ele usa, tudo isso é perceptível com certos grupos e seus estigmas. A estrutura formal do racismo claro-escuro/elevado-baixo persiste. "Apesar da sua incapacidade física de se envolver com raça nos termos especificamente visuais que se costuma pensar para definir sua proeminência e significação social, o entendimento e a vivência das pessoas cegas com a raça não é diferente da dos indivíduos que enxergam."[18]

A persistência da dinâmica claro-versus-escuro às vezes leva a contradições. Consideremos o enigma dos descendentes de povos do Nordeste Asiático tornando-se povos indígenas escuros ou "vermelhos" das Américas. A noção de ondas de pessoas desembarcando nas costas paleolíticas das Américas do Norte, Central e do Sul, e influxos contínuos vindos do hemisfério Sul, desconcertam mitos puros de origens exclusivamente asiáticas. O trabalho desbravador do antropólogo, arqueólogo e biólogo brasileiro Walter Neves sobre vestígios humanos antigos no Norte do Brasil põe em xeque anos de histórias arrumadinhas da migração para aquela parte do mundo.[19] Essas considerações postulam um movimento não de asiático para vermelho, mas sim de negro e pardo para vermelho. Isso não exclui o fato de uma linha asiática se tornar vermelha, mas questiona a ideia de uma transformação exclusivamente asiática-vermelha.

Há, também, um importante acréscimo existencial. A ideia de vermelho como uma categoria *a partir da qual* se move tem como premissa a centralidade de branco, asiático ou eurasiano. É possível que o vermelho simplesmente tenha sido um fim em si:

vermelhos $\leftarrow$.

Adicionar a negritude como origem poderia também sugerir, como uma marca de indigeneidade, um possível negro-vermelho ou vermelho-negro originando-se de um africano primordial:

vermelho $\leftarrow$ africano (escuro) $\longrightarrow$ negro

ou

negro $\leftarrow$ africano (escuro) $\longrightarrow$ vermelho

Um semiólogo criativo (alguém que estuda signos e símbolos) poderia sem dúvida propor muitas outras permutações. O fato básico, porém, é que os contextos históricos e a literatura acadêmica predominante que levam a essas reflexões tratam o tornar-se branco, mesmo para os asiáticos orientais, como um bem evolucionário preordenado — como vemos naquele desenho esquemático que descreve a transformação do hominídeo simiesco no *Homo sapiens* ereto, altivo, macho e branco.

Essa noção de ascensão rumo à branquitude não foi sempre vigente no que se pode chamar de ciências da classificação humana. Tenho ministrado há anos um seminário chamado Raça na Formação das Ciências Humanas. Nossas leituras na primeira parte do curso incluem de escritos do médico François Bernier no século XVII, passando pelo filósofo Immanuel Kant no século XVIII, até os eugenistas do século XIX Francis Galton e Madison Grant, cuja influência afetou políticas eugenistas do século XX. Os alunos frequentemente se chocam com o racismo que veem em ação no modo como se formaram as ciências humanas, ao menos tal como entendidas na universidade europeia. Boa parte desse choque é porque eles estão acostumados a estudar seus heróis intelectuais como deuses em vez de seres humanos com todas as imperfeições decorrentes. É uma forma daquilo que os teólogos chamam de *teodiceia* (justiça divina). A teodiceia é o tipo de racionalização em que se tenta preservar a bondade de um ser onipotente e onisciente num mundo marcado pela injustiça. Se tal ser ou Ser é bom e justo, por que ele não intervém? Por que deixa tanta injustiça acontecer?

Há muitas respostas clássicas desde a Antiguidade até tempos recentes, das quais predominam duas: (1) a finitude humana limita o entendimento dos desígnios supremos do ser ou Ser onipotente e onisciente, e (2) o amor de tal ser ou Ser implica que ele não obstrua a liberdade humana (que estraga a coisa toda).[20] Ambas as respostas se fiam na onisciência e na onipotência da divindade, pois elas em última análise evitam a questão principal em vez de enfrentá-la. O grande Ser está no controle de tudo, para começar.[21] Em vez de repisar esse ponto, a consideração crucial é a observação de que justificações "teodicianas" livram o louvado ser/Ser dos apuros. Se secularizarmos a questão, veremos os mesmos tipos de justificação em ação em defesa, digamos, da Índia, da África do Sul, dos Estados Unidos, e de sua conformação a modelos de conhecimento através dos quais é cultivada a degradação de povos excluídos.[22] Quando se trata do estudo dos escritos de pensadores canônicos, é a *teodiceia do texto*, na qual escritos canônicos são tratados como obras perfeitas produzidas por deuses. Deveríamos ter em mente que a teodiceia ocorre também onde tais autores são demonizados. Em ambos os casos, o resultado é o apagamento de sua humanidade. Isso não tem o intuito de eximir esses pensadores canônicos europeus. O objetivo é destacar nossa responsabilidade em abordar as imperfeições do pensamento ao ler de fato o que qualquer autor escreveu e fazer o possível para produzir alternativas melhores. Quando nos deslocamos para os elementos aparentemente não racistas do pensamento deles, encontramos alguns elementos dos quais ironicamente seus elementos racistas dependem, e que, a despeito de nossas intenções, alguns de nossos esforços antirracistas herdam.

Aqui vão alguns exemplos. Primeiro, há uma obsessão com as "origens" da humanidade de um modo que leva a considerar outros grupos de seres humanos como "desvios" dessas origens. Segundo, há a presunção de que o "original" deve ser "puro". Terceiro, há a preocupação com a reprodução — ou repetição — como lei. Tudo isso é abstrato, mas em grande parte familiar.

O primeiro item, a obsessão com as origens, frequentemente presume que o autor pertence ao grupo original ou primordial. Assim, Kant sustentava que os seres humanos deviam ter evoluído em condições geográficas e climáticas semelhantes às do mundo germânico/prussiano de sua época.[23] Muitos desses pensadores presumiam que a diversidade era desvio e que as origens eram puras. Como muitos de nós sabemos hoje, ocorre que pelo menos as origens biológicas apontam para lugares de máxima diversidade genética. Sabemos, por exemplo, que o café veio do Sudeste da África por causa da diversidade genética dos grãos de café ali; as batatas se desenvolveram na América do Sul por causa de sua incomparável variedade de batatas. O que "puro" significaria aqui? Se relacionarmos o termo com a origem de uma espécie, então seres humanos puros se conectariam com o lugar onde estaria sua diversidade genética máxima. Para desgosto de Kant e outros, acontece que esse lugar é a África.[24] Por fim, meus alunos e eu notamos que a obsessão com a reprodução nesses pensadores tinha como premissa a ideia de fontes masculinas de progênie. (Lembram-se de Broca?) Sendo assim, o controle do comportamento reprodutivo feminino era central, e isso levava a uma obsessão em vedar a certos machos, agora racializados, a procriação sexual.[25]

Em tudo isso vemos os enredamentos íntimos, as intersecções e múltiplas dimensões do modo como a raça é vista. Esses elementos oferecem uma forma de esquivamento por meio da qual o racismo é também, às vezes, escondido em plena luz do dia. Eles incluem o modo pelo qual entendemos conceitos como privilégio, luxo e imunidade em sociedades racistas. Para eles nos voltamos agora.

6.
Privilégio, luxo, imunidade

A centralidade de brancos nas discussões precedentes sugere o que Peggy McIntosh chamou de "privilégio branco" em seu ensaio com esse título.[1] Sua formulação deu origem a uma infinidade de pesquisas. Centralidade e privilégio não são sinônimos, porém, e uma consequência infeliz do discurso sobre privilégio branco, hoje frequentemente um componente de "estudos da branquitude", é que se perde a verdadeira natureza da supremacia branca. Os estudos de branquitude já são hegemônicos, o que torna redundante a expressão "academia branca". Para muitos estudantes de cor, a maior parte do estudo exigido é como uma nevasca epistêmica branca. McIntosh tem o mérito de tornar visível aquilo que, de tão normativo na sociedade de supremacia branca, passa facilmente despercebido, talvez como a água para os peixes. Segundo a piada, um peixe é capturado numa rede e colocado sobre um convés. Arfando em busca de ar, já que a água rica em oxigênio não fluía por suas guelras, o peixe pensa que é um caso perdido. Por sorte, ele não é o tipo de peixe que a tripulação buscava, então eles o jogam de volta ao mar. Aliviado, o peixe nada para o fundo em busca de segurança. Passando por uma escola de outros peixes, ele pergunta: "Como está a água?". Sem receber resposta, continua nadando. Os outros peixes olham uns para os outros. Por fim, um deles pergunta: "O que é água?".

Será que é mesmo o "privilégio" que passa despercebido, ainda que cultivado na sociedade de supremacia branca?

Consideremos a função ideológica do modo como ele é usado no discurso antiprivilégio. Recendendo a culpa, uma condição de agressão voltada para dentro, o discurso sobre o privilégio branco clama por uma abdicação de uma lista enorme de direitos que nenhum ser humano deveria desaprovar, como tratamento respeitoso, acesso a uma educação de qualidade, tratamento justo em sistemas penais, moradia decente, alimentação de qualidade, água limpa, assistência médica, emprego e baixo risco de morte. Em outras palavras, nem todos os privilégios são *luxos*. A questão não deveria ser o fato de os brancos terem esses bens; o problema é que muitos não brancos, especialmente os pardos, negros e indígenas, não os têm.

O discurso antiprivilégio se tornou tão hegemônico que se estende para além da crítica a homens e mulheres brancos. Tenho visto até mesmo pessoas negras que têm acesso a alguns bens sociais lamuriando-se por dispor de "privilégios". O lamento chega às raias do patológico, já que envolve vergonha por ter o que só os loucos rejeitariam. Quem se favorece em última análise com essa exibição moralista? Se pensarmos em benefícios (em oposição a luxos) como o que eles são — *direitos* —, então a resposta é evidente: aqueles que se opõem à ideia de que esses recursos sejam acessíveis a todos.

A conexão óbvia com o que conhecemos hoje como neoliberalismo e neoconservadorismo — ambos marcados pelo fundamentalismo do mercado, no qual a privatização das sociedades demanda a negação de bens sociais básicos àqueles a quem o governo alega servir — torna evidente o equívoco de tal posição. Ironicamente, apesar das boas intenções de expor a cumplicidade com a injustiça, há uma forma de má-fé em estudos que voltam a centrar a branquitude como o lugar de bens associados com a condição humana. Essa postura crítica é uma forma de pós-branquitude que às vezes resvala, como muitas ideologias com o prefixo "pós-", para a continuação da prática original, só que obscurecida pela vergonha. O fato de neofascistas e outros grupos supremacistas brancos alegarem ser vítimas do "politicamente correto" e da "cultura do cancelamento" é uma consequência inevitável e peculiarmente pós-moderna da sua nostalgia pelos "velhos tempos" em que "o branco era o certo" e eles podiam afirmar com orgulho sua branquitude, por mais frágil e volátil que fosse. Tenhamos em mente que "correção política" é uma expressão equívoca cooptada pela direita norte-americana dos anos 1980 da antiga União Soviética, onde ela significava simplesmente seguir à risca a linha do Partido Comunista. Quase todos os usos traem o verdadeiro alvo da frase, que é a "correção moral". Em ambientes ditos politicamente corretos no interior de democracias liberais, os acusadores são com frequência pessoas que confundem moralidade com política. Sua confusão leva constantemente ao moralismo, que é a demanda por uma forma de pureza moral. O porquê de ambos os lados desse conflito afirmarem suas posições como políticas é um assunto ao qual voltarei. Por ora, basta dizer que esses conflitos ocorrem em contextos em que a política se tornou uma mercadoria, e a identidade é legitimada mediante testemunhos de vitimização, em vez de atividades de cidadania. Assim, queixas de que a pessoa foi lesada por "comportamento politicamente incorreto" ou que foi prejudicada pelo "politicamente correto" constituem, na imaginação de ambos os lados, suas identidades como vítimas políticas.

Supremacistas brancos vociferam sua vitimização a ponto de alegar que estão sob ameaça de genocídio por gente de cor. Isso sugere que está em curso algo mais do que uma reivindicação de privilégio. Ao longo da história de assassinatos raciais nos Estados Unidos, sejam os praticados pela polícia, os linchamentos ou outras formas de violência de justiceiros, os executores sempre esperaram operar com impunidade, mesmo quando posavam para fotos diante dos restos mortais de sua caça. Muitos linchamentos, afinal, eram anunciados em jornais locais. Sobre o linchamento de Claude Neal em Marianna, Flórida, em 1934, Ben Montgomery escreve:

> Eles o amarraram a uma árvore com correntes de trator, feriram-no com facas, queimaram sua carne e, quando ele já estava morto, entregaram-no a uma turba de milhares, que o estocaram com paus pontiagudos e passaram com seus carros por cima do cadáver antes de pendurá-lo num carvalho que ainda está de pé diante do tribunal aqui, oitenta anos depois...
> Jornais de todo o país noticiaram a história.
> "Multidão prende negro: emitidos convites para o linchamento", dizia uma manchete.
> "'Todo o povo branco' convidado para o evento", dizia outra.[2]

Atrocidades semelhantes foram cometidas por brancos na África, no Caribe e na América do Sul. Basta pensar no assim chamado Estado Livre do Congo, que na prática era propriedade privada do rei da Bélgica Leopoldo II. Entre 1885 e 1908, cerca de 15 milhões de negros nativos foram chacinados, com crueldades que incluíam as mutilações, o uso de pessoas como alvos para a prática de tiro dos soldados e o trabalho forçado na produção de borracha.[3] Pense também na atividade genocida da Alemanha contra os povos negros nativos da Namíbia entre 1904 e 1908, por resistirem à tomada de terras por colonizadores alemães.[4] Como é que poderia ser apropriado chamar o cometimento de tais ações de "privilégio"? É um privilégio a pessoa estar em situação de ajudar outros seres humanos; muitos também chamariam isso de direito. É um privilégio a pessoa estar em condições de defender seu país e participar de suas instituições políticas. Não é um privilégio degradar, mutilar, matar ou estuprar. As milhões de pessoas que, em apoio ao Black Lives Matter, ocuparam as ruas gritando seu protesto no verão de 2020 depois de testemunhar o vídeo em que o policial de Minneapolis Derek Chauvin assassinou George Floyd ajoelhando em seu pescoço por nove minutos e 29 segundos deixam claro que não existe tal privilégio.

As ações irresponsáveis e ultrajantes que são a marca registrada da branquitude abusiva deveriam ser caracterizadas não como privilégio, mas como formas de *licença* ou *imunidade*. Defensores da imunidade frequentemente evocam liberdade e permissão como se fossem sinônimos. A imunidade requer uma falta de restrição. Os paladinos da assim chamada "liberdade de expressão" tendem a construir sua argumentação contra o "politicamente correto", confundindo *liberdade* de expressão com expressão *permissiva* (sem limites). Ignoram um porém básico: a liberdade de expressão não implica o direito de ser um imbecil. Como determinou o juiz da Suprema Corte dos Estados Unidos Oliver Wendell Holmes em *Schenck v. Estados Unidos* (3 de março de 1919), usar palavras para lesar outros, em especial quando a consequência é catastrófica — como gritar mentirosamente "Fogo!" num teatro lotado —, é uma violação da liberdade de que se dispõe numa sociedade civil. A imunidade significa ter possibilidade de fazer o que se quer, sem consideração pelo dano a outros e a si próprio. Significa estar "acima" da ética, da moral e da política. Na prática, significa ser um deus. A liberdade, porém, é complicada. Envolve, numa palavra, o que muitos filósofos e críticos sociais compreenderam desde a Antiguidade até o presente — a saber, *maturidade*, o que requer não apenas responsabilidade, mas também uma adequação a normas de evidência e ao convívio no mundo com outras pessoas.

A imunidade, cujo epítome é a capacidade de matar impunemente, isenta o indivíduo dessas normas. A nostalgia de pessoas brancas — não apenas neonazistas e outros suprémacistas brancos, mas quaisquer indivíduos que se vejam como brancos sob cerco — não é por uma época em que os brancos supostamente eram mais "livres". A liberdade não teria necessidade da escravização de outros e da violência racial. Consideremos de novo essas multidões que posavam nas fotos aterradoras que documentavam o que elas tinham feito a seus negros, pardos, indígenas e outras vítimas não brancas. Muitos açougues expunham as articulações, patelas, dedos e outras relíquias das caçadas raciais não apenas nas Américas do Norte e do Sul, mas também em todos os continentes em que se praticou o eurocolonialismo, com seus parceiros racistas. Sua nostalgia é por um tempo em que ser branco funcionava como um salvo-conduto para fazer o mal sem ter que prestar contas.

A imunidade dos brancos esteve em plena exibição na invasão do edifício do Capitólio em 6 de janeiro de 2021. Instigada pelo derrotado presidente Donald Trump, por seu assecla e advogado Rudolph Giuliani, por senadores como Ted Cruz, Lindsey Graham e Josh Hawley, e pelo deputado Kevin McCarthy, entre uma longa lista de outros membros do Partido Republicano, a agressiva turba branca, boa parte da qual anteriormente gritara "Vidas azuis [cor do uniforme da polícia] importam", feriu mais de 150 policiais (um dos quais morreu de derrame cerebral no dia seguinte) e vandalizou o edifício. Um dos insurrectos dentro do Capitólio carregava uma bandeira da Confederação Sulista — um símbolo de supremacia branca em todas as suas encarnações desde 1861 — enquanto a multidão procurava o vice-presidente em fim de mandato Mike Pence para enforcá-lo junto com as deputadas Nancy Pelosi e Alexandria Ocasio-Cortez. Enquanto os invasores faziam selfies e vídeos com seus celulares, sua arruaça violenta resultava em milhões de dólares de depredação de bens públicos, incontáveis ferimentos e mesmo algumas mortes.

A despeito de tudo isso, eles tiveram condições de se retirar sob a proteção de policiais brancos, alguns dos quais os ajudaram e fizeram vista grossa enquanto eles agrediam policiais negros. Investigadores descobriram que esses insurrectos tinham também plantado bombas caseiras em locais estratégicos nas proximidades. Em reação, a Câmara dos Representantes [Deputados] desencadeou o segundo processo de impeachment de Trump, levando a um "julgamento" no Senado no qual ele foi "inocentado" por uma votação em que 57 senadores votaram pela condenação e 43 pela absolvição. As regras do Senado exigem dois terços dos votos, o que significava no caso que 67 votos eram necessários para a condenação. Àquela altura, o líder da minoria no Senado, Mitch McConnell declarou, como justificativa para seu voto pela absolvição, que Trump era culpado das acusações, mas que era naquele momento um cidadão comum. O evidente discurso dúplice aqui é a admissão da culpa de um indivíduo, mas sem decidir quanto à questão central, que é se ele era culpado por instigar uma insurreição contra um braço do Estado.

A mensagem dessa corrosão da justiça é clara. Os Estados Unidos não são um país dedicado à justiça, a não ser contra os desamparados. Mais que isso: há uma prova dos nove que todos dentro e fora dos Estados Unidos conhecem. Se o presidente Obama tivesse agido em qualquer momento como o presidente Trump, a hipocrisia dos membros republicanos do Congresso teria ficado evidente. Além disso, sabemos quais seriam os desdobramentos se congressistas Negros e Negras tivessem instigado tais ações. A imunidade/supremacia branca permite uma isenção de responsabilidade aos representantes brancos eleitos que eram claramente culpados junto com o presidente Trump. A mensagem de imunidade branca neste caso é eloquente e proverbialmente clara.

Chocante e insultuoso é o modo como a mídia de direita estabeleceu falsas equivalências entre defensores do Black Lives

Matter que protestaram nas ruas no verão anterior e a turba branca que invadiu o Capitólio. Os manifestantes do Black Lives Matter foram e continuam sendo tratados com brutalidade por discursar, se reunir e protestar de forma pacífica (direitos supostamente protegidos pela Constituição dos Estados Unidos). A disparidade entre a grande presença de policiais e militares nos protestos do Black Lives Matter e sua quase ausência na manifestação e posterior cerco ao Capitólio perpetrados pelos apoiadores de Trump — apesar dos órgãos de inteligência e das redes sociais revelarem suas intenções violentas — era uma demonstração cabal de que se garantia a estes últimos uma licença para fazer o que quisessem.

Poucos, ou nenhum, dos brancos que atacaram o Capitólio tinham sido privados de direitos; muitos, como depois se revelou, nem sequer votaram. Eles estavam lutando pela privação continuada de direitos das pessoas de cor, especialmente negras. Não apenas nos Estados Unidos, mas em muitos países em que o populismo de direita fincou raízes, convivemos com a contínua farsa de um discurso de "os dois lados", quando são claras todas as evidências de um ataque assimétrico contra a democracia, os povos negros e indígenas, os refugiados, os imigrantes de cor e os pobres: aproveitando-se da fetichização liberal* da tolerância, forças de direita em todas as classes sociais encaram todos aqueles que não fazem parte delas como alvos a ser eliminados.

A supremacia branca permite que se espere a benevolência de críticos que fazem todos os esforços para enxergar a humanidade de brancos traiçoeiros, por mais violenta que seja a sua história. A verdade é que esses brancos furiosos querem o velho e desastroso jogo da falsa democracia, em que se espera que seus votos

---

* No contexto anglo-americano, a palavra "liberal" tem em geral o sentido mais amplo de progressista, de ideias abertas quanto ao comportamento dos indivíduos, em oposição aos conservadores. Não se refere necessariamente a alguém que defende o liberalismo econômico.

valham *mais* do que os dos outros, e em que, mesmo sendo minoritários, eles devam contar mais que o restante de nós.

A queixa dos brancos amotinados de que a eleição presidencial foi roubada era claramente falsa. Todo mundo que vota nos Estados Unidos sabe que cada votante tem acesso a uma única cédula em que estão listados todos os candidatos aos cargos em disputa. Assim, é logicamente impossível que outros candidatos republicanos tenham vencido mediante uma cédula que não incluía o nome de Trump. Em resumo, Trump perdeu *porque as cédulas foram contadas*. Recebeu pouco mais de 74 milhões de votos enquanto seu oponente, o presidente Joseph Biden, recebeu 81 milhões. Houve 159 milhões de votos computados nas eleições federais de 2020. Moral da história (presumindo que a maioria daqueles que atacaram o Capitólio, se não todos, apoiava o republicano): os que votaram estavam bem cientes de que seus votos foram contados, mas não gostaram do resultado.

A má-fé — a capacidade de mentir para si mesmo —, como vimos no terceiro capítulo, é espaçosa. Nela cabe a suspensão da força das evidências. Na má-fé, a pessoa pode se obrigar a acreditar naquilo em que deseja acreditar. Some-se a isso um ataque pleno às evidências por parte de Trump e de seus comparsas quanto ao resultado das eleições, com o retrato que fazem de si mesmos e de seu líder como vítimas de uma vasta conspiração, e a conclusão é uma situação incendiária.

O cuidado com que tais amotinados foram tratados o tempo todo, mesmo aqueles investigados e detidos, fala muito sobre a injustiça da assim chamada justiça de uma sociedade incapaz de ver brancos senão como inocentes e, caso comprovadamente culpados, merecedores de uma compaixão extraordinária. Não admira que a branquitude tenha sempre tido uma lista de espera de grupos ansiosos para ingressar nela. Não brancos incluíram em outros tempos cristãos ortodoxos europeus, católicos do Sul da Europa e judeus europeus. Esses são grupos que no passado não eram brancos o bastante — e, como os judeus europeus descobrem com frequência, *ainda não são brancos o bastante* em muitos lugares —, mas que, com o tempo, muitas vezes mediante o projeto de se identificar com a nata dos representantes da branquitude e, ao fazer isso, adquirir alvará de branco, acabaram sendo incluídos no rebanho, frequentemente aderindo ao projeto branco de desumanizar povos negros, pardos e indígenas.

Enquanto o racismo antinegro situa os negros abaixo da ética, da moral, da lei e da política, a supremacia branca situa os brancos acima delas. Lembremos o argumento de Hitler em *Minha luta*: Como você prova que é melhor do que os outros? Tornando-os inferiores a você.[5] Um grupo alcança a branquitude conseguindo a licença para empurrar outros grupos para baixo.

Por estranho que pareça, o recuo dessa lógica brutal do que poderia ser chamado de "sociedade civil branca" nos Estados Unidos desde os anos 1960 levou a um reforço legal de suas linhas divisórias históricas. Quando os brancos defendiam as fronteiras raciais com violência, o papel da polícia oficial era principalmente limpar a área depois do fato; no entanto, à medida que mais brancos passaram a desaprovar tais táticas (ao mesmo tempo que esperavam manter as vantagens materiais que elas proporcionavam), coube à polícia um trabalho adicional. Embora a conduta dos policiais tenha sido racialmente injusta desde que os departamentos de polícia dos Estados Unidos foram formados, no século XIX, foi com essa mudança que seu papel de protetores da branquitude ficou mais *visível*.[6] As numerosas absolvições em acusações de brutalidade policial têm como premissa a lógica da imunidade. Em termos simples, eles têm uma licença para violentar pessoas negras porque elas supostamente não têm direitos de fato. Derek Chauvin, o policial que assassinou George Floyd, estava agindo com base nessa licença e no que ela significa: que vidas negras não importam.

A exemplo dos linchamentos, esse problema da violência policial contra negros, pardos e indígenas existe não apenas em países das Américas do Norte e do Sul, mas também em muitos onde a maioria da população é negra e parda, incluindo Índia, Jamaica, Quênia, Nigéria, África do Sul, Uganda e Zâmbia. Bob Marley e os Wailers denunciaram a violência política no Caribe em seu álbum clássico *Burnin'* (1973), e Fela Kuti fez o mesmo sobre a África Ocidental em seu pungente álbum de protesto *Sorrow, Tears, and Blood* (1977). Uma realidade da vida euromoderna é que o policiamento se concentra em pessoas negras e pardas, mesmo quando a maior parte da força policial é, ela própria, oriunda da mesma população.

Alguém poderia argumentar que pessoas negras têm direitos legais em todos os países mundo afora, mas o ponto desta análise é o que é feito, não o que é dito ou alegado. No direito, essa é a distinção do que é de facto e o que é de jure. Já não existe a imunidade branca de jure, mas existe uma imunidade branca de facto (real), e ela é evidente de maneira estatisticamente significativa.

Numa sociedade patriarcal, homens têm licença para agir como querem em relação às mulheres; a eliminação dessa licença confere às mulheres direitos verdadeiros e novos. Não foi a culpa moral dos homens, nem seu reconhecimento de seu "privilégio", que levou à transformação da vida das mulheres em muitas partes do mundo contemporâneo. Foram as ações políticas de mulheres e homens comprometidos com a igualdade que alteraram mecanismos de poder a ponto de mulheres terem acesso a instituições que historicamente as excluíam.

Mas esses processos nem sempre se dão sem contradições. Na África do Sul, por exemplo, mulheres brancas adquiriram direito de voto para ajudar a solidificar o sistema do apartheid.

Os defensores do sistema precisavam de uma maioria para privar de direitos os homens negros. Conseguiram isso mediante o sufrágio feminino branco.[7] Muitas mulheres brancas sul-africanas foram cúmplices desse processo, e agora elas se dão ao luxo de negar essa história porque estão formalmente listadas como um grupo oprimido sob a Constituição pós-apartheid. Seu caso, em outras palavras, é um exemplo da branquitude que tem tudo, inclusive o status de ser legalmente registrada entre os oprimidos e vitimados.

De forma significativa, a eliminação de uma licença é ao mesmo tempo moralmente útil e coerentemente factível, até mesmo para aqueles que a tinham. Dada uma licença para matar, alguém poderia rejeitá-la como imoral *e* travar uma batalha pela eliminação da tal licença sem uma perda de dignidade pessoal. Na verdade, mover tal batalha poderia aumentar o autorrespeito da pessoa mediante o cultivo da dignidade de outros. Mas, para além das dimensões morais, há passos objetivamente viáveis que a pessoa poderia tomar rumo à eliminação de licenças e imunidades, dado que essas licenças estão claramente conectadas com as instituições que as administram e protegem. Uma guerra contra a licença em questão deve ser travada não apenas moralmente, mas também *politicamente*.

A centralidade da moral evita o desafio de propor soluções políticas para problemas políticos. A formulação moral de raça e racismo leva a uma busca por um relacionamento entre o eu e um outro indivíduo específico. Mas o racismo é um fenômeno em que apenas um grupo de pessoas conta como "eu e outros", com os correspondentes benefícios morais. Os restantes, em sociedades racistas, não são vistos nem como individualidades nem como outros seres humanos, com a vulnerabilidade adicional de ser pessoas contra as quais toda violência é permitida.[8] Uma vez que não são vistos como pessoas ou seres humanos, estão sujeitos a ser acusados do crime de se tornar visíveis quando afirmam sua humanidade. Seu problema, então, não é o de ser "o outro", ou, como alguns ensaístas propõem, de "outrização" ou de ser "outrizados". Outros pelo menos recebem um reconhecimento ético. Situados fora e abaixo até mesmo dos "outros", de acordo com o pensamento hierárquico racista, sua luta é para receber o respeito usufruído por aqueles que pelo menos são "outros".

Para piorar as coisas, o mundo supostamente legítimo se imagina como justo, o que significa que aqueles em cujo benefício ele está organizado encaram sua erradicação ou transformação como um ataque à justiça. Não é por acaso que existem pessoas brancas temerosas das palavras "libertação" e "revolução"; elas não veem nada nessas aspirações a não ser sua própria vitimação e uma violação de sua hegemonia. Simplesmente, veem libertação e revolução como violência.

A transformação, portanto, tem que ser feita em termos que não sejam aqueles moralistas desse sistema. Ela demanda ação política.

Devemos ter em mente, porém, que a transformação política requer um conjunto diferente de relações e de entendimento daqueles que estão nas zonas de humanidade rejeitada. Sua rejeição é, afinal de contas, imposta. Entre si, os que vivem sob exclusão estão cientes não apenas de suas relações pessoais, do tipo "eu e os outros", mas também da realidade daqueles que pairam sobre eles basicamente como parte de um sistema deturpado que degrada o mundo humano ao dirigi-lo com poder divino.

A lógica aqui é familiar. O racismo e outras práticas desumanizadoras — como o colonialismo, o escravismo e o sistema de castas — impõem a lógica maniqueísta dos contrários, na qual há separações universais de positivos e negativos que não se juntam. O mundo humano, no entanto, é pleno de contradições, em que as interações sempre revelam a condição particular de falsos universais; ele é *dialético*. Isso significa que o racismo poderia também ser compreendido como o projeto de tentar eliminar aspectos dialéticos da existência humana. Assim como a dialética é relacional, o racismo busca forçar seres humanos a ser não relacionais. A realidade humana, por ser relacional, está sempre atravessando e transcendendo a si própria. Essa é outra maneira de dizer que a existência humana é aberta.

A argumentação que propus até aqui não é exaustiva, mas ilustra algumas considerações a ser ponderadas no curso de nossas reflexões sobre a consciência negra como a junção de classe, gênero, indigeneidade, raça, sexualidade e as muitas maneiras pelas quais os seres humanos se manifestam. Há recursos de que as pessoas brancas dispõem que todo mundo deveria ter, e há outros que não deveriam pertencer a ninguém. À medida que prossegue a luta por um mundo melhor, há claramente mais *tipos* de seres humanos por vir enquanto continuamos a construir novos tipos de instituições e relações nas quais e mediante as quais viver.

7.
Trans, mas não transcendidos

Pessoas trans e as controvérsias enfrentadas em seus esforços para conciliar sua aparência com sua experiência vivida são um exemplo de seres humanos em construção. A importância da política na produção de possibilidades humanas é um terreno familiar para quem estuda gênero e sexo. Tomemos, por exemplo, o uso da palavra "transgênero". Alguns críticos preferem usar a palavra "trans".[1] Eles investem na ambiguidade ou abertura do termo e às vezes preferem usar o adjetivo como um substantivo. Isso porque tais críticos são frequentemente "antiessencialistas", o que significa que rejeitam a noção de que qualquer ser humano tenha uma "essência" ou qualidade necessária que o torna o que é. Assim, a palavra "trans" pode se referir a uma mulher trans ou a um homem trans. Outros se opõem à inclusão de "trans" porque atribuem realidade absoluta ao substantivo que está sendo modificado. Identificar simplesmente uma pessoa trans como um "homem" ou uma "mulher", argumentam eles, proporciona fidelidade à experiência vivida pelos tipos de pessoa em questão. "Ela" ou "ele" não é um "ela" ou "ele" modificado, mas sim um verdadeiro ela ou ele. Analogamente, aqueles que preferem o pronome "they" ["eles" ou "elas", em inglês] argumentam, na direção contrária, que não existe nenhum gênero fixo ou substantivo sexuado no qual situar a identidade deles ou delas. É melhor chamá-los apenas de "they".

Consideremos o dilema que significa uma identidade ser construída e praticada ou, ao contrário, ser vista como um ser

143

fixo e fechado. Alguns críticos, por exemplo, são antiessencialistas avessos até a noções de identidade.[2] Para eles, *qualquer* afirmação de serem realmente sujeitos é problemática. Eles sustentam que ninguém "é" de gênero algum que afirme ser, e esse é um dos motivos da preferência pelo termo neutro (quanto ao gênero) "they". Essa fluidez de possibilidades significa, então, que aqueles que se colocam como o "verdadeiro" ele ou a "verdadeira" ela contra o "ele" ou "ela" trans estão entendendo mal ou não perceberam o que significam distinções físicas ou biológicas. Dito de outra maneira, a anatomia não precisa acarretar um destino, e mais que isso, não há significado interno algum em nossa fisiologia, mas sim na constelação de regras que governam a inteligibilidade das formas físicas por vir.[3]

Gênero e sexo, porém, não têm sido os únicos objetos de estudo em torno dos quais tais discussões têm girado. Outros temas de estudo incluem raça. No artigo "Em defesa do transracialismo", a filósofa Rebecca Tuvel sustentou que os proponentes do transracialismo oferecem os mesmos tipos de defesa de suas posições que aqueles que defendem identidades trans com base em sexo e gênero.[4] Previsivelmente, o artigo provocou controvérsia.[5] Afinal, ele tinha feito algo indecente: expusera a má-fé dos antirracialistas que alegavam ser também, paradoxalmente, antiessencialistas. Embora ela não tenha usado explicitamente o termo "má-fé", sua conclusão era direta: se os argumentos que defendem a identidade transracial, e os recursos sociais e políticos para ela, são formalmente os mesmos daqueles adotados em favor da identidade transgênero, como podemos legitimamente apoiar a primeira, mas não a segunda?

Tuvel não estava defendendo que o transracialismo *é* legítimo quando cotejado com identidades trans pertencentes a gênero e sexo. Não estava tampouco sustentando que gênero, sexo e raça são a mesma coisa ou que as pessoas que alegam identidades transraciais têm a mesma experiência e as mesmas demandas por justiça na condição de indivíduos nascidos de povos historicamente racializados e subalternizados. Ela estava simplesmente declarando que o compromisso com argumentos que apoiam uns, sem demonstrar a diferença, implica o compromisso com argumentos que apoiam os outros, o que em decorrência torna o transracialismo defensável de um ponto de vista lógico. Se todas as identidades são construídas socialmente, mas de diferentes maneiras, seria importante explicar por que essa diferença permite reconstruções criativas do eu para uns e não para os outros.

É significativo que Tuvel se refira a "transracia*lismo*" em lugar de, digamos, "transracialidade" — o "ismo" se refere a uma atitude prática em vez do conceito ou noção de ser transracial. Embora a defesa de uma coisa possa pressupor o apoio à outra, a tarefa que Tuvel assumiu envolve abordar uma porção de assuntos, incluindo os compromissos ou antipatias ideológicas em face de uma identidade dada.

Discussões acadêmicas sobre raça nem sempre correspondem à realidade vivida na prática. A concepção intelectual predominante é a de que a raça é uma construção social, e o racismo é seu progenitor iníquo — ou sua prole, dependendo do ponto de vista. Embora os especialistas possam assumir posições diferentes quanto às relações entre raça e racismo — alguns, por exemplo, encaram a raça como uma manifestação do racismo e por isso concluem que ela deve ser eliminada, enquanto outros sustentam que é possível haver raça sem racismo —, a maioria parece reconhecer que a raça não tem nenhuma realidade ou importância além de seu significado como prática social.[6] É, repetindo, uma construção social.

No entanto, muitos críticos deixam de explicar o que entendem por "construção social". Como pode não ser "real" uma coisa que estudantes e leitores comuns "veem" todos os dias e são capazes de identificar com razoável precisão e previsibilidade?

A explicação é que todos os significados são socialmente produzidos e socialmente reais, e disso decorre a questão de criar diferentes significados.[7] Em outras palavras, se a raça é gerada socialmente, por que uma sociedade não poderia produzir tipos diferentes de raça, entre outros modos de ser humano?

Lembremos que "raza", de que se origina "raça", pertencia a judeus e afro-muçulmanos que, em princípio, podiam converter-se ao cristianismo, embora suas conversões fossem consideradas suspeitas na prática.[8] O racismo, que implica uma hierarquia de acordo com a localização racial, é assombrado pelo espectro da conversão. O script familiar é de membros de um grupo oprimido tornarem-se membros do grupo que os domina. Em países marcados pela supremacia branca, a expectativa é de que negros fujam da negritude para o santuário da branquitude. Embora pessoas "se tornando" brancas sejam um fato bem conhecido — e não estou me referindo a "passar" por brancas —, a situação oposta foi raras vezes discutida até recentemente. Presume-se que a ideia de se tornar negro seja tão indesejável que tal caminho parece irracional, a não ser de modo oportunístico, tal como retratado no filme *Soul Man — Uma escola muito louca* (1986), no qual um branco rico se disfarça de negro de modo a conseguir uma bolsa de estudos exclusiva para negros para estudar direito em Harvard. Tornar-se negro também poderia ser interpretado como uma forma de *blackface* ou *minstrelsy*,* ou como uma ameaça a

---

* *Minstrelsy* [cantoria de menestréis], assim como *blackface*, refere-se a espetáculos teatrais e musicais de fundo racista em que artistas brancos pintavam o rosto de preto para representar de forma caricatural personagens negros, principalmente depois da Guerra Civil (1861-5), que aboliu formalmente a escravidão nos Estados Unidos.

um status paradoxalmente privilegiado de opressão. A pessoa branca que se torna negra é, por ironia, especialmente branca, se a branquitude se define como desejar ter tudo — inclusive, como vimos, o direito legal de se postar entre os oprimidos.

Há, no entanto, algo perverso em ser o proprietário da condição de oprimido, uma atitude infeliz que se tornou um traço da vida política por vários motivos, um dos quais envolve noções confusas do que significa ser político. Onde a política é confundida com ter uma causa para reivindicar diante do Estado, dos órgãos governamentais ou da sociedade, o reconhecimento político tem como premissa o dano sofrido. Como os indivíduos disputam espaço num jogo supostamente de soma zero, disso resultam comparações entre os lesados e os *mais lesados*. Declarações individuais de vitimização tornam-se a base do acesso ao reconhecimento político.

Friedrich Nietzsche — e os existencialistas influenciados por ele — chama os investimentos em identidades vitimizadas de expressões de vontade de poder marcadas pelo vício do ressentimento. Ele argumenta que isso expressa o desejo por uma superioridade moral intrínseca. Encarar a si mesmo como legítimo apenas quando oprimido elide um entendimento importante: a opressão não é algo a ser possuído, mas a ser admitido, superado ou eliminado.

O que se deveria dizer das pessoas que são investidas de identidade negra sem fetichizar a vitimização histórica continuada?

Identificar-se como negro exige abordar certos temas políticos que identificar-se como branco não exige. Na Argentina, na Austrália, no Brasil, no Canadá, na Colômbia, na Nova Zelândia, na África do Sul e nos Estados Unidos, membros de grupos nem sempre considerados brancos — judeus europeus, gregos, irlandeses, italianos e poloneses, entre outros — têm sido exemplos de uma extraordinária intolerância antinegro assim que alcançam esse status. Houve também aqueles que rejeitaram a branquitude, e suas escolhas de vida levaram-nos a ter descendentes que *são negros* em termos contemporâneos. Há ainda pessoas que se tornaram negras não ao perder uma identidade "branca" anterior, mas porque sempre foram conhecidas como negras. Há hoje pessoas negras nos Estados Unidos que estão descobrindo seus ancestrais de pele clara que não compartilharam o caminho histórico do tráfico negreiro através do Atlântico até as plantations dos Estados Unidos e dali para o norte ou para o oeste em busca de liberdade. Isso revela um fato básico: há pessoas negras cujas histórias de origem não revelam ascendência negra africana original ou recente. Pense também nos filhos nascidos de uniões em que ambos os genitores eram, nesse sentido, transraciais — por exemplo, tanto o pai como a mãe se conheceram *como negros*, mas nasceram e foram criados inicialmente como brancos. Isso é típico em alguns países com identidade nacional negra, como Barbados, Jamaica e Trinidad. Ou imagine um casal branco se mudando para um lugar onde eles se tornam negros mediante o hábito e a socialização; como deveriam ser classificados seus descendentes imediatos?

Meus parentes e muitos outros me contaram histórias semelhantes em vários contextos, algumas delas enquanto eu era diretor do Centro de Estudos Afro-Judaicos na Temple University, na Filadélfia. Embora eu tenha conhecido judeus negros cuja linhagem judaica vinha do continente africano, também conheci muitos que descobriram que seu ancestral judeu era um judeu da Europa Oriental que imigrara para a América do Norte ou para o Caribe. Vale enfatizar que a negritude dessas pessoas judias europeias não era colocada em questão pelas comunidades negras em que elas viviam. Isso porque as muitas manifestações culturais dos negros contemporâneos comportavam adaptabilidade. O que eles compartilhavam era a convicção de que o racismo é errado, embora fosse improvável que expressassem vigorosamente essa noção. Pessoas comuns, afinal de contas, geralmente esposam ideias comuns, e é bastante usual assumir uma visão negativa de gente negra. Em resumo, elas não precisam ser romantizadas como apoiadoras da célebre causa da libertação negra.

Tuvel comparou as respectivas recepções de duas histórias de trans que saíram do armário: a transição de *gênero/sexo* da medalhista de ouro e celebridade de reality show Caitlyn Jenner e a transição *racial* da ativista dos direitos civis Rachel Dolezal. Dolezal mudou seu nome para Nkechi Amare Diallo em 2016. O nome é uma versão abreviada do nome ibo Nkechinyere, que significa "o que Deus deu", "dádiva de Deus" ou "dádiva divina". Um equivalente familiar em inglês é "Mattie", a versão feminina de "Matthew", que vem do grego "Matthaios", oriundo por sua vez do hebraico "Mattityahu" (dádiva de YAHWEH). Como ela declarou que continuará a usar o nome Dolezal para sua persona pública, e como é conhecida assim nesta controvérsia, continuarei a me referir a ela desse modo; se tivesse se declarado de outro modo, eu teria optado por usar Diallo.

Jenner é conservadora, talvez de direita, e Dolezal é progressista, talvez mesmo esquerdista. Jenner nada tem de batalhadora pela justiça social; Dolezal, que também se identifica como bissexual, esteve na liderança de sua seção local da NAACP,* o que faz de sua consciência declarada não apenas negra, mas também Negra. As histórias dessas duas pessoas trans trazem algo que apoiadores das identidades trans talvez não gostem de ouvir — a saber, que talvez não exista nada de intrinsecamente progressista na identificação como trans. Em vez disso, o progressismo, ou sua ausência, pode

---

* NAACP: National Association for the Advancement of Colored People (Associação Nacional para o Progresso de Pessoas de Cor).

estar embutido no conjunto individual de compromissos políticos que cada pessoa trans vivencia.

Consideremos a eleição presidencial de 2016: mulheres brancas conservadoras votaram no conservadorismo. O voto conservador feminino nos Estados Unidos cresceu em 2020.[9] A United Daughters of the Confederacy [Filhas Unidas da Confederação], uma organização racista de mulheres brancas, é responsável pela construção de monumentos a soldados confederados e pela promoção de manuais didáticos racistas de história em escolas dos Estados Unidos; há mulheres brancas que são membros da Klu Klux Klan, de organizações nazistas e de outros grupos de ódio nos Estados Unidos e de organismos semelhantes em outros países, como Austrália, Brasil, Alemanha, África do Sul e Reino Unido. Esses exemplos revelam que não há nada de intrinsecamente progressista em ser mulher. Por que, então, uma mulher branca trans teria que ser diferente?

Uma questão análoga poderia ser levantada em relação à raça. Não deveria haver nada de intrinsecamente progressista em ser negro. Negros conservadores em países de predominância branca comprovariam isso, embora seu número seja bastante baixo.[10] No entanto, há algo de peculiar no que se refere a raça e política. Não é que não existam machistas ou racistas não brancos; é que simplesmente os não brancos, em especial os povos negros, indígenas e First Nation, estão esmagadoramente do lado do que em geral são consideradas posições políticas de centro-esquerda em países de predomínio branco. Além disso, não existe organização negra de direita que tenha exercido impacto nessas sociedades do modo como as organizações brancas étnicas e de mulheres brancas exercem. Evidentemente, nem designações de gênero nem de raça têm correspondência automática na política, mas a evidência empírica até agora tem desafiado retratos simplistas baseados na identidade. Formulações puras da realidade humana não dão conta de manifestações concretas de agência.[11]

Poderíamos também complicar as coisas perguntando sobre uma pessoa trans que arroga para si uma raça diferente *e* um sexo diferente daqueles declarados em sua certidão de nascimento. Pense, por exemplo, numa mulher negra trans cuja certidão de nascimento declara "negro" e "masculino" conversando ou debatendo com uma mulher negra trans cuja certidão de nascimento declara "branco" e "masculino" — ou um homem negro trans nascido "negra do sexo feminino" e um homem negro trans nascido "branca do sexo feminino". Esses exemplos não suscitam possibilidades de consciência trans negra e consciência trans Negra?[12]

Está claro que nós (e por "nós" quero dizer qualquer um que reflita sobre nossa vida e luta em meio a esses temas) estamos aprendendo algo sobre a realidade quando abordamos questões relacionadas à condição trans. Reflexões de todo tipo sobre a fluidez da identidade racial vêm ao primeiro plano quando se pensa na transracialidade. Por exemplo, conheço muitos brancos na América do Norte e no Caribe que falam sobre sua "avó negra"; eles não escondem sua ancestralidade negra, e no entanto estão conscientes de que são brancos, assim como também estão aqueles que os cercam. Mas por que eles não chamam de negros seu pai ou sua mãe, já que, de acordo com a velha lógica, estes deveriam ser considerados birraciais ou, de fato, negros?[13] Como é que tais brancos são *brancos*? No entanto, eles são.

Histórias brancas de linhagem são quase sempre sobre avós de cor, a despeito da preocupação e da ansiedade norte-americanas — e amplamente globais — em torno de relações entre homens de cor e mulheres brancas, como se tais relações fossem uma lei da física, tal qual a gravidade. Mas se isso for mesmo verdade, por que há tantas pessoas brancas alegando ter *avós* de cor? Os demógrafos não dedicaram sua energia para coletar dados sobre quantas pessoas negras são designadas como brancas ao nascer, embora meu palpite seja de que o número é pequeno. Supremacistas brancos poderiam lamentar um diminuto declínio no número de brancos, lamento que eles sem dúvida expressariam, uma vez que já estão alarmados achando que o minúsculo número de casamentos inter-raciais, com promessas de filhos miscigenados, supostamente ameaça sua superioridade numérica.[14]

Vemos aqui a importância de abordagens interseccionais e multidimensionais no estudo de raça. Ao não perceber de que maneira o gênero, a reprodução sexual e outras formações atuam na lógica racial, deixamos de enxergar os mecanismos por trás do que vemos e do que não vemos. O que é de fato "normal", afinal de contas, raramente requer um segundo olhar e, portanto, passa muitas vezes sem ser notado.

A determinação em manter homens de cor — especialmente homens negros — afastados de mulheres brancas esconde o fato histórico da licença do homem branco em relação a todas as mulheres. O *blanqueamiento*, política latino-americana já mencionada, não tinha a ver apenas com a cor. Consistia essencialmente em afirmar os *homens* brancos como fonte de brancura, o que é uma das bases da referência a avós de cor no Caribe e nas Américas Central e do Sul. A lógica problemática inclui supremacistas brancos, que enxergam a diluição da branquitude como algo que ocorre de forma predominante, se não exclusiva, quando mulheres brancas têm filhos de homens de cor. A suposição é de que homens brancos embranquecem raças; homens de cor, especialmente negros, as diluem ou enfraquecem. A discussão desse presumido acesso ou licença em relação a todas as mulheres se encontra nos estudos contra-hegemônicos da diáspora africana desde o século XIX até o presente.[15]

O interesse pela miscigenação é tamanho que o inevitável direcionamento dos últimos avanços na genética tem sido voltado a seu estudo. Essas pesquisas revelam o que a jornalista Cara Rose DeFabio resume de modo sagaz: "Se você é negro [nas Américas do Norte e do Sul], os resultados de um exame de ancestralidade por DNA podem revelar uma verdade incômoda".[16] A "verdade incômoda" vale para pessoas negras não apenas nas Américas do Norte, Central e do Sul, mas também na Austrália e em muitos países do Pacífico Sul: se você é negro, pardo ou indígena dessas colônias e ex-colônias, a fonte do acervo genético de sua ancestralidade europeia é esmagadoramente masculina.

Isso é sabido há muito tempo por ativistas, intelectuais e pesquisadores antirracistas. O grande filósofo, historiador, teólogo e ativista do povo yankton sioux Vine Deloria Jr. deixa clara essa verdade incômoda no que se refere a nativos norte-americanos:

Durante meus três anos como diretor-executivo do Congresso Nacional de Indígenas Norte-Americanos, era raro o dia em que não vinha ao meu gabinete um branco ou uma branca para proclamar que era de ascendência indígena. [...] Com uma única exceção, todas as pessoas que alegavam ter sangue indígena que conheci o atribuíam ao lado da sua avó. Uma vez fiz uma projeção retrospectiva e descobri que aparentemente a maioria das tribos era inteiramente feminina nos primeiros trezentos anos de ocupação branca. Ninguém, ao que parecia, queria reivindicar um homem indígena como antepassado.[17]

Imagine uma pessoa negra não miscigenada ou um nativo norte-americano não miscigenado que se identifique como branco. Nesse ponto já há um apelo a uma forma de pureza racial que contradiz a situação. Há, afinal de contas, pessoas negras que poderiam "passar" por brancas, e o argumento de Deloria é que existem pessoas morfologicamente brancas implorando, como nativos norte-americanos, por esse reconhecimento. Se ambos os genitores de uma criança passam por brancos, e essa criança se identifica como branca, qual é a raça da criança? Como existem muitos brancos que têm de fato ancestrais negros, nativos norte-americanos ou não brancos de outros povos, por que a identificação com essa ancestralidade seria implausível?

Imagine também que muitos legalmente designados brancos "saíssem do armário" como negros. Uma dificuldade com um exercício mental como esse é que frequentemente projetamos condições sociais do presente no futuro. Não está definido que o futuro deverá dar os mesmos significados sociais aos termos de identidade do presente. Um mundo mais negro pode ter um significado de negritude diferente do atual. As possibilidades são muitas, uma vez que os muitos grupos em face dos quais os negros funcionam como *negros* também poderão ter mudado, e novos grupos poderão surgir. Se é assim, então os dilemas em questão podem ser falsos. Em um dos lados do dilema está a preocupação quanto a uma população (anteriormente de brancos) com impacto insignificante. No outro lado estaria uma população cujo nascimento caracterizaria um mundo tão radicalmente diferente daquele em que vivemos que nossa preocupação seria irrelevante.

Minha percepção é de que a veemente preocupação contemporânea com a obtenção da aparência física "certa" está conectada com as forças que induzem a um refúgio na identidade antes de tudo — vale dizer, um declínio na capacidade (no poder) das pessoas de exercerem um impacto sobre forças políticas (sobre o poder) que afeta suas vidas. Isso não significa que a luta em torno e em favor do eu careça de seus próprios elementos existenciais; significa, isso sim, que o que quer que esteja motivando os apoiadores do alinhamento físico com a identidade talvez tenha também menos a ver com o que é vivido e mais com o que é desejado, embora não se deva deixar de levar em conta a experiência vivida daqueles que experimentam o desalinhamento.

Essas reflexões sobre identidade trans também nos levam de volta a uma observação recorrente. A pureza imposta impele ao refúgio num lado específico de um antagonismo, seja negro/branco, masculino/feminino ou homem/mulher. Afinal, por que a identidade trans ou qualquer outra identidade humana haveria de ser completamente una? Por que não poderia haver na identidade trans e em todas as outras uma forma de mistura mediante a qual um elemento de sua identidade enriquece outro?

É possível que qualquer ciência humana de "purezas" convergentes afronte a realidade.[18] A pureza obscurece realidades de misturas vivenciadas. A realidade humana, que devemos lembrar que é produzida por seres humanos, não é de seres puros em si e por si. É, ao contrário, feita de relações de negações vivas de pureza — isto é, de *existência*, ou de negações do ser como algo dado e imutável. *Miscigenando** seria um modo melhor de descrever a realidade humana, por ser um tipo radical de mistura — uma mistura que na prática não apenas manifesta novas formas de ser, mas também questiona a noção de um ser estático. O uso do gerúndio "miscigenando" é

---

* No original, "creolizing", que não teria uma tradução direta em português, uma vez que "creole", em inglês, tem um sentido diverso de "crioulo", em português, e de "criollo", em espanhol, significando neste caso um indivíduo de ascendência miscigenada africana e europeia, ainda que possa se referir também, num sentido mais restrito, a descendentes de colonizadores franceses do Sul dos Estados Unidos, especialmente da Louisiana, e ao dialeto falado por essas pessoas.

para ilustrar que a mistura — em especial de elementos que, sob um sistema racista, supostamente não combinam — não está concluída. Não é uma realização fechada ou o que poderia hoje ser chamado, seguindo a moda, de "um evento".[19] Em vez disso, é uma atividade contínua de produção de relações por meio das quais chegamos à realidade viva.

Pureza é um ideal que só pode ser forjado e preservado no mundo humano à custa de se fechar a outros aspectos da realidade. Como vimos em nossa discussão sobre paleoantropologia, mesmo os mais antigos *Homo sapiens* não eram "puros". Abrir mão da pureza e concentrar o foco no potencial humano para viver de muitas maneiras sugere uma consideração adicional — a saber, que o ser humano é uma relação anômala com a realidade.[20] Atribuir status absoluto à pureza e à integralidade contradiz a realidade de como seres humanos vivem de fato.[21] Fazer isso demanda, na verdade, má-fé, porque nega os elementos de realidade que não combinam com a realidade vivida e tenta forçar a realidade a corresponder a falsidades preferidas ou agradáveis em vez de verdades desagradáveis (para os puristas).

Há também a relação entre humanidade e liberdade. Abordar o estudo da desumanização como uma forma de má-fé, como vimos, traz à tona uma dimensão irônica da liberdade: ser livre acarreta ser livre inclusive para evitar ser livre. O que seria da realidade humana se seres humanos fossem incapazes de agir de má-fé? Um ser incapaz de tentar escapar de sua liberdade poderia ser livre? A ausência dessa capacidade humana não significaria que os seres humanos precisariam agir essencialmente segundo a chamada boa-fé? O que, então, aconteceria com a liberdade? E se não houvesse liberdade, os seres humanos não teriam simplesmente uma natureza que não suscitaria nenhum dos problemas humanos reconhecíveis, por causa da ausência de responsabilidade?

A consciência negra encara então a questão de poder ou não evitar a desumanização. Se não pode, ela precisa confrontar a opressão. Abordaremos agora esse problema, que torna a ideia de uma consciência negra converter-se numa consciência Negra uma possibilidade temida por aqueles empenhados na opressão antinegra.

Parte III
Realidades políticas

Não há liberdade no silêncio.

Steve Bantu Biko

8.
Cinco tipos de invisibilidade

Neste mundo, corpos negros podem ser desejados — mas, para racistas antinegros, só aqueles sem consciência, especialmente consciência negra e Negra. Esse é outro modo de dizer que é mais fácil lidar com "corpos negros" do que com pessoas negras. A formação do mundo euromoderno de supremacia branca e os tipos de gente que ela produz sustentam essa conclusão.

Apagar a humanidade de povos racializados envolve a produção de invisibilidade. Embora existam muitos tipos de invisibilidade no mundo euromoderno, cinco são particularmente pertinentes a nossas reflexões: (1) a *racial*, (2) a *indígena*, (3), a *de gênero*, (4) a *exoticizada* e (5) a *epistêmica*. Ainda que elementos de cada um desses tipos tenham sido formados antes da euromodernidade, suas manifestações euromodernas serão o foco quando articularmos as dimensões políticas da consciência Negra.

A invisibilidade *racial* envolve não ser visto como um ser humano em virtude da hipervisibilidade — um estado de quem é percebido excessivamente por não pertencer ao lugar. É a obsessão da sociedade com o número de pessoas racializadas. Eis aqui um exemplo de quando eu era um jovem professor assistente numa grande universidade pública de pesquisa no Meio-Oeste dos Estados Unidos. Havia aproximadamente 3,5 mil membros na faculdade. Catorze de nós éramos negros; os outros não brancos contavam com uns setenta descendentes de asiáticos; o número de nativos norte-americanos, pelo que me lembro, não passava de um, no caso uma. Ela era também um dos membros negros da faculdade. Era difícil dizer o número de latinos porque alguns simplesmente se identificavam como brancos, enquanto outros, em especial os que eram negros latinos, identificavam-se como negros e também como latinos. Os outros membros negros da faculdade estacionavam seus carros perto do local onde lecionavam. Depois das aulas, das tarefas burocráticas ou de reuniões de departamento, eles corriam direto para seus carros e partiam. Eu optava por fazer diferente. Tendo crescido na cidade de Nova York, estava animado para aprender sobre a vida no Meio-Oeste. Sendo assim, providenciei para que minhas duas aulas, entre as quais havia um intervalo de uma hora, acontecessem em lados opostos do campus. Eu caminhava de uma classe para a outra, cumprimentando alunos, funcionários e outros professores ao longo do percurso.

Em pouco tempo, começaram a pipocar queixas no jornal dos estudantes. Incluíam objeções à política de ações afirmativas. Alguns alunos expressavam preocupação quanto a se ainda era possível a candidatos brancos conseguir emprego ali. Outros manifestavam o temor de um suposto *dilúvio* de professores negros contratados recentemente. Alguns se sentiam inseguros.

No início achei curioso, já que eu não via outros professores negros durante aquelas caminhadas entre duas aulas. Então me dei conta de que as queixas se referiam a *mim*.

Imagine o ponto de vista dos estudantes e funcionários brancos aflitos. Quando eu passava por eles, era o negro que eles viam naquele dia — e um já era demais. Quando eu passava de volta, eles viam um *segundo* negro. Minha visibilidade era exponencial.

Há sempre negros "demais". Essa crença, infelizmente, é sustentada por pessoas negras tanto quanto pelas brancas. Apesar de dados empíricos mostrarem o contrário, muitos acreditam que há pessoas negras demais em causa em qualquer patologia, do crime à falta de planejamento familiar. Mulheres negras supostamente estão sempre tendo filhos demais. Pessoas negras estão fazendo sexo demais. Os órgãos sexuais de pessoas negras são excessivos — demasiado grandes, demasiado profundos, demasiado tudo. Mulheres negras são insaciáveis. Homens negros são subjugados pela luxúria, especialmente por mulheres brancas. Demasiadas pessoas negras são adoentadas; um número excessivo delas recebe assistência governamental, malgrado o fato de que brancos recebem desproporcionalmente esses benefícios em todas as sociedades dominadas por brancos.

Esta última afirmação quanto aos brancos não é nova.[1] De fato, a verdade frequentemente negligenciada sobre a prosperidade dos brancos e sua declarada estabilidade é a história de como foram obtidas. O imperialismo euromoderno global é marcado pela extração de recursos materiais e pela exploração da força de trabalho de povos de cor para o enriquecimento de populações predominantemente brancas não apenas na Europa, mas também em suas colônias e pós-colônias. O advento do Estado de bem-estar no século XX produziu inicialmente redes de proteção social só para brancos na Austrália, na Nova Zelândia, na África do Sul e nos Estados Unidos, ao lado de países das Américas Central e do Sul por causa de suas políticas de *blanqueamiento* e, embora nem sempre expressas como voltadas para os brancos, em vários, se não na maioria, dos países europeus. Em muitos casos, esses programas eram abandonados ou tinham seus recursos diminuídos quando era colocada na mesa a questão de sua expansão para incluir as populações negras. A partir do último quarto do século XX, a noção de que tais projetos sociais são ineficazes tornou-se axiomática em países de orientação centrista ou direitista. O bem-estar estrutural dos brancos e sua proteção médica geral são a prova de que programas de bem-estar social funcionam de fato.

A resposta racista é argumentar que há algo nos brancos e em outros não negros, como os chineses na China ou os japoneses no Japão, que faz tais programas funcionarem quando aplicados a eles, mas falharem quando aplicados a negros, por causa de alguma coisa que os negros não têm.[2] O argumento é circular; o que brancos e outros grupos têm é o fato de serem brancos, ou pelo menos não serem negros; o que falta aos negros é serem brancos, ou pelo menos não serem negros. Mais precisamente, o problema dos negros é serem negros. Esse argumento repousa em negar que os brancos vivem em sociedades em que sua humanidade é não apenas respeitada, mas também cultivada; os negros, em sociedades antinegras, sofrem a negação de sua humanidade e a imposição de condições extraordinárias em seu esforço para viver uma vida comum. Além disso, países predominantemente negros lutam, na esteira do imperialismo formal, para se erguer num mundo em que instituições de comércio, informação, tecnologia e diplomacia são afetadas pelo racismo estrutural antinegro.

Essa percepção de excesso leva a uma presunção de culpa. Aparecer como negro é já chegar tendo feito alguma coisa errada. Se muita gente negra está supostamente cometendo crimes, então o fato de a população carcerária ser desproporcionalmente negra é justo. W. E. B. Du Bois previu o crescimento das prisões no início do século XX. Angela Y. Davis documentou isso quase um século depois.[3] Muitas pessoas negras estão na prisão por crimes que não cometeram, e outras estão ali por infrações pelas quais os brancos cumprem penas menores ou nem chegam a ser presos. A imunidade branca garante a não condenação até de brancos cujos júris admitiram serem culpados, como na admissão do senador Mitch McConnell do que as evidências revelam sobre o presidente Donald Trump. Nada dessa prerrogativa ou imunidade é acessível aos negros. A presunção é de que, mesmo que muitos negros não tenham cometido os crimes de que são acusados, devem ser culpados de alguma coisa. Escolha qualquer crime (exceto homicídios em massa cometidos individualmente, dos quais homens brancos têm quase o monopólio), e sempre haverá muitos negros envolvidos — porque há muitos negros nas proximidades, para começo de conversa. A velha ideia de que a exceção prova a regra serve para desarmar a realidade dos assassinatos em massa cometidos por brancos. Por maior que seja seu número, cada caso se apresenta como uma "anomalia". Desse modo, há assassinatos em massa "individuais"; os brancos, como grupo, supostamente não cometem assassinatos em massa. Os negros, por sua vez, apesar de não serem estatisticamente representativos dentro dessa categoria do assassinato em massa, são pressentidos como a violência encarnada. Analogamente, apesar de os brancos constituírem a maioria dos motoristas nos Estados Unidos, no Reino Unido e no Canadá, e portanto terem maior probabilidade de transportar contrabando, os negros têm muito maior probabilidade de ser parados e vistoriados em busca de materiais ilícitos.[4] Dirigir sendo negro é suspeito. Quer seja acusado de violência, de roubo ou de transportar contrabando, cada delito cometido por um indivíduo negro passa a ser mau comportamento negro em geral.

A invisibilidade mediante a hipervisibilidade — a situação de estar sobrando por não pertencer ao lugar — é uma causa da invisibilidade dos negros como seres humanos e da melancolia negra, uma forma especial de privação. O negro, como uma criação do mundo euromoderno, é também inerente a ele, mas esse mundo se vê como justo, legítimo, correto, íntegro ou completo sem negros ou, pior, com a sua eliminação; o negro é, portanto, inerente a um mundo que rejeita negros. Os negros pertencem ao não pertencimento.

A letra pungente de "Lonesome Lover" (1962), dos músicos de jazz Abbey Lincoln e Max Roach, na qual o cantor pede para

165

ser levado de volta ao lugar a que pertence, refere-se à diáspora africana ansiando ardentemente por pertencimento, e o lugar desse pertencimento é imaginado como sendo a África. Alguém poderia objetar, porém: *aquela* África é uma criação da imaginação. O negro submetido à opressão racializada nunca esteve situado lá, para começar, exceto quando muitos de seus países se tornaram colônias.[5]

A segunda forma de invisibilidade, a *indígena*, pertence ao tempo em conexão com a terra. Os colonizadores encaram os povos indígenas como pertencentes ao passado, pois sua terra nunca será devolvida a eles; o futuro está bloqueado. Carecendo de legitimidade futura, o pertencimento dos povos indígenas ao presente é posto em questão, o que deslegitima retroativamente todos os passados anteriores ao momento da colonização. O tempo de legitimidade desses povos indígenas se torna o tempo originário, primordial, e se cola a eles na condição de "primitivos". Eles se tornam "tribos". A palavra "tribo" é um insulto colonial. No passado teve conotações políticas diferentes, como atesta sua origem latina, "tribus"; pense na palavra contemporânea "tributo". Também tem um significado numerológico, em que "tri" se refere a "três" e "bheue" era a raiz de "be" (ser). A antiga palavra hebraica frequentemente traduzida como "tribo" era na verdade "šēbeṭ" (literalmente, ramo ou galho, como o galho de uma árvore). A ideia é de que o grande patriarca se ramificava num conjunto de patriarcas, o que significava que o termo se referia na verdade a "clãs", como uma grande filiação baseada na linhagem patriarcal. A invasão e a colonização inauguradas no século XV E.C. fizeram com que o termo fosse usado para povos designados como "primitivos" — e não, por exemplo, para os grupos étnicos e clãs da Irlanda e da Escócia.

Pelo fato de supostamente pertencerem ao passado, povos nativos da África, da Ásia, das Américas do Norte e do Sul e das ilhas do Pacífico "assombram" o presente como fantasmas em suas terras ancestrais. Sua marca de autenticidade é supostamente "espiritual", e o que são os espíritos, senão fantasmas? Essa conversa de "espíritos", muito associada com povos indígenas na cultura popular, reflete a conclusão dos Estados colonizadores: de que, para povos indígenas e First Nation, não há o que pleitear. Como observou Vine Deloria Jr. em *Custer Died for Your Sins* [Custer morreu pelos teus pecados]:

> Nos tempos da Dança Fantasma, o messianismo veio a dominar padrões de pensamentos indígenas, e todas as expectativas se tingiam com essa esperança sobrenatural de salvação. Cada líder indígena de hoje tem que encarar a questão de saber se ele é ou não uma grande figura do passado reencarnada para conduzir seu povo à vitória, pois as lendas demoram a morrer entre o nosso povo.[6]

Em *American Indian Holocaust* [Holocausto indígena americano], o antropólogo e demógrafo cherokee Russell Thornton documenta a conclusão dessas reflexões fantasmagóricas. Reduzidos a apenas 4% de suas populações originais nos Estados Unidos no ano de 1900, os nativos norte-americanos têm sido desde então acompanhados pela morte, o que faz deles aparições vivas.[7]

As mulheres, pelo menos como têm sido entendidas em sociedades europeias e em muitas sociedades asiáticas, são o foco primordial do terceiro tipo de invisibilidade, a *de gênero*. Eu me refiro especificamente a tradições europeias e asiáticas porque há sociedades na África, no Pacífico Sul e em Abya Yala, ou nas Américas, em que concepções de gênero foram introduzidas e impingidas. Duane Brayboy, um crítico de origem tosneoc-tuscarora, destaca uma grande causa de confusão para os colonizadores europeus que só conseguiam imaginar dois grandes gêneros fixos na natureza: a fluidez das concepções indígenas e First Nation simplesmente não fazia sentido para eles e assim, concluíram, não podia ser real.[8] Críticos indígenas africanos concordam. Eles sustentam que concepções eurocêntricas de gênero foram impostas a povos africanos por meio não apenas do colonialismo, mas também da duradoura pressuposição da universalidade das concepções euro-norte-americanas e europeias sobre as pessoas que chamamos de "mulheres".[9]

Em sociedades com uma história de misoginia, a invisibilidade de muitas mulheres assume a forma de não ter uma voz. Esse tipo de invisibilidade pela ausência de voz domina a literatura de mulheres desde a Antiguidade até o presente. A mulher silenciosa ou silenciada é uma criatura mítica, de Héracles resgatando Alceste de Hades a Orfeu e Eurídice realizando um feito semelhante em antigas tragédias gregas. Christine de Pizan escreveu sobre esse fenômeno na França do século XV, Anna Julia Cooper nos Estados Unidos do século XIX, e He-Yin Zhen na China do início do século XX.[10]

Mais recentemente, a filósofa Janet L. Borgerson descreve mulheres buscando suas vozes não apenas na companhia de homens, mas também entre mulheres que aceitam o discurso legítimo como propriedade dos homens.[11] Jaspal Kaur Singh escreve sobre a violência no cerne do silenciamento de mulheres na sociedade sikh.[12] A obra clássica de Carol Gilligan é *In a Different Voice* [Numa voz diferente] — lida aqui como uma voz historicamente não ouvida; o famoso ensaio de Michelle Walker sobre mulheres que praticam a filosofia chama-se[13] "Silêncio e razão: A voz da mulher na filosofia". A biografia da poeta afro-americana Phillis Wheatley escrita por Kathryn Lasky é intitulada *A Voice of Her Own* [Uma voz só dela]; o livro de Melissa Silverstein sobre mulheres diretoras, *In Her Voice* [Na voz dela]; o de Miki Raver sobre mulheres na Bíblia hebraica, *Listen to Her Voice* [Ouça a voz dela]; a história documental de mulheres sino-americanas por Judy Yung, *Unbound Voices* [Vozes libertas]; o livro de Emily Honig e Gail Hershatter sobre mulheres chinesas nos anos 1980, *Personal Voices* [Vozes pessoais]; e o subtítulo de *As boas mulheres da China*, de Xinran, é *Hidden Voices* [Vozes escondidas]. A lista poderia continuar.

Não admira que o problema de falar sem ser ouvida seja um tema central da literatura de mulheres: ele está conectado à questão da política, uma vez que o discurso é um elemento essencial da vida política. E de que adianta, se ninguém está ouvindo?

Esse é um exemplo de como a invisibilidade de gênero se cruza com a de raça, pois a mudez foi imposta a mulheres, homens negros e indígenas na expansão da euromodernidade. Pessoas colonizadas e escravizadas deviam ouvir, mas não falar. O intelectual haitiano Anténor Firmin foi impedido, por exemplo, de falar na Sociedade de Antropologia da França em 1844, apesar de ser um membro convidado e diplomata. Sua resposta foi escrever o tomo de quase seiscentas páginas *The Equality of the Human Races* [A igualdade das raças humanas] (1885). Muitas mulheres fizeram o mesmo ao longo da história. Esse é um elemento que une mulheres e homens negros, mas que no seio de mundos negros também os separa; mulheres negras frequentemente ainda têm que lutar para ter uma voz entre homens negros. Existem, afinal de contas, países de maioria negra onde homens negros são oradores privilegiados — às vezes, com licença total.[14]

A procura das mulheres por uma voz tem sido analisada em profundidade pela psicanálise. Jacques Lacan e Luce Irigaray analisaram a autoridade da voz masculina, em que a busca da aprovação masculina faz parte da estrutura do patriarcado. Basta pensar na "Branca de Neve" dos Irmãos Grimm, versão de 1854.[15] A rainha pergunta ao espelho mágico: "Espelho, espelho meu, existe alguém mais bela que eu?". A pergunta é curiosa; ela não está se vendo no reflexo? Por que ela busca validação pela voz do espelho, e não na imagem que ele reflete? Tenho perguntado a públicos de todo o planeta — mulheres e homens, meninas e meninos, e mesmo aqueles que rejeitam uma autoidentificação de gênero — sobre o sexo ou gênero da voz que responde à rainha, e a resposta-padrão é de que é uma voz masculina. Apesar de seu status, a rainha carece de uma voz que possa lhe dizer que ela é o que avalia ser. Mais recentemente, porém, encontrei algumas mulheres e homens que imaginam a resposta do espelho com uma voz feminina. O ativismo feminista está tendo seu impacto.

Fanon analisou casos de mulheres e homens negros buscando validação — geralmente verbal, mas às vezes escrita — por parte de homens brancos. Ele sustentava que isso era consequência do colonialismo, da escravização e do racismo, que igualavam negras e negros no tocante a sua necessidade simbólica de reconhecimento. Seu conselho para escapar dessa dependência era a ação política. Que existam hoje indivíduos que leem "Branca de Neve" e imaginam uma voz que não seja masculina é uma consequência de tal ação política. Mulheres e seus aliados homens lutaram para mudar o mundo e, ao fazer isso, começaram a mudar as vozes que são ouvidas.

O quarto tipo de invisibilidade — a *exoticizada* — se apresenta como amor e valorização. É quando os brancos tratam negros e outros grupos racializados oprimidos como intrinsecamente bons ou melhores do que eles. Há uma forma análoga de gênero, também, em que homens tratam mulheres como intrinsecamente éticas e mais inteligentes que os homens. Essas duas formas se encontram na valorização das mulheres negras, que, dessa perspectiva exótica, têm supostamente uma "magia" especial. Embora de início fomentada por mulheres negras em celebração de suas realizações frequentemente ignoradas, há um reverso dessa lógica que exoticistas raciais e de gênero abraçariam com entusiasmo. Ser intrinsecamente bom, onisciente e mágico não costuma caracterizar seres humanos reais. O racismo, cabe lembrar, é a negação da humanidade de grupos de pessoas racialmente designadas. Seja em relação a mulheres negras ou a homens negros, o exoticista racial pratica um jogo de má-fé de conceder um senso intrínseco de superioridade por ser supostamente capaz de identificar as virtudes intrínsecas de pessoas racialmente depreciadas. O exotismo está no cerne de ideias como a do "nobre selvagem" e da espiritualidade romantizada projetada em nativos norte-americanos, em nômades africanos e na suposta inocência dos povos indígenas chamados de infantis. Uma vez que muitos brancos, senão a maioria, não compartilham essa visão, o exoticista racial vivencia uma forma de autoindulgência por ser uma exceção entre os brancos. Ele ultrapassa o "Não vejo raça" em direção a "Eu vejo uma raça superior". O que é, porém, a alegação de uma raça superior senão uma manifestação de racismo? No exotismo a humanidade de povos racialmente valorizados se perde. Sua glorificada visibilidade esconde — torna invisível — sua humanidade.

O quinto tipo de invisibilidade, a *epistêmica*, é baseada no conhecimento. Ela se combina com as outras pelo que podemos descrever como um movimento que parte da aparição ilícita e tem como consequência o conhecimento ilícito. Quando se espera que alguém seja invisível, aparecer é uma violação do que deveria ou não ser visto. Seria a aparição do que não deveria aparecer. A resposta dos agentes da decência é impor a desaparição.

Esta última forma de invisibilidade já emergiu nestas reflexões, por meio do questionamento da dupla consciência, ou da imagem imposta e falsa de negros e outras pessoas de cor, nascida da representação histórica distorcida e produzida pelas instituições. Se os brancos são os únicos agentes da história, então apenas os produtos dos brancos seriam históricos. É a limpeza branqueadora da história — seja ela cultural, intelectual, política, social ou mesmo teológica ou mítica: até os egípcios e judeus antigos, e Jesus em particular, tornam-se brancos. Apesar do fato de os primeiros Grandes Padres da Igreja serem predominantemente africanos, imagens deles com frequência se assemelham à do Papai Noel. Quase todo grande filósofo, matemático ou poeta antigo parece uma versão da criatura corpulenta, de bochechas rosadas e barba branca. Isso vale até mesmo para são Nicolau, com quem Papai Noel está intimamente associado; nascido em 270 E.C. onde hoje é a Turquia, ele era no mínimo pardo. Isso vale também para mulheres do passado como a grande matemática e filósofa egípcia Hipátia e a rainha berbere judia Dihya (também conhecida como Kahina — "vidente"). A lógica dessa forma de invisibilidade é que pessoas negras, pardas e indígenas *não podem* produzir conhecimento. Nas palavras do poeta dálite Chandramohan Sathyanathan:

> *Sou assombrado pela "ausência" de história.*
> *Meu olhar vagueia pelas valas*
> *Das marés do tempo*
> *Batendo nas praias da minha memória.*
> [...]
> *Minha língua está inchada como uma serpente empanturrada*
> *Com a "bagagem da história imaginada".*[16]

Examinando todas as cinco formas de invisibilidade juntas, vemos como matrizes de desumanização distribuem invisibilidade entre muitas pessoas no mundo euromoderno ou de supremacia branca. As ideias de uma filósofa como Hipátia quase desapareceram da memória coletiva porque seus livros foram queimados depois de sua hedionda execução no ano 415 E.C. nas mãos de cristãos fanáticos e sua lembrança foi apagada junto com a de muitos de seus pares no Nordeste da África. Hoje mais gente sabe de seu martírio e de suas ideias, e ela é retratada como branca em muitas descrições, incluindo o filme biográfico *Alexandria* (2009). A rainha berbere do século XVII Dihya, líder temível de seu povo, descrita pelos invasores árabes como "de pele escura, com uma profusão de cabelos e olhos enormes", é às vezes retratada como branca de cabelos louros ou ruivos.

A invisibilidade apresenta contradições. Por exemplo, embora essas cinco formas de invisibilidade possam convergir num grupo único ou ser distribuídas por muitos outros, elas também requerem contexto histórico. Como observou Deloria: "Pelo fato de labutar, o negro era considerado um animal de carga. Pelo fato de ocupar grandes extensões de terra, o indígena era considerado um animal selvagem".[17] Ele sustenta que a eliminação da escravização legal de não prisioneiros nos Estados Unidos, onde aqueles que dominavam os negros consideravam-nos inúteis exceto como animais de carga, suscitou especulações de que as pessoas negras se tornariam obsoletas. Nativos norte-americanos, em contraste, eram transformados de animais em humanos apenas quando os colonizadores queriam suas terras num sistema que tinha como premissa a aquisição e a transação de propriedade. Depois de um período original de acumulação primitiva mediante o extermínio dos "animais selvagens" da terra, os colonizadores se apoderaram das casas daqueles indígenas que permaneciam na terra em transações que eram, na prática, roubo legalizado. Essas transações só podiam ser feitas entre seres humanos, sendo assim, os nativos norte-americanos tinham que ser reinterpretados experimentalmente como "humanos" — uma transformação que, para brancos que se viam como o padrão do que significa ser humano, demandava assimilação.

O projeto de branqueamento dos nativos norte-americanos foi concebido sob o disfarce de "reconhecimento" legal, que era na prática uma forma de falso reconhecimento: para ser vistos legalmente, eles só podiam ser reconhecidos *como brancos* ou ilicitamente nativos. Sua não brancura tinha que desaparecer. Essa é a lógica da integração e assimilação. A integração coloca as pessoas sob jurisdição e controle governamental. A assimilação é sua absorção e apagamento. Na Austrália, no Canadá e nos Estados Unidos, são esses os princípios da ordem anglo-saxã protestante branca. A expectativa é de que todos sejam regulados por esse grupo, e para serem aceitáveis todos devem tentar ser como ele. Isso foi possível para imigrantes europeus que puderam fazer a transição ao parecerem protestantes anglo-saxões. A alvura da sua pele se adequava ao critério de cor. Quanto a grupos que se recusassem a completar essa fórmula com o critério religioso, eles podiam em sua maior parte cumprir os códigos culturais e de cor para alegar branquitude. E além do mais, suas diferenças religiosas suprimidas ou minimizadas apontavam para a Europa, o que nesses países (Austrália, Canadá, Estados Unidos) representava a terra de origem da branquitude — mesmo nos casos em que tinham a pele mais clara, os nativos norte-americanos não dispunham dessa distinção genealógica. O paradoxo, então, é um suposto reconhecimento de condição humana (branquitude) que apagava sua humanidade *enquanto nativos*.

Bebendo nas discussões críticas de reconhecimento de Fanon e nos escritos de Patrick Wolfe sobre o colonialismo dos ocupantes e a eliminação dos nativos, Glen Coulthard aborda várias armadilhas para povos racialmente colonizados em busca de reconhecimento branco.[18] Em sua própria estrutura, esse tipo de reconhecimento punha em cena um poder assimétrico. Para piorar as coisas, argumentam Coulthard e Wolfe, a terra — a motivação por trás da oferta de reconhecimento — era concebida de duas maneiras radicalmente diferentes. Para as populações de colonizadores, a terra significava propriedade; para os povos indígenas e First Nation, significava vida.

Minha família e eu testemunhamos um exemplo concreto dessa distinção durante nossa primeira visita à Austrália, em 2004. Convidado pela filósofa koori* danielle davis, que na época estava lecionando e estudando em Nova Gales do Sul, tivemos a felicidade de ser recebidos por outros membros das várias comunidades indígenas de lá. Conduzindo-nos por Sydney e outras cidades, nossos anfitriões koori nunca deixavam de indicar um ótimo lugar para comer. Também fizemos algumas excursões-padrão, como uma visita às Blue Mountains, guiadas por colonizadores brancos — que sempre faziam questão de nos dizer os preços das casas na região. A propriedade era sua preocupação central, mesmo em plenas encostas daquelas magníficas montanhas. Dado meu interesse em arte antiga, agendamos uma excursão ao Kakadu National Park, no Território do Norte, a sudeste de Darwin. O parque é bem conhecido, entre outras coisas, por suas antigas galerias. Os colonizadores brancos as chamam de "arte de pedra"; o povo yolngu, o povo originário dali, refere-se a elas como "galerias". A viagem de ônibus de Darwin para lá, no início da manhã, foi uma experiência reveladora. Relaxado num assento junto à janelinha, eu contemplava pequenos lagos cada vez que cruzávamos uma ponte. Em cada um deles havia um crocodilo residente. Refleti sobre a história que tínhamos ouvido antes sobre turistas brancos nadando em remansos e braços mortos de rios. Ao chegarmos em Kakadu, fomos informados que era Dia do Piquenique, que é um feriado celebrado pelos colonizadores brancos desde os anos 1800. Eu tinha pagado adiantado por uma excursão, mas não havia guias para nos conduzir

---

* Koori é o povo aborígene australiano que ocupava tradicionalmente os atuais estados de Nova Gales do Sul e Victoria.

pelo parque. Só havia uma opção. O gerente explicou que Kakadu era apenas parte de uma área mais ampla de terra que os povos nativos tinham conquistado de volta por meio de uma série de ações na justiça. A terra reconquistada era mais ou menos do tamanho de uma junção dos estados de Nova Jersey e Nova York. Um dos lados se tornou Kakadu, um parque nacional a ser compartilhado com o mundo; o outro se tornou Arnhem, uma área que nenhum forasteiro podia visitar sem permissão especial, e mesmo assim acompanhado por um guia autóctone. Por sorte, havia um guia yolngu de nome Lionel que estava disposto a nos levar para ver as galerias.

Lionel apareceu numa velha Kombi. Quando saiu da perua, deixou todo mundo sem fôlego. Parecia um Brad Pitt marrom.

Foi Lionel que nos ensinou que sua comunidade se referia às pinturas nas pedras como "galerias". Rodando Arnhem adentro, experimentamos um silêncio como nenhum outro. A vida estava em toda volta, mas, exceto pela vida botânica visível, não se via nem ouvia nada. Tenho uma linda foto de minhas filhas, Jenni e Sula, de dez e cinco anos na época, uma nos braços da outra mirando o horizonte a uma distância segura de um remanso.

Passamos o dia indo de uma galeria a outra. Cada conjunto de pinturas era extraordinário — a vibração das cores, as camadas de pintura por cima de outras pinturas, palimpsestos remontando a dezenas de milhares de anos. As mais antigas revelavam esboços de ancestrais azuis alongados e criaturas há muito extintas, e as posteriores de pássaros, mamíferos e répteis familiares. Depois de um tempo, perguntei a Lionel: "Qual o sentido dessas pinturas?".

"São cardápios", disse ele.

Apesar da vastidão do continente, a viabilidade da vida na Austrália sempre foi precária. Os povos antigos aprenderam rapidamente que era importante saber não apenas o que comer, mas também quando e quanto. Os cardápios eram simultaneamente opções de refeição, história e guias para o gerenciamento ecológico. Isso é uma coisa que levou algum tempo para os colonizadores aprenderem, como relata Robert Hughes em *The Fatal Shore* [A costa fatal], sua história da brutal colonização branca da Austrália.[19]

A revelação iluminou uma permanente preocupação dos vários povos indígenas do país. Embora alguns dos nossos anfitriões koori não falassem sua língua nativa (o awabakal) e muitos nem conhecessem os detalhes do que seus ancestrais tinham inscrito nas galerias, eles mantinham de todo modo uma conexão importante com sua terra e seus ancestrais ao garantir que soubéssemos onde encontrar uma boa refeição. Seu entendimento do território era a interconectividade da vida. A propriedade em si não alimenta ninguém.

Essa compreensão da terra é compartilhada pelos maoris na Nova Zelândia, pelo povo guarani no Brasil, pelo povo luo no Quênia, pelo povo tswana na África do Sul e por muitas comunidades espalhadas pelos Estados Unidos, especialmente pelos wampanoag no sul de Massachusetts e em Rhode Island. A antropóloga e teórica decolonial colombiana Julia Suárez-Krabbe torna clara uma importante consequência dessa observação no contexto dos povos indígenas da Colômbia. A lógica imposta de "negociações" do colonizador é a morte.[20] Para africanos na África, o roubo da terra se deslocou com o tempo para transições negociadas. Os habitantes da terra remanescente foram desapropriados, e sua valia foi convertida em seu valor como mão de obra. A transição de modos de vida não capitalistas para o capitalismo não resultou, porém, numa classe "proletária", mas numa classe trabalhadora racializada: os negros.[21] Em países onde os colonizadores brancos não tiveram êxito em transformar a maior parte da terra em propriedade, a maioria africana nativa enfrenta negociações permanentes. Onde a dominação do colonizador é fato consumado, o resultado é os povos colonizados tornarem-se negros e indígenas. No Norte da África, as várias ondas históricas de assentamentos europeus e oeste-asiáticos desde a Antiguidade, passando pela época dos califados, ensejou o surgimento de dinâmicas semelhantes àquelas da América Latina e do Sul da Ásia, onde cada onda de colonizadores se viu vencida e colonizada por novos colonizadores. Ironicamente, colonizadores colonizados às vezes desenvolvem uma consciência anticolonial que tem como premissa ignorar o fato de que também eles são colonizadores.

O colonialismo impõe assim todos os cinco tipos de invisibilidade a pessoas negras na África e na Austrália. Onde povos africanos foram sequestrados e escravizados, a invisibilidade se concentra mais no trabalho explorado do que na terra. Em âmbito global, a consciência negra se defrontou com as implicações do colonialismo euromoderno global. Sua globalidade prometia a ameaça de um ambicioso mundo antinegro. Esse desafio global levou a consciência negra, enquanto percepção do ódio contra pessoas negras, a encarar a consciência Negra — o tipo de consciência que busca possibilidades por meio das quais tornar-se agentes da história.

Negros do primeiro tipo, ou com consciência negra (inicial minúscula), frequentemente evitam abordar a injustiça dos esforços societais para tornar o mundo todo antinegro. Eles tentam, em vez disso, consertar-se por meio da adaptação. Buscam um lar numa sociedade cuja felicidade é ilusória; estar confortável sob o colonialismo, a escravização e o racismo é o equivalente a ser um escravizado feliz. Para parecer "civilizados", dominam a linguagem daqueles que os dominam. O problema é que o significado de ser "civilizado" também foi colonizado. Em vez de denotar "convivência na cidade", ou a capacidade de viver como cidadão, o sentido de "civilizado" foi convertido pelos euromodernos no mesmo que ser branco. Abraçar a linguagem deles como fonte de reconhecimento tem como preço não ser um padrão de valor; negros são acometidos pela loucura da imitação: "Agora, a história do homem/ Ronca na minha língua".[22] Sem nunca poder ser reconhecidos como o padrão original, eles encaram uma desigualdade intrínseca. Seguem-se então as armadilhas do reconhecimento. Buscar reconhecimento por meio de afetos do coração fracassa quando seu propósito é uma fuga ou escape da negritude. Ser amado como não negro é almejado por alguém que não é negro, ou melhor, que é *antinegro*. Em vez de uma existência celebrada, o que há é uma afirmação de autorrepulsa. Recolher-se para dentro, bem abaixo da pele e da consciência, e ingressar no reino do subconsciente, e mesmo da vida onírica, não oferece escape algum. Voltar-se para fora num movimento de oposição valorizada à branquitude é uma reação, em vez de uma agência de criação. A criatividade deveria transcender a reação a condições brancas.[23]

Um mundo em que não há esperança de normalidade é patológico.[24] Se ser corrompido for a única vida autêntica que aguarda os negros, também estamos perdidos. O que podemos fazer? Dada a futilidade de buscar o reconhecimento branco, a pergunta correta é se esse reconhecimento vale a pena. Como poderia valer, quando sua história é marcada pela degradação? Olhando para si próprio ao encarar essa situação, Fanon pediu para que seu corpo — negro e alquebrado — se reafirmasse como uma pergunta.[25] A consciência é uma manifestação da existência. Ser consciente é resistir, é se diferenciar como não idêntico àquilo de que se tem consciência. Tornar-se uma pergunta é tornar-se uma possibilidade. Essa possibilidade requer olhar para o futuro. Se a pessoa alquebrada pertence ao futuro, ele ou ela terá rompido a melancolia e adentrado uma consciência diferente. Ter uma possibilidade futura transforma o presente. O negro, com essa percepção, torna irrelevante o reconhecimento branco e se transforma em Negro.[26]

A percepção de possibilidade também nos traz de volta aos erros da linguagem. O negro a encara como um veículo dentro do qual ele ou ela pode ser legitimado, ou então como um elemento, tal qual o fogo, a ser roubado. Essa é uma visão distorcida da linguagem como uma coisa que o indivíduo possui, quando ela não é propriamente uma coisa — é uma revelação de realidade mediante participação. Como uma chave, a linguagem abre outras aberturas: aprender uma língua facilita o aprendizado de outra, e novas dimensões são descobertas. Ela pode ser autorreflexiva e crítica, ou gerar uma metalinguagem — uma linguagem sobre a linguagem; pode propiciar um meio de encontrar o novo e o desconhecido. Com o tempo, pode até gerar uma nova linguagem. O Negro que olha para o futuro se relaciona com a linguagem dessa maneira. O futuro não está preordenado; é possível viver, aprender e crescer.

Fanon reconheceu depois que esse Negro é uma aberração do ponto de vista de uma sociedade colonial — um elemento que não se encaixa, a exemplificação da violência.[27] Nos Estados Unidos, existe há muito tempo um debate sobre como os afro-americanos deveriam lutar por justiça social. Muitos brancos entram nesse debate com má-fé, uma vez que na verdade sua preocupação não é com o modo como os afro-americanos protestam, mas se eles deveriam ou não protestar. A indignação que muitos brancos expressaram quanto a jogadores negros de futebol americano ajoelharem durante o hino nacional — num gesto de protesto contra a violência policial e o fracasso das instituições governamentais dos Estados Unidos em sustentar os alegados ideais de proteção igualitária dos quais a bandeira supostamente é um símbolo — foi uma tentativa de evitar a verdadeira questão. Como define o jornalista Steve Chapman: "Existem meios melhores para eles defenderem seu ponto de vista? Talvez existam. Mas não faria muita diferença. Para muitos brancos, o único protesto negro bom é não haver nenhum protesto negro".[28]

Há uma interpretação adicional. Para brancos que assumem a posição de que o acesso é um jogo de soma zero, em que se alguém ganha, alguém tem que perder, qualquer expectativa de igualdade negra significa uma coisa: que eles, brancos, serão substituídos. O desejo de tomar o lugar de colonizadores, para decolonizar a relação colonial, é violência, no que concerne aos colonizadores. Mas substituí-los muda os jogadores, não o jogo. Se este permanecesse trancado na lógica da imitação e da substituição, o resultado seria a colonização continuada com uma face negra ou mestiça. A resposta é algo diferente. A lógica da colonização e do racismo é maniqueísta. Isso significa que ela imagina a separação universal em dois mundos — branco e preto. A interação transforma essa lógica. Ela apresenta contradições, e ao fazer isso dá início a novas relações, que poderíamos chamar de "dialéticas abertas".

A caracterização familiar da dialética, tornada clichê, é de "tese versus antítese com ambas resolvidas numa síntese". Isso é tedioso e linear. Outra maneira de encarar a dialética é por meio de "consciência dupla potencializada".[29] A consciência dupla não é dialética; ela simplesmente conota a consciência do colonizador e o negativo negro. Ao dar-se conta de que não é um problema, mas um ser humano diante de problemas, o negro ou a negra passa a questionar a sociedade, que é feita pelos humanos e, portanto, é mutável. Então, com essa compreensão, o negro se torna o Negro, um agente de mudança social. Essa compreensão nasce da contradição. Perceber que um suposto universal era falso suscita muitas possibilidades a levar em conta. Não é apenas o Negro que pode emergir, mas também muitos outros tipos de pessoas.

Revisitando a condição do negro diante do racismo antinegro, os negros se dão conta de que, num mundo de opções limitadas, as únicas escolhas possíveis dizem respeito a *como* viver com tais limitações. Fechado nessa atenção interior, o foco se afasta do mundo e se volta para o eu. O corpo se torna o foco. Com o tempo, o mundo interior da loucura é o último refúgio.[30] No pior dos casos, qual é o cenário? O negro implode.

Orientada para fora, a tarefa passa a ser a expansão de opções. Quanto mais opções se tem, mais depressa a futilidade de estabelecer metas declina.

Instituições — governos; Estados; outros mecanismos de poder, como economias, educação e instituições culturais — podem mudar. Mas colonização, escravização e racismo não morrem facilmente. Sua vida persistente depende de bloquear cada caminho logo que seja esboçado. Nisso reside a trágica e violenta luta.

Baseando-se na consciência dupla potencializada, James Davis III apresenta sua experiência de encarceramento. Ele reflete sobre o encarceramento como algo que suprimia sua humanidade atrás de um "véu de concreto" numa dinâmica contínua de reconhecimento negado. Para sobreviver, Davis precisou desenvolver uma "nova consciência", que ele descreve como uma "dupla consciência dupla":

Prisioneiros com essa inflexão de dupla consciência dupla não se contentam em ser detentos. Eles desenvolvem uma identidade que lhes permite vicejar sob as condições mais hostis. Passam a reconhecer que a negação da sua humanidade está baseada em estruturas sociais, e assim criticam essas estruturas sociais que impõem à sua autoconsciência uma irrealidade não natural. Eles reconhecem que não são o problema, o problema é a estrutura da sociedade com sua adesão a práticas inumanas, tais como o encarceramento em massa. Esses prisioneiros refutam a identidade de prisioneiros.

[...] Dupla consciência dupla é uma recusa a viver dentro das linhas traçadas pelo racismo institucional e imposto pela lei.[31]

Um jovem estudante de medicina, ativista político e filósofo sul-africano, Steve Bantu Biko, elucidou esse problema na África do Sul do apartheid.[32] Todo Estado ou sociedade baseado na degradação de um povo precisa bloquear os recursos por meio dos quais os indivíduos desse povo possam ameaçar apresentar-se como seres humanos. Movendo uma guerra contra a inclusão dessas pessoas, o Estado ou a sociedade combate também todo aquele que as ajude. Seus objetivos se tornam totais; seu foco passa a ser o controle, e para que este vingue há algo que precisa ser suprimido. Essa atividade perigosa é a política.

Na África do Sul do apartheid, que considerava estar tornando rigorosos os valores racistas do Canadá e dos Estados Unidos, o projeto de supremacia branca demandava uma separação maniqueísta que manifestava todos os cinco tipos de invisibilidade. A mera menção de "Negro" e "consciência" era uma ameaça ao poder do Estado e provocava sua reação frequentemente violenta. Essa resposta deixa claro que a consciência Negra é política.

9.
A consciência negra é política

Nós hoje, de modo geral, pensamos na metrópole euromoderna como o palco da política. Mas a política também era praticada em cidades antigas, que com frequência são imaginadas equivocadamente como desprovidas de povos negros. Os africanos foram por muito tempo considerados rurais na imaginação euromoderna, embora tenham existido cidades na África por muitos milênios antes da sua emergência na Europa. Essas concepções distorcidas poderiam dar a impressão de que a política é uma novidade para pessoas negras.

Hoje, porém, os negros estão inextricavelmente ligados às cidades. Tanto que, apesar do fato de a transformação de africanos em negros sob o colonialismo euromoderno ter ocorrido inicialmente no contexto das grandes plantações e da mineiração, quase um século de migração negra para áreas urbanas fez a expressão "negros rurais" parecer obsoleta e talvez até um oximoro.

As circunstâncias históricas que levaram à urbanização emergiram em tempos antigos por uma série de fatores ligados à cidadania. Cidades-Estados brotaram no Leste da África, no Sudoeste da Ásia, no Sul da Europa e nas Américas do Sul e do Norte há vários milhares de anos.[1] Algumas eram o que os povos falantes de grego chamavam de pólis, nas quais a cultura da cidadania acabou ficando conhecida como *politeia*, ou política. Dentro da pólis a vida era supostamente devotada à prosperidade humana. Manter outros do lado de fora valorizou o espaço limitado e deteve a expansão para o entorno, e essa compressão levou a inovações arquitetônicas mediante as quais as pessoas passaram a viver em moradias de vários andares que são hoje a marca distintiva de muitos ambientes urbanos.

Devemos ter em mente que uma cidade pode ser aberta aos de fora e espalhar-se ao redor. Enquanto práticas de cidadania estiverem em curso, as cidades podem assumir muitas formas físicas, especialmente se os cidadãos se defrontarem com desafios ambientais, como a insuficiência de água e outros problemas causados pelas mudanças climáticas.[2]

Com a urbanização, desenvolveu-se um novo conjunto de normas, resultando na noção de "civilização", que se refere à capacidade de viver de modo civil — de viver nas cidades —, em que "civilizados" tornou-se outro modo de dizer "habitantes da cidade". À medida que o conceito da cidade se associou aos centros urbanos, o urbano passou a representar o civilizado e o cidadão. No entanto, um morador urbano não precisa participar das práticas de cidadania. Na verdade, os centros urbanos foram infestados pela presença simultânea daqueles que praticam a cidadania e daqueles que ou não a praticam ou são impedidos de praticá-la — em resumo, pode haver cidades no interior das quais os indivíduos, em sua maioria, não são cidadãos.

Em alguns casos, a falta de cidadania é voluntária, com os habitantes simplesmente passando ao largo ou optando livremente por ficar fora da vida pública. Os gregos antigos tinham uma palavra depreciativa para pessoas que permaneciam numa pólis, com acesso à cidadania, mas se abstinham da política: "idhiótis". A palavra, cujo cognato em inglês [e em português] é claro, origina-se da palavra "idi", da língua Mdw Ntr, do povo Kmt, e remonta ao Reino Médio (entre aproximadamente 2030 e 1640 a.E.C.), significando "surdo". Isso não era necessariamente um motivo para a exclusão dos surdos naquelas partes do mundo, mas por volta do ano 1000 a.E.C. houve leis hebraicas concedendo aos surdos direitos limitados quanto à propriedade e ao casamento. A suposição, posteriormente esposada pelos antigos povos mediterrâneos falantes do grego, era de que uma deficiência de audição acarretava isolamento e uma capacidade limitada de aprender, embora eles estivessem cientes, como é discutido no *Crátilo* de Platão (422e), da capacidade das pessoas surdas de se comunicar. A conclusão, quando aplicada à pólis, é de que sem a política muitas pessoas seriam reunidas sem nunca ouvir umas às outras — uma sociedade, da perspectiva dos antigos, formada por idiotas.

Tenhamos em mente que esse retrato é proveniente de uma tradição que serviu como fundamento da vida política no que foi a Europa pelo menos até a ascensão do cristianismo. Curiosamente, a história da importância normativa da surdez tem muitas reviravoltas. Por exemplo, a palavra espanhola para "surdo" é "sordo". Suas raízes latinas estão em "sordidus", que significa "sujo, imundo, poluído, vil, desprezível, abjeto", de "sordere", "ser sujo, esfarrapado", que por sua vez está relacionado com "sordes" (sujeira, imundície). Além do espanhol, ela tomou forma em línguas germânicas por meio da pronúncia de "sordo" como "swordo" (preto, sujo), que foi também a fonte da palavra do inglês antigo "sweart", com o significado de "preto". Pense ainda na palavra inglesa "sordid" [sórdido]. Há também "Schwarz" (preto) do alemão contemporâneo. Outras línguas — e, por extensão, culturas — estabeleceram diferentes associações com a surdez e, em consequência disso, mantiveram possibilidades que, em sua maior parte, quase se perderam, como na linguagem havaiana de sinais. Há claramente uma conexão entre a hostilidade à surdez e a antinegritude nas tradições europeias, o que, como sustenta o teórico político Derefe

Kimarley Chevannes, levanta questões de consciência negra surda e consciência surda negra.[3]

Onde quer que as pessoas estejam comprometidas e dispostas a participar de práticas de cidadania — fala e escuta —, mas sejam barradas, ignoradas ou deliberadamente impedidas de fazer isso por elites sociais em sua comunidade, um apelo à proteção igual sob a lei é um recurso possível. O republicanismo — a noção de que cidadãos não devem viver sob regras arbitrárias de um monarca e sim postar-se como iguais perante a lei sob o governo de representantes eleitos — ampara essa visão. Esse igualitarismo indireto do republicanismo suscita a inevitável questão do alcance da lei.

A história da raça em repúblicas, incluindo Austrália, a República Federativa do Brasil, a República da África do Sul (fundada em 1961) e os Estados Unidos, é a história de uma exclusão supostamente legítima de determinadas pessoas pelo sistema sob o argumento de proteger a integridade do sistema, significando que a sua inclusão estava proibida. Esse raciocínio assume a forma da rejeição a qualquer crítica do sistema, a ponto de tratá-lo como um ídolo ou um deus. Deificados, a cidade ou o Estado não podem fazer nada errado; buscar responsabilidade por injustiças e imoralidades requer ou ignorá-los ou culpar outros, inclusive as vítimas. Lembremos da discussão anterior sobre teodiceia. O raciocínio é o mesmo: se o deus é poderoso e bom, o sofrimento humano é para um propósito maior, ou seres humanos individuais devem ser culpados, e não as práticas de adesão aos mandamentos divinos. Tratar dessa maneira um país, Estado ou cidade como um deus é o que chamo de *cividiceia*.*

---

* No original, "cividicy", neologismo que faz um jogo com "theodicy" (teodiceia).

A lógica da cividiceia depende de opostos, o que ocasiona a separação de elementos num sistema coerente em que há os que pertencem ao lado de dentro e há os que não pertencem. Essa lógica é perfeita para Estados racistas com sistemas impostos de apartheid ou segregação, nos quais a polícia e o exército servem como fronteiras físicas entre os grupos de dentro e os paradoxalmente de fora, apesar de todos estarem sob a jurisdição do mesmo governo. Contrários que se opõem são contradições dialéticas: requerem interação, negociação e o atravessamento de zonas. A que lugar, por exemplo, policiais e soldados "pertencem" quando vão para casa? Alguns, como os policiais e soldados negros, também são membros do grupo de fora. Tais agentes do Estado "pertencem" funcionalmente a seus instrumentos de exclusão, mas não às próprias partes da sociedade que eles estão protegendo. Pense na ironia dos policiais e soldados negros fora de serviço parados numa blitz por policiais brancos que os classificam racialmente. A lógica inicial da cidadania, no contexto da pólis, era baseada na negociação de conflitos — que presumivelmente emergiam por diferenças intelectuais e ideológicas — por meio da comunicação. Os policiais e soldados representam o ponto de ruptura da comunicação.

Na história da cidadania, a raça proporciona uma virada peculiar. Os espaços urbanos nos países euromodernos permitem apenas a homens brancos o acesso aos benefícios de uma cidadania completa, uma estrutura que remonta à antiga Atenas, com uma relação similarmente complicada entre os cidadãos e os não cidadãos, historicamente as mulheres e os escravizados, que serviam aos primeiros. Nas sociedades euromodernas, a cidadania foi racializada, o que significa que sua aparência, seja urbana ou rural, tornou-se branca. Dada a densidade populacional de centros urbanos, a possibilidade de violar fronteiras era alta; o policiamento, como meio de restringir a mobilidade de grupos raciais subalternos, ascendeu ao primeiro plano. A discussão frequentemente histérica da imposição da lei tornou-se peculiarmente urbana, e os centros urbanos passaram a ser cada vez mais caracterizados como lugares de "crime". A expectativa era de que indivíduos negros e pardos só deveriam estar presentes onde seu trabalho fosse necessário, sem que precisassem ser "vistos". Simplesmente por existir, eles cometiam uma infração visual.

Cidades euromodernas são divididas em lugares de cidadania (brancos) e de criminalidade (negros, pardos e indígenas colonizados), estabelecendo o cenário para o uso que os primeiros fazem da cidadania *contra a cidadania*. Ironicamente, não cidadãos, tanto residentes permanentes legalizados como imigrantes sem documentação, praticam com frequência atos exemplares de cidadania, enquanto cidadãos legalmente reconhecidos obstruem ativamente a participação política dos imigrantes servindo-se da imposição da lei e da suposta ordem.

Pense na cidade de Nova York, um centro historicamente vibrante de atividade política, abundante de instituições voltadas para a sociedade civil como expressão de possibilidades e de fiscalização dos órgãos de governo. Ela sofreu um declínio da cidadania em pelo menos dois momentos. A primeira foi o êxodo dos brancos a partir dos anos 1950. A segunda foi a campanha draconiana do prefeito Rudolph Giuliani, de 1994 a 2001, pelo que é chamado de "lei e ordem". Pelo fato de as ideias de cidadania e branquitude serem na prática uma coisa só, isso fez com que a cidadania (aquelas pessoas com capital racial e econômico) migrasse para os subúrbios, condomínios afastados e áreas rurais. As populações remanescentes, formadas em grande parte por pessoas de cor lutando por democracia, passaram a sofrer investidas da violência estatal, que prosseguem na terceira década do século XXI. Embora centros urbanos como Atlanta, Baltimore, Boston, Chicago, Los Angeles,

Minneapolis, Nova York, San Francisco e St. Louis ainda sejam chamados de "cidades", eles têm sido marcados por um declínio e às vezes por uma carência de cidadania por força da subordinação da cidadania às demandas da assim chamada lei — onde o *controle* subordina a visibilidade política numa erosão contínua das liberdades civis, como por exemplo na orientação de parar-para-revistar, que em geral tem como alvo pessoas negras. Centros urbanos por todo o planeta defrontam-se com tendências semelhantes.

Dominadas pelo controle legal e não pela cidadania, as funções sociológicas e políticas desses centros urbanos mudaram de direção. Nos anos posteriores à década de 1990, os supramencionados centros urbanos — Atlanta, Baltimore, Chicago, Nova York, San Francisco e outros erroneamente rotulados de "cidades" — tornaram-se lugares urbanos de entretenimento para brancos dos bairros nobres afastados. Jovens brancos, armados de capital, divertem-se em tais lugares até decidir constituir famílias, altura em que muitos levam seu capital branco para outros locais. Como a Disneylândia ou o Disney World, muitos centros urbanos são lugares gerenciados para o consumo, e não para a produção.

A pessoa pode desfrutar o Disney World como consumidor porque ele é, reparando bem, um Estado totalitário. Organizado inteiramente para a gestão do consumo e do prazer, monitora em detalhes os movimentos de seus clientes e funcionários; é um arauto do que o fetiche da privatização propõe: o controle nas mãos da administração empresarial. Assim como há tanta violência de Estado oculta à plena vista nos centros urbanos de hoje, há muita coisa que permanece invisível em tais parques temáticos, como por exemplo o tratamento real dispensado a seus trabalhadores.[4]

O que isso significa é que a criminalidade pertence quase exclusivamente a interrupções do consumo ou da fantasia sancionados pelo Estado. Na prática, significa que muitos centros urbanos, crescentemente esvaziados de eficácia e participação política, já não são mais cidades.

Cidades de verdade são políticas. Como podem continuar a sê-lo, porém, quando atividades avessas à cidadania levam a melhor? Para começar, o esvaziamento da cidadania, na qual as pessoas tomam para si a responsabilidade pelo modo como o poder funciona na sociedade, marca o declínio das cidades como locais de política.

A política não pode existir sem discurso e poder — ou, mais especificamente, o poder do discurso. É através da comunicação desse tipo que se constroem as instituições. No entanto, um traço bizarro das conversas políticas atuais é uma tendência a refletir sobre questões políticas em termos moralistas. A pressuposição é de que, se as pessoas se tornassem mais morais, a organização da sociedade seria "justa". A ordem toma o centro do palco em detrimento da cidadania. Uma possível sociedade bem-ordenada poderia ser facilmente frustrada por formas de *cividiceia*, em que a "justiça" depende da proteção à integridade de um sistema contra aqueles que poderiam manchá-lo — não inimigos externos, infelizmente, mas grupos subalternos dentro da sua jurisdição. A violência de Estado desfechada nos Estados Unidos contra manifestantes pacíficos durante a primavera de 2020 — incluindo aqueles atacados por forças armadas federais para que o ex-presidente Trump pudesse posar segurando uma Bíblia diante da igreja episcopal St. John, bem em frente à Casa Branca — revela um ambiente em que dissidentes são os inimigos internos.[5] Os esforços antidemocráticos incluíam até mesmo planos para usar um "raio de calor" contra manifestantes.[6]

O apelo moralista também deixa de abordar preocupações cruciais sobre a mudança social, a meta daqueles que não têm figurado como cidadãos, como agentes, como membros legítimos da sociedade e gostariam de figurar. Eles querem uma transformação social, o que os coloca em desacordo com um sistema que se considera intrinsecamente justo, marcando-os como injustos. A aparição deles é ilícita; eles são uma violação.

Outro problema com o modelo moral dos critérios de admissão à cidadania é que ele faria sentido se as pessoas de fato pudessem, individualmente, colocar em prática o que é certo. Mas os seres humanos não são divinos e onipotentes; somos falíveis e fisicamente limitados; devemos encontrar modos alternativos de edificar a sociedade e viver juntos. Fazer isso requer conferir poder à comunidade: precisamos promover o fortalecimento da comunidade como meio de viver e florescer.

"Poder" é uma palavra frequentemente usada e raras vezes definida; por conta disso torna-se uma fonte de mistificação e desconfiança. Ela significa a capacidade de fazer alguma coisa acontecer, com acesso aos meios para implementá-la. As narrativas eurocêntricas costumam apontar para a palavra latina "potis", da qual veio a palavra "potente", como em "um deus onipotente", e essa significação divina fornece uma pista. Se remontarmos ao Reino Médio do Kmt ou ao antigo Egito, encontraremos a palavra "pHty", que se referia a força divina, ou a força dos faraós e outras autoridades elevadas. Retrocedendo mais ainda até o Reino Antigo (2680-2134 a.E.C.), encontramos a palavra "HqAw" ou "heka", que ativa o "ka" (às vezes traduzido como "força vital", "alma", "espírito", "útero" ou "mágica") que acende a realidade.[7] O deus sol Ra é ilustrativo aqui, uma vez que elementos desse rei fluem através de outros deuses e de toda a realidade, como um raio de luz ou radiação. O *pHty* só é alcançado por meio de *HqAw*, o que representa uma inequívoca afirmação do poder como a habilidade com os meios de fazer coisas acontecerem. Hoje também usamos em inglês o termo "power" [em português, neste caso, "força"] para nos referir à eletricidade. A associação de eletricidade com poder é o motivo pelo qual às vezes nos referimos a oradores carismáticos como "eletrizantes". Tais pessoas são incitantes. Elas nos fazem realizar coisas. Fazem as coisas acontecerem.

Agora podemos contar dessa maneira a história do discurso e do poder e suas relações com a política. Nossas capacidades e instrumentos iniciais são nossos corpos. Onde nosso alcance físico é nosso único instrumento, nosso impacto no mundo se limita à força material. Tocamos e movemos as coisas diretamente. Nós, seres humanos, temos o dom da linguagem, podemos expandir nosso impacto no mundo não apenas tocando uns aos outros, mas também criando novos tipos de significados e de coisas. É alquímico. É uma chave para fazer existir o que não havia antes. Acrescente nossas tecnologias da comunicação e hoje criamos novas formas de vida enquanto mandamos sondas ao espaço sideral na esperança de encontrar outras.

Nossa capacidade de afetar uns aos outros constrói o mundo social, enriquecendo-o de criatividade e sentido. Também traz consigo responsabilidades que precisam de negociação constante. A cultura, que Sigmund Freud chama sagazmente de "deus protético", significa uma enorme expansão de possibilidades humanas.[8] Podemos não ser deuses, mas o mundo social dos significados sociais nos capacitou a assumir as responsabilidades outrora julgadas divinas. Temos meios de controlar nosso ambiente e preservar ou fomentar nossa saúde, e instituímos normas e regulamentos para mitigar nossos conflitos uns com os outros. Para ajudar nisso, construímos instituições como tribunais, governos, hospitais, mercados, escolas, templos e sindicatos, nos quais renunciamos a uma parcela do nosso poder em prol de benefícios ampliados de outros. Expandir as competências dos que necessitam é "empoderamento". Mas nas situações em que as competências são acumuladas por uns poucos, o poder dos outros é decepado, a ponto de trancá-los no interior de seus corpos. Empurrados para dentro de si, eles sufocam, ou pior, implodem. Isso é opressão.

Em sociedades racistas, o Estado se empenha em "desempoderar". Restringir o poder de certos grupos a seu corpo físico requer neutralizar suas capacidades de expressão, particularmente de fala. Essas pessoas cessam de afetar o mundo social; são sons não ouvidos. O racismo antinegro, por exemplo, é avesso ao encontro entre negros e poder. Para impedir esse encontro, a sociedade racista precisa juntar forças contra a fala, o poder, a imaginação e a política. É por isso que todas as sociedades racistas acabam por se tornar antipolíticas, anti-intelectuais e sem imaginação. Não é acidental que a luta contra o racismo não seja simplesmente moral (sobre como deveríamos tratar uns aos outros), mas também política (sobre a expansão da liberdade e das capacidades). Uma vez que envolve comunicação e outros tipos de interação, a vida política aponta para fora do indivíduo. Sociedades antipolíticas buscam a ruptura de relações num esforço de empurrar ao menos certos grupos para dentro da prisão das não relações ou da desconexão, o que os força a se interiorizar.

Onde a atividade política floresce, também florescem a cidadania e as instituições democráticas. Há grupos ativistas numa variedade de centros urbanos planeta afora trabalhando no rejuvenescimento da democracia para além da lógica da exclusão racial. Os efeitos de seu trabalho árduo foram testemunhados nas populações multirraciais que tomaram as ruas na luta contra a violência policial e nas batalhas pela democracia no que também é conhecido como "a primavera americana" de 2020.[9] Do Brasil à Colômbia, da Holanda ao Reino Unido, ocorreram protestos semelhantes contra a violência policial. A cidadania envolve prática e luta democráticas constantes.

Áreas rurais, que não apenas são capazes, mas exercem cada vez mais a cidadania, ficam politicamente limitadas quando se tornam ultrarrurais — isto é, lugares tão remotos, com tão poucas pessoas que há escassa sociabilidade exceto em comunicação direta com o eu. Nos Estados Unidos, tem havido estratégias para fazer as pessoas nessas áreas terem maior influência sobre os resultados eleitorais do que em áreas densamente povoadas. O resultado da eleição presidencial de 2016 expressou uma ampliação da guerra contra a cidadania. Pessoas que rejeitavam a necessidade de viver com outras ajudaram os ultrarricos e os corruptos a colocar no poder candidatos com um conjunto de diretivas contrárias à maior parte do país. Em 2020, os resultados eram basicamente o saqueio dos cofres públicos no interesse dos ricos, a interrupção e em muitos casos a destruição dos serviços públicos que poderiam ter salvado muitas vidas quando o novo coronavírus atingiu os Estados Unidos, a invocação de Estados policiais e do militarismo, o crescimento exponencial da dívida pelas próximas gerações e um ataque frontal à democracia na insurreição de janeiro de 2021 no Capitólio dos Estados Unidos, seguido por um esforço sistemático de privar do direito de voto particularmente eleitores negros país afora.

As ondas de protestos globais desde 2017 assinalaram uma nova expansão da luta por cidadania.[10] Os protestos públicos de trabalhadores anônimos, de refugiados e de populações negras e pardas vistas como alvos em particular também indicam um traço da verdadeira cidadania que emerge em face da adversidade: a coragem. Os defensores atuais da cidadania poderiam aprender um bocado com o calvário daqueles que sofreram e ainda sofrem de uma invisibilidade imposta e veem negado o direito a afirmar sua humanidade e seu potencial como cidadãos. Eles estão lutando pelas opções mediante as quais as pessoas podem fazer escolhas importantes e estabelecer metas para orientar suas vidas.[11] Tais esforços sempre se deparam com possibilidades de tornarem-se trágicos, porque, embora seu êxito beneficie a todos, devemos lembrar que seus fracassos também são compartilhados.[12] Examinando esse problema da responsabilidade e do risco político nos Estados Unidos, o famoso metalúrgico-convertido-em-intelecutal-revolucionário negro James Boggs o expôs deste modo:

> Qual é a maior necessidade humana dos indivíduos nos Estados Unidos hoje? É parar de se esquivar da responsabilidade e passar a assumir a responsabilidade. Quando norte-americanos começarem a passar de uma atitude à outra, começarão a trilhar a estrada revolucionária. Mas para fazer isso eles precisam usar na política o mesmo tanto de imaginação criativa que usam na produção. O fato é que quanto mais imaginativos os americanos têm sido ao criar novas técnicas de produção, menos imaginativos têm sido ao criar novas relações entre as pessoas.[13]

Responsabilidade política infelizmente é confundida muitas vezes com responsabilidade moral. Em seu livro *Die Schuldfrage* [A questão da culpa], de 1947, o filósofo e psiquiatra alemão Karl Jaspers apresentou uma percepção sagaz da responsabilidade política em circunstâncias de ataques profundos ao espírito humano.[14] A palavra "Schuld" (culpa, responsabilidade) está relacionada à palavra "Schule" (escola), implicando a ideia de que uma pessoa deveria aprender alguma coisa numa situação de culpa ou responsabilidade. A culpa sem aprendizado é inútil e até patológica. O título do livro de Jasper foi traduzido em inglês, porém, como *The Question of German Guilt* [A questão da culpa alemã].[15] Sem dúvida a posição da Alemanha como país derrotado e aberração mundial ao final da Segunda Guerra Mundial foi a razão para traduzir a "Culpa" geral como culpa específica alemã, uma vez que aqueles que lutaram contra a Alemanha queriam particularizá-la em vez de abordar sua responsabilidade compartilhada pelo imperialismo e o racismo que tinham promovido a guerra. Os Estados Unidos, em especial, continuam a evitar o fato de que seu tratamento iníquo a povos indígenas e negros, amparado por racionalizações de muitos de seus eminentes cientistas, inspirou os nazistas.[16] Jaspers, embora interpelasse primeiramente seus compatriotas alemães, estava falando a cada país e a cada pessoa do mundo.

Jasper delineou quatro espécies de culpa, cada uma com suas próprias responsabilidades associadas. A primeira, metafísica, refere-se à relação de um indivíduo com D--s ou com a existência por todo o universo ou pluriverso. Aqui a pessoa está sozinha diante do julgamento do onisciente. Essa forma de culpa e responsabilidade talvez não encontrasse eco em ateus ou pessoas que rejeitam a ideia de uma realidade espiritual; mas eles podem ponderar a questão existencial de saber se viveram uma vida com sentido. O ponto crucial é que essa falta de crença espiritual não absolve ninguém de responsabilidade. Mesmo o ateu enfrenta a questão de ter fé ou assumir a responsabilidade pela própria ideia de responsabilidade; afinal, se não há D--s algum do qual emane a responsabilidade, o ônus é deixado para todos nós.

A segunda, a responsabilidade moral, refere-se a nosso caráter e nossa relação com as regras e costumes da sociedade. A preocupação principal se resume à pergunta: "Fiz a coisa certa?". A moralidade diz respeito às regras; a ética, ao caráter, o que também suscita a pergunta: "Sou uma boa pessoa?".

A terceira, a responsabilidade legal, é questão de saber se o indivíduo obedeceu ou violou regras legisladas por autoridades competentes. No que são conhecidos como delitos *mala prohibita* (errados por serem proibidos), as intenções não precisam ter importância. Contrastam com *mala en se* (males em si), que são proibidos mesmo que nenhum governo ou sistema legal assim os declare.

A última forma de culpa e responsabilidade, a política, é de interesse primordial aqui. É a responsabilidade, carregada por todo membro de uma sociedade, pelas ações de seu governo. Essa forma de responsabilidade suscita a questão: se um governo cair por conta de suas ações, seu povo merecerá misericórdia? Jaspers aconselha os governos a lembrar que, se eles fracassarem, será seu povo, serão seus cidadãos que serão obrigados a pagar suas dívidas, e em alguns casos até merecer uma sentença de morte por sua própria conduta.

Em resposta a Jaspers, a filósofa feminista Iris Marion Young argumenta que a responsabilidade política requer mais do que agir para merecer um tratamento misericordioso.[17] Não basta, para os que estão no poder, evitar o cometimento de malfeitos; é também importante que eles façam o bem ou tornem o mundo melhor. Isso demanda ir além do que ela chama de "modelo de responsabilidade como obrigação". Ela propõe os seguintes critérios para a responsabilidade política:

(1) Diferentemente da responsabilidade como obrigação, a responsabilidade política não isola alguns partidos políticos responsáveis de modo a absolver outros. (2) Enquanto a culpa ou a obrigação busca remédio para um desvio diante de uma norma aceitável, geralmente por um evento que chegou a um término, com a responsabilidade política estamos enfrentando causas estruturais de injustiça que são normais e contínuas. (3) A responsabilidade política olha mais para a frente do que para trás. (4) Assumir ou atribuir responsabilidade política tem um significado mais aberto e discricionário do que o de julgar um agente culpável ou responsável. (5) Um agente compartilha responsabilidade política com outros cujas ações contribuem para os processos estruturais que produzem injustiça.[18]

Se Young concorda com Jaspers que a responsabilidade política cabe a todos numa sociedade, sua referência aos "processos estruturais que produzem injustiça" é um outro modo de se referir a instituições de poder. Implícita em ser capaz de produzir injustiça está também a capacidade de produzir uma sociedade mais justa; é também por isso que ela diz que a responsabilidade política olha para a frente, o que envolve "participação em processos que produzem injustiça estrutural, [os quais] só podem ser eliminados se aqueles que compartilham essa responsabilidade organizarem ação coletiva para transformar os processos".[19] A responsabilidade política é compartilhada por todos os membros de uma sociedade.

O racismo, como um sistema de degradação institucional, diz respeito à responsabilidade política. O senso de culpa política de um número enorme de brancos cria uma crise, uma vez que o narcisismo deles produz uma responsabilidade individual (moral) imaginada, o que transforma a questão da luta contra o racismo num tópico que gira todo em torno deles.

No segundo e no último de seus relatos autobiográficos, Frederick Douglass observou uma culpa metafísica em ação no medo patológico que escravocratas brancos[20] sentiam de cemitérios. Dada a promessa cristã de vida após a morte para os honrados, pessoas escravizadas estavam frequentemente mais dispostas a encontrar seu criador. Essa promessa infelizmente era também a base para a crueldade dos proprietários e feitores de escravizados. Perversamente, muitos tentaram despojar os escravizados de sua honradez na esperança de afirmar seu próprio direito à salvação. Outros precisavam que D--s não existisse, o que significava, para eles, poder ser obscenamente cruéis sem punição metafísica. Além do sadismo narrado por Douglass, muitos pesquisadores têm fornecido relatos de atos que abarcam desde esquartejar indivíduos escravizados em navios negreiros e alimentar à força a "carga" com os restos das vítimas, até o desenvolvimento de instrumentos bizarros de tortura, tais como pendurar pessoas por um gancho preso nas costelas, encher seus orifícios de pólvora e em seguida atear fogo, bem como desmembrar mulheres e homens escravizados de todas as idades e usar tecnologias de violência sexual contra eles.[21]

A culpa moral com frequência leva a uma obsessão por ser uma pessoa individualmente boa ou moral, o que exime de abordar as circunstâncias criadas pelo racismo. O foco moral às vezes se refugia depressa no moralismo, no qual a culpa é a preocupação primordial. A catarse é obtida encarando o eu como moral, enquanto a opressão — as estruturas sistemáticas de desumanização — permanece. Então, a culpa legal tem a ver com a possível violação de leis. Onde o racismo é ilegal, a discriminação precisa ser penalizada; a culpa pode ser atribuída sem ser vivenciada. Uma pessoa pode ser considerada legalmente culpada por uma ação que não considera imoral.

A culpa política é diferente. Não é que sejam irrelevantes as relações do indivíduo com os deuses, a moralidade, a virtude pessoal e a lei, mas o que importa de fato é que todos, inclusive aqueles que não fizeram diretamente mal algum, são responsáveis. Os brancos que tentam negar a responsabilidade pessoal por sua sociedade racista deixam de perceber que os negros e outros não brancos oprimidos também, ironicamente, carregam responsabilidade política. Essa questão da responsabilidade política põe em xeque dois séculos de falácias a respeito da ação política por transformação social.

A primeira delas é a de que, em algum lugar, há um grupo de pessoas que detêm *as coisas certas*. Encontre essas pessoas, imite-as, e tudo o que é certo se realizará. A insensatez dessa ideia é que tais pessoas não seriam humanas se a retidão de suas ações dependesse de quem ou do que elas são, e não do que elas fazem ou fizeram. Se suas ações e valores são fontes de ensinamento, o restante de nós deveria perguntar sobre a sua eficácia para o restante de nós. Se a ideia é de que há algo especial nessas pessoas só pelo fato de serem quem são, sem um exame de suas práticas, estaremos diante de problemas de exoticização e fetichização em que tais pessoas são intrinsecamente boas ou perfeitas. O investimento nelas seria um exemplo do espírito de seriedade. Concentrar o foco nas ações a serem feitas seria uma estratégia melhor.

A segunda falácia busca legitimidade nas massas, na suposição de que uma multidão grande o bastante pode dar um jeito em qualquer coisa. O filósofo e político espanhol José Ortega y Gasset forneceu uma contribuição a essa noção quando alertou contra o que chamava de "homem-massa" e o quase metafísico e hiperdemocrático "massismo" da época.[22] O homem-massa é o inimigo do saber, do talento, da expertise, da pertinência — na verdade, ele ou ela é o inimigo de qualquer coisa que possa distinguir um indivíduo de modo a torná-lo uma "minoria" ou alguém diferente dos demais. Uma sociedade saudável aprecia esses talentos e contribuições distinguidores. Uma grande massa encarna força, mas raramente inteligência. A classe trabalhadora não é uma massa, porque enquanto classe ela se distingue pelo trabalho que oferece, o que requer um amplo espectro de experiências e habilidades. Uma sociedade doentia encara indivíduos talentosos ou destacados com ressentimento, inveja e desdém. Segue-se a arrogância, em que aqueles com uma mentalidade de massa presumem que podem fazer qualquer coisa sem o talento e o tempo necessários para sua consecução, ou pelo menos sem o desenvolvimento da competência. Em sua visão, eles *têm o direito a tudo* sem prestar contas. Confundem identificação com a massa com imunidade, e força com crueldade. O direito a tudo, que envolve também fazer tudo o que se quer, requer extremos. Uma vez que é impossível ter tudo, essa mentalidade cultiva ressentimento por essa impossibilidade.

Grande parte da retórica da "alt-right"* e de muitos dos acólitos do ex-presidente do Brasil Jair Bolsonaro, do presidente da Turquia Recep Erdoğan, do primeiro-ministro da Índia Narendra Modi e do ex-presidente dos Estados Unidos Donald Trump é marcada pelo ressentimento. Para aqueles que encarnam essa mentalidade, a maior afronta é alguém ser mais capaz que eles. A presunçosa preguiça intelectual desses líderes é o que os torna atraentes a seus seguidores. A segunda maior afronta é alguém ser diferente deles. O que se perde na ascensão do homem-massa — testemunhada no século XX na chegada ao poder dos fascistas Franco (Espanha), Hitler (Alemanha) e Mussolini (Itália) — é o que se exige da tarefa de governar: a habilidade de estabelecer regras e padrões de convivência, o que frequentemente significa elevar os padrões do potencial humano, em vez de rebaixá-los.

O que atormenta a existência das pessoas-massa é uma falta de legitimidade. O fracasso em alcançá-la as leva a mover uma guerra contra a clareza, as evidências, os fatos, a imparcialidade, a inteligência, a capacidade de persuasão e a verdade, em favor da pura vontade. Essa aversão impulsiona sua descida ao fascismo. Incapazes de construir novas e criativas ideias e regras para o futuro, pessoas-massa apelam a um passado fictício e seletivamente glorioso que, segundo garantem, distingue-as como a culminação da história. O fascismo oferece a mentira da permanência e a falsa promessa de vida eterna.

---

* "Alt-right": forma abreviada de "alternative right" (direita alternativa), vertente de extrema direita surgida no século XXI nos Estados Unidos e na Europa que rejeita o conservadorismo clássico e procura difundir, sobretudo pelas redes sociais e aplicativos de mensagens, suas ideias essencialmente supremacistas, machistas e xenofóbicas.

O filósofo e político italiano Antonio Gramsci compreendeu a importância de cultivar legitimidade por meio de ações conectadas com os interesses e o desenvolvimento de uma comunidade relevante. Ele chama de "intelectuais orgânicos" os líderes que fazem isso. São intelectuais não necessariamente nascidos com a identidade de um grupo ou comunidade, mas sim aqueles que, por seus compromissos e ações, identificam-se como seus membros. Intelectuais orgânicos podem, desse modo, provir de outras comunidades porque seu programa alternativo pode estar alinhado e organicamente ligado às metas daquela a que aderiram. Intelectuais orgânicos podem também, na linguagem atual, ser chamados de "transintelectuais", no sentido de ter nascido num mundo mas estar organicamente ligados como membros de outro. Pense num indivíduo que nasceu rico, mas cujas ações e compromissos o tornam um intelectual de esquerda da classe trabalhadora.

Fanon fez um raciocínio semelhante em sua análise crítica dos líderes negros cujos talentos, organicamente ligados à luta pela descolonização ou pela independência nacional, talvez não sejam os mais adequados à tarefa de construir seu país. Eles podiam estar ligados organicamente apenas à luta contra o colonialismo, o que significa que sua legitimidade deriva da resistência à agressão colonial continuada. O problema é que o sistema de governança e as bases de legitimidade que eles constroem podem não estar ligados organicamente aos rumos que seu país precisa tomar. O colonialismo pode chegar ao fim em termos legais, mas continuar, ironicamente, por intermédio das avenidas políticas e sociais usadas para erradicá-lo. Há formas de luta antirracista que resultam num racismo mais eficiente, uma vez que seus perpetradores pertencem ao grupo que eles supostamente estariam libertando — por exemplo, perpetradores negros e perpetradores de racismo antinegro.

Enquanto a consciência negra pode estar vinculada ao papel atribuído à pessoa negra numa sociedade antinegra, a consciência Negra está organicamente ligada ao que os negros e todas as pessoas precisam em última instância: a transformação da sociedade que produz o racismo antinegro e outros tipos de desumanização em alguma coisa melhor. A consciência Negra está vinculada à construção de um mundo futuro melhor. Essa é a busca pela libertação.[23] Uma vez que a libertação requer uma mudança radical de sociedade, poderíamos também chamá-la de revolução.

A consciência Negra é política por causa de sua relação orgânica com a luta contra forças sociais de desempoderamento. A consciência Negra requer, portanto, aquele conceito tão amedrontador para muitos brancos e outros grupos antinegros em sociedades antinegras: *poder Negro*.

O que é o poder Negro senão a rejeição do autoritarismo em favor da legitimidade nascida da demanda por libertação, por uma vida com dignidade e liberdade? Há uma distinção entre ser autoritário e ser autorizado. Ambos têm como premissa a legitimidade. Uma autoridade sem legitimidade é frequentemente deixada só com a força e assim se torna autoritária; uma autoridade com legitimidade não precisa da força porque é autorizada. O poder Negro demanda não apenas a capacidade de fazer as coisas acontecerem — no caso, a libertação em face da força aviltante da opressão —, mas também o desenvolvimento da legitimidade, da argumentação, da liberdade, da dignidade, do reconhecimento, do mérito.

O racismo é a canalização de mecanismos institucionais de poder em prol do enfraquecimento de grupos visados de pessoas; sua eficácia depende da junção entre recursos estatais e culturais. Pessoas trazem legitimidade às aspirações formais de sua sociedade. Quando um número suficiente de pessoas se opõe a mecanismos sociais formais problemáticos e cria mecanismos alternativos, outras com obstinado apego individual ao passado tornam-se irrelevantes. Como sua relevância depende de uma sociedade casada com o racismo, o empoderamento daqueles que elas gostariam de excluir soa como sentença de morte do sistema racista. E uma vez que sistemas podem ser construídos e sustentados apenas por pessoas, o empoderamento Negro deveria ser a meta de todas aquelas comprometidas com a erradicação do racismo antinegro e de outras espécies de degradação do que significa ser humano.

O medo da própria irrelevância está entre os motivos de haver pessoas brancas que precisam que pessoas negras "precisem" delas.[24] De modo semelhante, não faltam indivíduos negros que apelam a essa fantasia narcisista. Eles tendem a ser negros a quem os brancos racistas, dos liberais aos conservadores, chamam com condescendência de "inteligentes". Abordando o velho debate sobre se os negros devem buscar aliados entre brancos liberais ou marxistas, James Boggs ofereceu esta reflexão em sua crítica ao texto indubitavelmente "inteligente" de Louis Lomax *The Negro Revolt* [A revolta negra] em 1963:

> Lomax termina seu livro dando razões pelas quais os negros deveriam aderir aos liberais. Por trás de seu raciocínio está a suposição de que os negros querem exatamente o que têm os brancos. Lomax nunca enfrenta a verdade por trás do ditado comum entre negros de que tudo o que o branco tem é sua "brancura". Essa "brancura" é exatamente o que o negro despreza [...] porque não é outra coisa senão superioridade racial. [...] Quando um negro diz que os brancos têm melhores oportunidades [...], o que ele quer dizer é que deseja *um sistema de igualdade*. [...] Sob essas condições, o que os brancos têm agora não existirá mais.[25]

A resenha de Boggs se intitula "Liberalismo, marxismo e poder político negro". Como o título revela, não é apenas o liberal branco que sofre da necessidade de ser necessário. Ele identifica esse perigo no tocante a muitos marxistas que romantizam a classe trabalhadora, que invariavelmente significa a classe trabalhadora *branca*, apesar do número desproporcional de pessoas negras, pardas e indígenas que pertencem a essa classe ou estão entre os desempregados e extremamente pobres.[26] Sua crítica é brutal:

> Teoricamente, os marxistas são piores que os liberais. Os marxistas reconhecem que uma revolução está envolvida na luta do negro, mas ainda assim eles querem que os negros dependam de o trabalhador branco estar junto com eles. O trabalhador negro que trabalha na oficina sabe que, se for depender do trabalhador branco, não chegará a lugar nenhum. O trabalhador branco médio não se junta a nenhuma organização liberal ou radical. Se ele adere a alguma coisa, é a organizações racistas, como as associações de melhoramento residencial (leia-se: manter os negros afastados), a Klu Klux Klan e o Conselho de Cidadãos Brancos.[27]

Boggs critica a incapacidade de ver como a raça e a classe podem assumir formas distintas quando se compara um trabalhador branco e um trabalhador negro:

> Quando o negro luta, ele não luta "em última análise" — isto é, não de acordo com os padrões de pensamento dos marxistas — mas *em realidade*. Seu inimigo são pessoas, e as pessoas são brancos norte-americanos de todas as classes, incluindo trabalhadores.

O racismo antinegro não existe num vácuo. É um elo numa cadeia de variedades de racismo. O racismo é avesso não apenas à igualdade, mas também à forma de pertencimento que é uma conexão com o futuro. O que a luta contra o racismo poderia ser, senão uma busca por uma sociedade igualitária fundamentada na abertura de possibilidades humanas?

Livrar-se da supremacia branca não acarreta a erradicação do racismo. Enquanto a supremacia branca é a tese de que os brancos precisam ser superiores e dispor de *tudo* — até da personificação legítima da opressão e da vitimização num mundo onde o que constitui os sujeitos políticos é o fato de terem sido oprimidos —, o racismo antinegro é a convicção de que os negros não devem dispor de coisa alguma. Rejeitar ambos envolve compreender que todas as pessoas merecem alguma coisa e que uma mentalidade de tudo-ou-nada apresenta um falso dilema.

O medo da consciência Negra faz sentido, então, numa sociedade em que supremacistas brancos e racistas antinegros desejam ver sem ver a desagradável verdade do que eles têm produzido e o sistema de injustiça do qual dependem — a saber, a degradação humana e o impedimento da amplitude do potencial humano. Dignidade, liberdade e respeito, com acesso às condições de viver plenamente, são vitais para uma sociedade saudável. Se todo e qualquer indivíduo deve ter alguma coisa, o acesso igual às condições de viver vidas plenas de dignidade, liberdade e respeito é algo importante a se obter.

10.
Consciência negra em Wakanda

Jack Kirby e Stan Lee, a legendária dupla criativa por trás da Marvel Comics, criaram o super-herói Pantera Negra em 1966. O personagem apareceu em *O quarteto fantástico* n° 52. O Pantera Negra — T'Challa — é rei de Wakanda, um país africano fictício.

Kirby, nascido Jacob Kurtzberg, era o escritor-artista; Lee, nascido Stanley Lieber, era o escritor-empresário. Menciono os nomes de batismo desses dois gigantes da história dos quadrinhos para indicar o que muitos leitores já sabem: esses dois sujeitos de Nova York eram judeus de ascendência europeia. O que deve significar esse aspecto da origem do Pantera Negra para supremacistas brancos, que em sua maioria odeiam judeus? Suas alegações de conspirações de judeus com negros para destronar a raça branca devem estar em suas mentes.[1] O questionamento da Marvel à supremacia branca, embora nunca perfeito, continua até o presente. Assim como *Homem-Aranha no Aranhaverso*, de 2018, que apresenta um Homem-Aranha afro-latino, e *Vingadores: Ultimato*, de 2019, em que o super-soldado branco Steve Rogers passa o escudo de Capitão América ao afro-americano Sam Wilson, também conhecido como Falcon, o filme de 2018 *Pantera Negra*, baseado no quadrinho original, lança uma ameaça ativa à supremacia branca na arena da cultura popular.

O fato de o Pantera Negra ter sido criado por escritores judeus sugere que uma leitura judaica do personagem não seria fora de propósito. O país fictício de Wakanda está localizado no Leste da África, entre o Leste de Uganda e o Oeste do Quênia; fica perto do "território judeu" proposto por Theodor Herzl no VI Congresso Sionista, em Basileia, na Suíça, em 1903. A proposta foi derrubada pelos britânicos como impraticável no VII Congresso Sionista, dois anos depois. A Declaração de Balfour de 1917 anunciou o apoio do governo britânico à Palestina como local para a instalação da pátria e do Estado judeus.

O Pantera Negra poderia ser interpretado como uma figura messiânica oriunda de uma linhagem santa. Há símbolos judeus por todo o país fictício do personagem; perto do final do filme de 2018, muitos judeus talvez tenham notado um garoto soprando um shofar — um instrumento feito de chifre de carneiro — quando começa uma nova era. Judeus soam o shofar no Rosh Hashaná, o início do Ano-Novo judaico.

Seria um erro interpretar esses elementos judaicos como projeções de uma África imaginada. Embora Lee e Kirby possam ser entendidos como brancos hoje em dia, eles nasceram num tempo no qual em quase toda parte não seria esse o caso (daí a anglicização de seus sobrenomes). Além disso, qualquer pessoa que conheça a história e as culturas africanas pode facilmente perceber a africanidade do judaísmo (que nem todos os judeus abraçam ou praticam). Judeus africanos, tais como o povo abayudaya de Uganda e os lemba do Zimbábue e da África do Sul, não veem contradição entre a vida *haláchica* (a vida conforme a lei judaica [*Halachá*]) e as práticas históricas que eles conhecem com africanas. Muitos judeus afro-americanos e afro-caribenhos, como eu, também veem em nosso judaísmo uma afirmação da nossa africanidade.[2]

Embora existam judeus que, ao se identificar com os brancos, são também antinegros e antiafricanos, eles não são representativos. Há negros que também são antinegros e antiafricanos, e há negros que são antijudeus. Considerar tais negros representativos de gente negra seria uma interpretação distorcida, fazendo alguns membros representarem o todo.

Antigos africanos do Leste não tinham razão alguma para parar diante do que seriam as fronteiras geopolíticas que hoje separam a África e o Oeste da Ásia. Para antigos migrantes, não fazia sentido ter parado no ponto que depois se tornou o canal de Suez. Os povos variados que ocupavam toda a região chamada atualmente de Oriente Médio eram em sua maioria habitantes do nordeste do Kmt/Egito, e aqueles ao longo do que é hoje a península Arábica eram sem dúvida gente vinda da Núbia e de outros países africanos vizinhos. Compreender a história judaica antiga é revelador: as pessoas que, vivendo naquelas áreas da África Oriental ou da Ásia Ocidental, vieram a se tornar judias [habitantes da Judeia] e que, depois da queda do Segundo Templo de Jerusalém, seu local mais sagrado, fizeram proselitismo Império Romano afora, convertendo muitas pessoas e seus descendentes no que hoje se conhece em todo o mundo como judeus.[3]

Na mitologia Marvel, a riqueza e a força tecnológica de Wakanda são potencializadas por uma substância quase mágica, o *vibranium*, que caiu no país, vindo do céu. Uma leitura judaica faz uma conexão com a Arca da Aliança, que continha as tábuas da lei que Moisés trouxe do monte Sinai. A carga sagrada imbuía a arca de poderes mágicos. A palavra "aliança" sugere "unir-se". A força duradoura das tábuas é o conjunto de mandamentos sob os quais o povo judeu se uniu. O mito fundador do Pantera Negra conta que um grande guerreiro, Bashenga, que ingeriu a erva em forma de coração afetada pelo *vibranium*, obteve habilidades extraordinárias e uniu os clãs em guerra. Não é por acaso que Lee e Kirby escolheram T'Challa como o nome de seu descendente, super-herói de seu povo. Removendo o "T" e acrescentando um acento agudo no "a" final, temos "challá", o pão trançado que simboliza a união do povo judeu em várias refeições cerimoniais, especialmente no jantar de sexta-feira do Shabat. O nome de T'Challa alerta pelo menos os leitores judeus para o tipo de líder que esse protagonista está destinado a se tornar.

De acordo com o mito, a erva em forma de coração — que emite luz como um arbusto ardente em miniatura — é venenosa. O grande guerreiro sobreviveu porque era geneticamente imune. Os clãs em guerra pensaram que estava morto e o enterraram, mas ele renasceu com superpoderes. Apenas seus descendentes, herdeiros de sua imunidade genética, podem se tornar Panteras Negras; em termos genéticos, pelo menos, eles são escolhidos.

Identificar essas dimensões míticas suscita uma reflexão sobre o mito e as lendas e um dos modos como são contados — a saber, alegoricamente. Em termos literais, "alegoria" significa falar abertamente sobre uma outra coisa. A palavra vem da junção das palavras gregas "allos" ("outro", "uma outra coisa" e, às vezes, "além") e "agoreuein" (falar abertamente). Pense na ágora, o local aberto de encontro, na antiga Atenas.

Em sua *República*, Platão defendeu a importância da filosofia por meio de sua famosa alegoria da ascensão de um mundo de sombras à visão da luz, da caverna da ilusão e da ignorância à verdade e ao saber iluminados. O fato de podermos nos referir à alegoria como iluminadora implica um duplo movimento de alegoria, uma alegoria sobre a alegoria, por assim dizer. A iluminação suscita perguntas sobre o que está sendo iluminado e o que se obtém ao torná-lo visível. A resposta de Platão era resoluta: a Verdade.

Buscar a verdade, porém, não é uma questão simples. O que é verdade, senão aquilo em que podemos depositar nossa fé ou confiança? Isso pode ser muitas coisas, de muitos tipos. A palavra inglesa para verdade, "truth", vem da palavra "triewð", do antigo saxão ocidental, que se refere a fé, sinceridade, fidelidade, lealdade e confiabilidade. Vem do antigo substantivo abstrato germânico "treuwitho", oriundo do proto-germânico anterior "treuwaz" (que tem ou é caracterizado por boa-fé). A verdade é aquele ou aqueles em quem se pode depositar a fé. Essa expectativa não se limita, evidentemente, às línguas germânicas. A história de palavras em outras línguas oferece percepções diferentes. A antiga palavra grega geralmente traduzida como "verdade", por exemplo, é "aletheia", oriunda da palavra "alethes", que significa "sem esconder". A palavra "lēthē" significa "esquecimento, ocultamento". O prefixo "a" significa "não". Assim, mesmo a palavra à qual Platão referia sua alegoria, uma vez que ela também envolve revelação ou pelo menos não ocultamento, é uma metáfora de alegorias. "Aletheia" estava conectada a uma ideia do povo do antigo Kmt, que em sua mais antiga língua de Mdw Ntr falava de *bw mAa*. A palavra "bw" (pronunciada "bou") significa "lugar", e a palavra "mAa" significa "real". Juntas, simbolizam lugar real ou localização do real. Tenhamos em mente que "mAa" (pronúncia: "mei-a" ou "mai-a") também quer dizer "leal". Essa palavra egípcia mais antiga é portanto de alcance mais amplo e oferece alguma conexão entre os antigos entendimentos grego e germânico. Podemos explorar também palavras correspondentes em muitas línguas antigas, claro, e há línguas vivas nas quais não existe palavra nenhuma para "verdade".[4]

A procura da verdade por meio da alegoria levanta a questão da sua relação com o mito. Muitos filósofos e cientistas, por exemplo, sustentam que a verdade floresce onde morre o mito. Ao longo das eras, o resultado, com frequência, é filósofos e cientistas unirem-se uns aos outros contra artistas, especialmente poetas, que em sua maioria estão à vontade no mundo do mito. Alguns filósofos, especialmente Platão, queixavam-se de que os poetas — que na Antiguidade incluíam narradores, dramaturgos e oradores, além de autores de poemas — iludiam o povo com ficções. Às vezes, porém, um poeta ou um filósofo levantava a questão da verdade na ficção. Para piorar, apesar da tendência a questionar o mito, a vitalidade deste era às vezes evidente nessas tentativas de desaprovação. Para entender por quê, é importante entender a distinção entre teoria e mito.

A teorização envolve experimentar momentos de distanciamento mediante os quais ocorre a iluminação. O mito demanda familiaridade até o ponto da intimidade radical. A teoria demanda explicação e entendimento. O mito busca o significado. A teoria adere em última instância à evidência e aos fatos. O mito se volta para uma *imposição* peculiar que pesa sobre a ação irrefletida. A substância do mito vem de sua narração repetida. Com efeito, a palavra é derivada do antigo vocábulo grego "muthos", que significa "contado ou recontado oralmente" ou "de boca em boca". A forma narrativa é também um ritual. O narrador repete o mito, que diverge um pouco a cada narração. Com o tempo, há mitos por trás dos mitos, a vida interior ou subterrânea do mito. Assim, a narração do mito é, também ela, mítica.

O ato de teorizar, no entanto, nem sempre oferece uma teoria. A palavra "teoria" vem do grego "theoria" (contemplação, especulação, exame, visão), de "theoros" (espectador), de "thea" (uma visão, de onde obtemos também, interessantemente, "teatro") e "horan" (ver), que no infinitivo grego é "theorein" (ver, contemplar, olhar para). O interessante momento duplo de ver o que uma pessoa vê suscita uma reflexão: não apenas ver, mas ver que se vê. É um movimento metarreflexivo — uma reflexão sobre a reflexão — de dupla compreensão. Ver o que é visto e ver também que a gente oferece a impressão de ver *tudo*. O modelo primordial disso já está embutido na raiz "theo", que significa "deus". Uma vez que deuses, em especial quando plenamente investidos de poder, transpõem os hiatos entre potência e pensamento, a conclusão deveria ser clara. Embutido na teoria está o esforço para ver o que um deus veria.

A teoria, portanto, começa com uma meta bastante elevada, em virtude da qual a teorização encara, pelo menos quanto aos seres humanos, uma tarefa sem fim. Afinal de contas, os seres humanos não são deuses. Isso significa que nunca começamos com a perfeição. Nossa humanidade não é ideal no sentido de perfeita, mas isso não nos impede, nem deveria impedir, de buscar o que é razoavelmente ideal, dadas as nossas limitações.[5]

Tudo o que os humanos veem requer significado. Sem significado, o ver se dissolve em mera percepção. Até mesmo o reflexo se desfaz num mar de indistinção. O significado, portanto, é um elemento inevitável de todos os esforços para livrar-se da caverna do engano e da ignorância. Ver a fonte de toda visão, a fonte de todo significado, a luz cujos raios infundem a realidade, requer significado: não é por acaso que a teoria está fundada no mito, tal como o deus sol Ra.

Voltando ao Pantera Negra, deveria ser evidente que Kirby e Lee estavam informados pelo mito não apenas na criação de seus personagens, mas também nas teorias que suas histórias — frequentemente alegorias — iluminavam. Isso vale também para os roteiristas Ryan Coogler e Joe Robert Cole, que levaram o famoso personagem de Lee e Kirby ao cinema. Mas a transição dos quadrinhos ao cinema não é um empreendimento sem percalços; o que funciona num meio não se transplanta necessariamente bem para outros, e aqueles que buscam o original com frequência se decepcionam com a versão realizada, enquanto aqueles que começam com a adaptação às vezes acham o original pouco atraente. Em alguns casos, as musas das narrações intervêm e múltiplas versões coexistem, como *covers* de uma canção à qual cada artista traz algo diferente na sua contínua interpretação através das gerações. É assim que vejo o filme *Pantera Negra* de 2018. Ele chegou às telas depois que o personagem havia aparecido em vários desenhos animados na televisão, incluindo uma minissérie da BET* de 2010 com sua própria mitologia criada por Reginald Hudlin.

O filme recebeu críticas variadas, entre elas a de ser racista. Alguns críticos veem o filme como racista contra afro-americanos porque o vilão N'Jadaka/Erik Stevens/Killmonger, que nasceu nos Estados Unidos de mãe afro-americana (descendente de africanos escravizados) e pai wakandense, morre na conclusão de uma batalha na qual ele alega ter tentado enviar a tecnologia de Wakanda para mercenários planeta afora para inaugurar uma revolução mundial pela libertação das pessoas negras.[6] Essa crítica ganha crédito quando comparamos *Pantera Negra* com *Aquaman* (2018), que é seu oposto nesse aspecto. Tenhamos em mente que o herói desse filme, Arthur Curry (Aquaman), é "de raça misturada", filho de uma princesa (Atlanna) do reino submarino de Atlantis, e de um homem maori (Thomas Curry) que mora no litoral. Ela retorna a Atlantis para proteger seu amante e seu filho. Casa-se depois com um rei atlantense e produz um filho "puro", Orm. O vilão, Rei Orm, que tem aspirações semelhantes às de Killmonger, é um branco "puro". Ao contrário de Killmonger, Orm sobrevive.

Pelo mesmo motivo, alguns críticos também veem o filme como contrarrevolucionário. Esses críticos encaram Killmonger como um libertador. Eles leem o fim do vilão como o triunfo, nesse caso, da cumplicidade africana com a supremacia branca. Uma evidência disso é o personagem Everett Ross, o agente da CIA e ex-piloto militar branco, emergir como uma figura heroica que derruba a última aeronave que transportava uma carga de tecnologia wakandense.

---

* BET: Black Entertainment Television, canal de TV por assinatura norte-americano voltado para o público afro-americano. No Brasil, o canal foi lançado em março de 2021.

E há o personagem M'Baku, o líder do clã jabari, cujo totem é um gorila branco. O modo dos jabaris de manifestar objeção e fazer ameaças é imitar os grunhidos de seu totem. O crítico social Sudip Sen expressou a humilhação de ouvir adolescentes brancos imitando os grunhidos em meio a gargalhadas no cinema ao ver aqueles personagens na tela.[7]

O fato de Wakanda ser uma monarquia etnicamente homogênea com muita tecnologia militar dificilmente pode ser considerado progressista, e, por fim, embora sem esgotar o tema, alguns críticos sustentam que o retrato que o filme faz dos africanos é inautêntico. Alguns acrescentam que seu retrato dos afro-americanos também é.[8]

Em acréscimo a tudo isso, apresento algumas críticas minhas. Primeiro, lamento o uso infeliz das palavras "tribo" e "rei" para se referir ao povo de Wakanda e a seu braço executivo de liderança. Uma vez que "chefes", "reis" e "tribos" são designações coloniais europeias impostas a muitos povos africanos, não faz sentido, para um país africano nunca colonizado, usar tais termos em referência a seu povo. "Ancestrais", "clãs", "anciãos" e "povo" são mais próximos dos termos empregados em muitas comunidades africanas.[9]

Além disso, como observou a antropóloga Claudia Gastrow quando conversou comigo sobre o filme, os edifícios altos em Wakanda presumem a urbanização euromoderna como um indicativo de desenvolvimento. A busca por uma urbanização de estilo europeu é uma das tolices não apenas da África contemporânea, mas também de regiões tropicais de continentes de todo o globo.

Por fim, as histórias em quadrinhos e as séries de animação deixam claro que cada Pantera Negra era superior intelectual e fisicamente ao Capitão América, o líder icônico de super-heróis brancos nos mundos Marvel, embora esse fato seja negligenciado na adaptação cinematográfica. Se essa narrativa, originalmente de Kirby e Lee, tivesse sido levada a cabo na tela grande, seria um golpe adicional contra a supremacia branca. É um sinal da política desses tempos o fato de que deixar esse ponto claro na tela talvez fosse demais para muitos fãs brancos de super-heróis suportarem.

Há muitos argumentos que alguém poderia propor em resposta a essas muitas críticas. Devemos ter em mente que tais críticos podem achar os livros e revistas em quadrinhos ainda piores. Apesar de o personagem dos quadrinhos ser anterior ao nascimento do Partido dos Panteras Negras, os autores mudaram por um tempo o nome do personagem para Leopardo Negro no *Quarteto fantástico* nº 119 para dissociá-lo da política do Partido dos Panteras Negras. A mudança teve vida curta. Percebendo o erro da iniciativa, eles reinstauraram o nome original.

Outras considerações são sobre as versões em quadrinhos de M'Baku e Killmonger. M'Baku nos quadrinhos é verdadeiramente um homem-macaco. Ele adquire seus poderes ao matar o gorila branco de Wakanda, comer sua carne, banhar-se em seu sangue e vestir sua pele. Killmonger, por sua vez, é oriundo do Harlem naquelas versões e tenta reiteradamente conquistar Wakanda. Num episódio ele come a erva e é envenenado. Quando se restabelece, perde os poderes de Pantera Negra. Nessa versão ele não tem o gene da imunidade, o que suscita questões sobre sua verdadeira ancestralidade. Além disso, nos quadrinhos a mãe de T'Challa morre durante a infância dele. A mulher que o cria, Romanda, segunda esposa de seu pai, vem da África do Sul. Tudo isso para dizer que uma adaptação cinematográfica fiel do personagem não cairia bem junto a muitas das plateias negras que afluíram em números recorde para ver o filme — em alguns casos, mais de uma vez.

Com as várias críticas em mente, voltemos ao filme. Meu objetivo aqui não é defendê-lo ou atacá-lo. Meu intuito é explorar suas implicações míticas e alegóricas e o modo como elas iluminam a consciência Negra enquanto política, em oposição à consciência negra. Devemos levar em conta também que se trata de um filme Marvel, o que significa que se passa num universo ficcional de deuses e super-heróis. Do ponto de vista do mito, deuses são super-heróis e super-heróis são deuses, ou pelo menos semideuses.

O filme sai dos parâmetros habituais do cinema de super-heróis ao se concentrar nas complexidades de liderança, fidelidade e obrigação política, e não nas façanhas físicas. A maioria dos filmes de super-heróis — ou, para ser preciso, dos filmes de super-heróis *brancos* — consiste num herói descobrindo seus poderes, um vilão fazendo o mesmo, e em seguida um conflito envolvendo o interesse amoroso do herói. Isso geralmente termina com o triunfo do herói sobre o vilão, conquistando no processo o amor da garota ou da mulher. Mas *Pantera Negra* rompe várias regras do gênero, além de instaurar um protagonista negro. Sua "tese", se é que cabe o uso do termo, é de que o verdadeiro super-herói é a comunidade política, não um indivíduo dotado de força e agilidade excepcionais.

Numa cena inicial, o Rei T'Challa (o Pantera Negra) está numa missão para proteger sua amada Nakia (palavra suaíle para "pura e fiel"), uma espiã wakandense que por sua vez está em missão para libertar de uma milícia nigeriana garotas e garotos escravizados. Presumivelmente, a milícia é uma referência ao Boko Haram, o grupo que celebremente sequestrou 276 alunas colegiais em Chibok, na Nigéria, em 2014.[10] A general Okoye (curiosamente, um nome ibo — isto é, nigeriano — que significa "nascido no dia do mercado de Orie"), a mais graduada oficial do exército de Wakanda, o acompanha. Ela o alerta para que não "congele". No segmento seguinte vemos três mulheres — a irmã de T'Challa, Shuri (nome unissex japonês significando "aldeia"), sua amada Nakia e a general Okoye — zombando dele por congelar, no fim das contas, ao ver Nakia no meio da batalha. T'Challa é o líder de seu país, e no entanto seus concidadãos sentem-se à vontade o bastante para provocá-lo e criticá-lo. Esse é um elemento de muitos relatos sobre sistemas africanos de liderança anteriores ao colonialismo e à instalação de "chefes" a seu serviço.[11] Relatos coloniais indicam o espanto dos colonizadores não apenas com a dificuldade de identificar imediatamente determinado "rei" em sociedades africanas, mas também com a aparente irreverência que as pessoas tinham em relação a suas autoridades mais elevadas.

A palavra do amárico "ras", por exemplo, significa "alta autoridade". Até o final do século XX, havia na Etiópia muitas pessoas designadas como *Ras*, e entre elas o indivíduo eleito como seu líder era o *Ras* supremo. Tafari Makonnen Woldemikael, por exemplo, era conhecido como Ras Tafari. Ele não nasceu como um imperador predeterminado, mas em vez disso teve que fazer por merecer o título de chefe de Estado, tendo primeiro que se tornar um regente de 1916 a 1930, altura em que se renomeou, primeiramente para tranquilizar as potências europeias que só teriam relações diplomáticas com um líder que fosse membro da Igreja abissínia. O nome que ele escolheu foi Haile Selassie, que pode ser traduzido como "salve a Trindade".[12]

Apesar dos poderes físicos de T'Challa como recurso supremo do Pantera Negra, a zombaria da general e da irmã dele demonstra que o poder real é, em última instância, político. Um tirano carece do amor e do compromisso do povo; um verdadeiro líder encarna suas aspirações, objetivos e valores. O humor às custas de T'Challa é um lembrete para que ele não se leve a sério demais, mas em vez disso dedique sua energia ao povo de Wakanda e, eventualmente, ao mundo.

O filme também proporciona duas horas e catorze minutos de personagens africanos e da diáspora africana que nem sequer uma vez referem-se uns aos outros como "niggers", "niggas" ou "niggus". Além disso, mulheres da África e da diáspora não são chamadas nem por um momento de "vacas", "cadelas" ou "vadias". Esse aspecto merece ênfase especial, uma vez que a argumentação em defesa da atitude oposta é frequentemente um apelo à "autenticidade" e à viabilidade comercial junto a plateias antinegras ou predominantemente brancas. As plateias negras foram levadas a esperar ouvir personagens negros usando e sofrendo essas injúrias, mas devemos ter em mente que há muitas pessoas negras, inclusive nas classes trabalhadoras mundo afora, que não usam tal linguagem. Richard Pryor disse uma vez que há lugares em que se pode achar africanos, mesmo negros, que não sejam "niggers". O filme suscita a ideia de que os Estados Unidos, em particular, são um lugar que fabrica "niggers".

E assim *Pantera Negra* levanta a questão do tipo de consciência que se manifesta em Wakanda. Os wakandensess, afinal de contas, não ignoram o que se passa no mundo exterior. Seus ancestrais testemunharam o advento do colonialismo euromoderno, da escravização, do racismo, e sua resposta foi uma política de não intervenção. É importante examinar os mitos por trás dos mitos que encorajaram tal política.

O primeiro, e mais óbvio, é a importância dos anciãos e dos ancestrais. T'Challa se ajoelha quando vê seu pai, T'Chaka, em sua primeira visita aos antepassados, o que faz seu pai repreendê-lo, lembrando-o de que agora é ele que é o "rei". Mas a genuflexão revela fidelidade à tradição de respeitar anciãos e antepassados. Na maioria das sociedades africanas, os primeiros ancestrais são os exemplos mais potentes de bondade. É um mundo em que o indivíduo se relaciona com seus descendentes com a expectativa de se tornar para eles o antepassado reverenciado. Nos respeitos a T'Chaka, portanto, a cadeia normativa se conecta até Bashenga, o primeiro Pantera Negra e "rei" de Wakanda, que adquiriu seus poderes e os usou para unir os clãs guerreiros.

Em muitas partes da África, os ancestrais são cruciais para a vida corrente da comunidade, e o poder é mais forte no ancestral primeiro e supremo — a saber, deus ou os deuses. Por causa disso, um "rei" não é um indivíduo, mas sim um repositório de relações sagradas através dos tempos. Os faraós, por exemplo, eram considerados reencarnações do antigo deus egípcio, ou Kmt, Horus. Bashenga estabeleceu um padrão elevado. Ele não encerrou a guerra intimidando os vários clãs e forçando-os à submissão, como o soberano do *Leviatã* de Thomas Hobbes, que impõe a submissão de todos os que estão abaixo dele em prol da ordem e da segurança; em vez disso, organizou um país e uma confederação de cidades-Estados. Seu "poder" não era apenas sua força física, mas também suas habilidades como líder. Os Panteras Negras subsequentes, com exceção de T'Challa e de seu primo-irmão N'Jadaka/Erik/Killmonger, concentraram-se em manter a paz que Bashenga criara entre os clãs. O filme termina com a decisão de T'Challa de que Wakanda partilhe sua riqueza e seu conhecimento com o mundo; é uma declaração de que T'Challa exemplifica o verdadeiro espírito do primeiro Pantera Negra, uma vez que ele compreende o poder como *político* e portanto relacional, não físico ou mesmo metafísico.

Um mito primordial entre os povos do antigo Egito, ou Kmt, é a história de Ísis e os "gêmeos inimigos" Osíris/Horus e Set. Os gêmeos antagônicos são um motivo mítico no qual há um "rei/ancestral sagrado" que pertence à mãe e a seu antagonista por meio do qual um segundo rei/ancestral se torna o progenitor de uma linhagem impura. Ísis, a mãe/esposa, simboliza o poder feminino. Devemos ter em mente que a antiga mãe africana é diferente daquela que domina a vida mítica no que veio a ser a Europa. Ísis é fruto da união de Geb (Terra) e Nut (Céu). Geb é masculino; Nut, feminino. O sexo deles é invertido nos mitos europeus, tais como os gregos e romanos, em que Gea (Terra) é feminino, e Urano (Céu) é masculino. Em ambas as versões, o Céu está acima da Terra no ato sexual que produz a progênie divina. A versão africana tinha a fêmea por cima do macho; a europeia colocou-a embaixo dele. O tema mítico da repetição africana de em cima e embaixo é de que a descendência de Geb e Nut estaria, de algum modo, acima dos machos. Desse modo, o papel de Ísis na história de seu relacionamento com seus irmãos Osíris e Set é ativo e poderoso.

Ísis e Osíris se casam. Enfurecido, Set esquarteja seu irmão Osíris, mas Ísis consegue encontrar os pedaços e juntá-los de novo. Depois Set devora a maior parte de Osíris (em algumas versões ele o serve como alimento a cães selvagens), mas Ísis consegue preservar o coração (em algumas versões, o pênis), que ela deposita no Nilo, onde ele se torna Horus. Em outra versão, ela enfaixa, unidas, as partes desmembradas, criando a primeira múmia, e fica grávida ao copular com o corpo semivivo. Em todas as versões do mito, Osíris, durante seus períodos de desmembramento, torna-se um guia para o mundo subterrâneo. Seus vários renascimentos o transformam também num deus da reencarnação. Horus representa sua encarnação final, embora dessa vez como seu filho, que, aliás, também se torna o marido de sua mãe, Ísis. Horus vinga Osíris derrotando Set.

Levemos em conta agora esse mito, enquanto continuamos a desembrulhar *Pantera Negra*, o filme. Para se tornar o Pantera Negra, T'Challa bebe ritualmente a poção da erva em forma de coração e é enterrado em solo vermelho; ele visita seu pai e os antepassados antes de despertar com seus poderes restaurados. Essa ressurreição ritual envolve depois mudar da terra para a neve/água. Notemos aqui o paralelo ao mito familiar de Moisés, o herói abandonado encontrado na margem do rio. T'Challa renasce como Pantera Negra depois de ser submerso em neve/água, o que também, notavelmente, faz com que pareça uma múmia. Este é um elemento mítico crucial. T'Challa é na verdade três manifestações do Pantera Negra. A primeira é quando ele tenta capturar o assassino de seu pai, que resulta ser Helmut Zeno em *Capitão América: Guerra civil* (2016), o filme em que o Pantera Negra faz sua estreia no universo cinematográfico Marvel. A segunda é quando ele renasce depois de sua coroação através de batalha ritual. Ambos os casos de ressurreição ocorrem após um sepultamento em terra vermelha, o que se conecta com o ritual fundador e com o mito da ressurreição de Osíris e o mito de Geb, uma vez que todos os Panteras Negras anteriores e ele próprio foram sepultados no Pai Terra, abaixo. A terceira, porém, é diferente; ele renasce da água. É na verdade um *novo* Pantera Negra — de fato, é Horus nascido dos fragmentos no rio e na neve da montanha.

É significativo que a terra seja vermelha. O termo hebraico para terra vermelha é "adamah", que significa "chão manchado de sangue" ou "barro vermelho", e é a origem do nome Adão, com o sentido de "humano". A mãe de T'Challa, Romanda, é, em forma mítica antiga, Ísis. Romanda é a versão feminina de "Rome", uma adaptação da palavra úmbria "Rūma", ou "cidade de rios fluentes".

O pai de T'Challa, T'Chaka, numa linha que remonta ao primeiro Pantera Negra, repetia Osíris, mas T'Challa é a manifestação tanto de Osíris como de Horus, uma vez que Osíris também é o Pantera Negra; o processo através do qual ele "nasce" como um líder é, na verdade, um processo de ressurreição. A mãe tem seu marido e seu filho em um só, já que o consorte sagrado foi plantado na terra e o que está sobre o chão e pertence a ela renasceu da água. O resultado é a eliminação do domínio temporário de Set no Kmt/Egito antigo/Wakanda.

Vibranium é também um símbolo de *HqAw*, o qual, como vimos em nossa discussão do "poder" no capítulo 9, é o termo de Kmt para a força de vida que anima até mesmo os deuses. Ele também fornece uma forma de legitimidade para a pessoa que sabe usá-lo com sabedoria, o que requer *mAat* (respiração, equilíbrio, saúde, justiça, verdade) contra a húbris. Esse mito traz ao primeiro plano um dos modos pelos quais *Pantera Negra* transcende o modelo de justiceirismo e força individual dos filmes de super-heróis. T'Challa encarna o Pantera Negra apenas quando enfrenta alguém que violou as leis de seu país. Quando Nakia, Okoye e ele perseguem o vilão branco sul-africano Klaue em Seul, na Coreia do Sul, estão na verdade trabalhando dentro do terreno da lei em busca de justiça para seu país. Esse tema coloca em questão concepções de africanidade e negritude como algo intrinsicamente fora da lei. O fato de T'Challa assumir a forma do Pantera Negra para perseguir homens brancos que violaram as leis de Wakanda significa que ele não está subordinado à justiça imperial branca, que assimetricamente permite que brancos submetam negros a suas leis, mas não o inverso.

O filme faz, portanto, uma distinção entre força física e poder. Superforça física, obtida por meio de uma fonte científica de energia, não acarreta poder, que em vez disso é alcançado mediante a virtude da liderança, o apoio da opinião pública e a vontade geral do povo. A narrativa distingue, assim, força legítima e violência. Os Panteras Negras, exceto pela encarnação de um tirano, usam seus poderes para a justiça, a reparação ou para resolver disputas. A vilania vem do uso da força à custa de outros.

Chegamos, então, à distinção entre política e tirania. Wakanda é uma cidade-Estado com uma federação de clãs e um centro urbano. O "rei" precisa passar por um processo de legitimação, mas mesmo depois disso os cidadãos do país têm voz.

O "rei" de Wakanda, pelo menos tal como exemplificado por T'Challa e seus antepassados, é contrastado com o tirano N'Jadaka/Killmonger, que impõe ao povo uma estrutura assimétrica de poder. O nome N'Jadaka não tem origem alguma. Meu melhor palpite aqui é que seja uma contração de "Jade" com "a.k.a" [*also known as* — também conhecido como], que poderia fazer sentido se imaginarmos "também-conhecido--como-jade" significando "ter nascido para a realeza", uma vez que o jade também é conhecido como "pedra imperial". Seu nome de vilão, Killmonger, fala por si — é um negociante ou mercador da morte. Curiosamente, "Erik" é um antigo nome nórdico que significa "governante honrado". Significa também estabelecer uma linha reta, acertar as contas. Diante de suas ordens, o tirano N'Jadaka exige obediência e silêncio de seu povo. Há uma cena em que ele agarra uma idosa pelo pescoço e ameaça quebrá-lo se ela não cumprir suas ordens.

Um líder *político* presta satisfações ao povo e afeta a sua dignidade. Isso, na verdade, perturba a noção do "rei" como um soberano, uma vez que a legitimidade repousa na vontade do povo. T'Challa sempre combate e toma decisões como parte de uma comunidade, especialmente com as conselheiras mulheres, e se comunica com os idosos da sociedade. N'Jadaka/Killmonger, por sua vez, não consulta ninguém. No mundo imaginário de seus antepassados, T'Challa se ajoelha e seu pai lhe diz para se levantar; Killmonger fica em pé na presença de seu pai, que está sentado.

Para entender N'Jadaka antes de ter se tornado Killmonger, devemos perguntar sobre seu pai em termos míticos. Além de ser um deus do caos e do esquartejamento, Set é também um deus do segredo; o pai de N'Jadaka, N'Jobu (palavra estoniana para "tolo", "simplório", "perdedor"), era um espião e, portanto, um homem de segredo. Esse elemento do seu espírito se cristaliza em seu filho, que também se torna um espião.

Espiões vivem múltiplas vidas. A de Erik inclui Killmonger e N'Jadaka. A decisão intempestiva de T'Chaka de matar seu irmão para salvar Zuri, o homem wakandense enviado para espiar N'Jobu e proteger os segredos de Wakanda, põe em movimento a tragédia. "Zuri", diga-se de passagem, é um nome feminino suaíle que significa "linda". O assassinato do irmão por T'Chaka foi sem dúvida uma experiência traumática; sua decisão de esconder suas ações, bem como seu fracasso em lidar com o trauma, condena este último a voltar na geração seguinte. O segredo tem consequências políticas. A luta culminante é quanto à voz do povo de Wakanda ser pública ou privada. Os wakandenses, sob o modelo de liderança de T'Challa, esperam uma voz pública ou aberta; o governo de N'Jadaka/Killmonger demanda só a voz dele.

Uma questão mais complicada em relação a N'Jobu e T'Chaka, pai e tio de N'Jadaka, é o que fazer das alegações apresentadas. N'Jobu estava vendendo tecnologia wakandense a Klaue, um supremacista branco. Para quem discorda dessa caracterização, basta notar que ele chama repetidamente pessoas negras, inclusive wakandenses, de "selvagens". Como é que N'Jobu pode então estar lutando pela libertação negra fazendo uma coisa assim? Sua motivação parece ter mais a ver com ressentimento; afinal, seu irmão, T'Chaka, era o Pantera Negra oficial, líder de Wakanda.

A espionagem é crucial a esse drama político. Espiões tornam-se o que seus superiores ou seus alvos preferem que eles sejam; o escorregadio N'Jadaka/Killmonger, como agente secreto especial dos Estados Unidos, precisa conquistar a confiança do povo de Wakanda — embora não faça nenhum esforço suplementar para isso depois de entregar o corpo de Klaue.

Essa observação sobre espiões faz de Nakia uma personagem complicada, uma vez que também ela é uma espiã. Sua personagem é estabelecida desde o início — sua primeira aparição no meio de uma missão para resgatar mulheres, meninas e meninos escravizados na Nigéria.

Ao longo do filme, espiões exibem extraordinárias habilidades linguísticas. Eles podem falar *com sotaque local* quase em toda parte, como Nakia demonstra ao falar coreano fluente em Seul. Espiões sabem se apresentar como quem trabalha no interesse de alguém que detém poder. Assim, os discursos de N'Jadaka/Killmonger devem ser tomados com cautela. Ele não quer necessariamente libertar gente negra; ele quer é mandar nos wakandenses e em todos os outros. Lembremos que seu objetivo declarado é o imperialismo global sob sua liderança. Se sua meta fosse a libertação, não iria querer que futuros Panteras Negras emergissem, até por serem seus descendentes?

Duvido muito que os planos de N'Jadaka para o resto da África e a diáspora sejam diferentes do que ele desencadeou em Wakanda. Também não está claro se as facções às quais ele envia as armas são combatentes pela liberdade ou déspotas militares.

No que se refere à consciência negra, a questão que se levanta é o que N'Jadaka vê quando olha não apenas para wakandenses, mas também para todas as pessoas negras. Lembremos que numa cena crucial ele ergue uma das anciãs pelo pescoço e ameaça quebrá-lo se ela não seguir sua ordem de queimar as ervas remanescentes em formato de coração. O que são as pessoas negras a seus olhos?

Killmonger traz o problema da "niggerização" para o seio de Wakanda, onde a identidade de wakandense como "humano" oferece dignidade. Seja como for que os wakandenses vejam a si próprios, eles precisam estar atentos aos poderosos países de hegemonia branca envolvidos na produção contínua de "niggers", mesmo que eles próprios não se tratem como "niggas".

O conflito entre T'Challa e N'Jadaka também serve como uma alegoria de conservadorismo ou direita; progressismo ou esquerda construtiva; e destruição anárquica, caos, ou esquerda destrutiva. Essas distinções emergem do modo como as pessoas respondem a momentos de crise.

A origem da palavra "crise" é o verbo grego "krinein", que significa "decidir" ou "escolher". Situações que demandam ação decisiva são "críticas". Em face de crises, algumas pessoas buscam certeza, ordem e segurança, às vezes por meio da tradição, às vezes voltando-se para um passado idealizado. É a resposta conservadora. Em contraste, a esquerda acredita que o passado nunca foi perfeito; os progressistas veem uma longa cadeia de esforços prévios para fazer as coisas melhorarem. O passado, então, serve como alicerce para um contínuo processo de aperfeiçoamento, um processo através do qual um futuro é cultivado e alguns elementos são descartados. Isso envolve mudança, risco e incerteza, o que afeta o modo como as pessoas pensam o tempo. Fanon apresenta esta reflexão pungente sobre tais atitudes:

A memória é frequentemente a mãe da tradição. Agora, se é bom ter uma tradição, também é agradável ser capaz de ir além dessa tradição e inventar um novo modo de viver. Alguém que considere que o presente é sem valor e que nosso único interesse se encontra no passado é, num certo sentido, uma pessoa que carece de duas dimensões e com a qual não se pode contar. Alguém que julgue que se deve viver com toda a intensidade no aqui e agora e que não é preciso se preocupar com o amanhã ou o ontem pode ser perigoso, já que acredita que cada minuto está apartado dos minutos que o sucedem ou precedem, e que ele é a única pessoa neste planeta. Alguém que vire as costas para o passado e o presente, que sonhe com um futuro distante, desejável e desejado, também está privado do terreno cotidiano oposto sobre o qual se deve atuar para realizar o futuro buscado. Vê-se, assim, que uma pessoa sempre tem que levar em conta o presente, o passado e o futuro.[13]

A incerteza significa que uma mudança positiva poderia acontecer agora mesmo, amanhã ou depois de anos, séculos ou milênios — ou nunca. Muitos na direita prefeririam buscar obter agora o que fosse possível a encarar a incerteza. Num momento de crise, isso coloca em vantagem uma liderança de direita, que apela à autenticidade e homogeneidade. A pluralidade e a heterogeneidade são difíceis de administrar; práticas de exclusão e sofrimento, que invariavelmente levam ao mal, são sempre mais fáceis e rápidas de alcançar.

Voltar-se em direção ao futuro leva à questão da responsabilidade pelas ações que promovem a mudança. Para a direita, a pergunta é do que as pessoas estarão dispostas a abrir mão em troca de segurança imediata; se a resposta for quase todas as suas liberdades, o resultado é o fascismo. Para a esquerda, a pergunta é do que a pessoa está disposta a abrir mão pela liberdade. Se a resposta for ordem e segurança, o caso extremo seria a anarquia.

Pantera Negra é uma alegoria de como a força ou a valentia poderiam levar a resultados trágicos, apesar das boas intenções alegadas. Bashenga, o primeiro Pantera Negra, transformou a força em poder ao unir as facções em guerra num único país, que manteve uma relação com a única facção que se recusou a participar (os jabaris). Panteras Negras subsequentes adotaram uma política isolacionista e, em última instância, o conservadorismo, apesar das inovações tecnológicas de Wakanda. O novo Pantera Negra finalmente emerge como a síntese espiritual dos primeiros, ao suplantar o ódio e o ressentimento do inimigo destrutivo. Esse novo Pantera Negra encara a incerteza e as questões do afrofuturismo e da afromodernidade, no entanto se abre para o mundo apesar dos riscos.

Desiludido pela imperfeição de seu pai, T'Challa se dá conta de que o maior dos líderes de Wakanda não era T'Chaka, mas o primeiro Pantera Negra, Bashenga. O nome é inventado, porém se aproxima do árabe "Bashir", que significa "aquele que traz boas-novas". Se o nome for combinado com "shenga" ou "śēṅga" — variantes de uma palavra marati para "vagem" ou "legume" —, temos também uma alusão à erva em formato de coração. Duvido que os autores tenham atentado para isso, mas o mito sempre se alimenta de mitos submersos, e seus significados são fecundos.

T'Challa aprende uma versão da observação arguta de Fanon: "Cada geração deve, em relativa opacidade, descobrir sua missão, realizá-la, ou então traí-la".[14] Outros Panteras Negras se perderam no caminho, talvez por meio de uma forma de nacionalismo wakandense. Deixaram de perceber que o papel da liderança é não apenas proteger seu povo, mas também fomentar seu desenvolvimento, o que requer ir além de si e abrir-se ao mundo exterior. A juventude, a criatividade e o saber tecnológico encarnados na precoce e engenhosa Shuri, irmã de T'Challa, que nos quadrinhos torna-se uma futura encarnação do Pantera Negra, sustentam essa conclusão. O fato de T'Challa adotar o exemplo de Bashenga em vez do de outros Panteras Negras, incluindo T'Chaka, significa que ele está pensando num futuro diferente. Resumindo em termos simples, a Wakanda conservadora preserva o passado e busca a ordem e a segurança; a Wakanda de esquerda ou progressista, que estava lá nas suas origens, encara a incerteza das possibilidades e um futuro diferente. Uma Wakanda imperial seria de direita, uma vez que buscaria sua segurança dominando o mundo. Tudo isso é paradoxal, já que olhar para Bashenga é uma forma de nostalgia, mas compreender seu exemplo não significa fetichizá-lo, e sim transcendê-lo. Bashenga, afinal de contas, não teve um precedente; ele precisou olhar para a frente ao mesmo tempo que mantinha a consciência dos conflitos que refreava.

Os wakandenses não confiam em pessoas brancas, mas tampouco confiam em pessoas negras ou de outro tipo qualquer. Eles confiam em *indivíduos*. Constatamos isso no que motiva a confiança deles. Zuri confia em T'Challa porque o Pantera Negra salvou sua vida à custa da de seu próprio irmão; ele salda essa dívida sacrificando a si mesmo para salvar T'Challa. Everett Ross, que é controverso porque é branco e agente da CIA, conquista a confiança de T'Challa e Nakia ao tomar um tiro por Nakia, e isso sem saber da tecnologia médica wakandense. Ainda assim, a falta de confiança dos wakandenses em gente branca leva à questão de por que os escritores acrescentaram Ross aos quadrinhos e o incluíram no filme. O psicólogo Mikhail Lyubansky fornece esta explicação:

> Se [Klaue] é a representação da supremacia branca, então Ross é a antítese confortadora. Ele não apenas aprecia e respeita o filho de T'Chaka, T'Challa (o Pantera Negra), mas essencialmente conquista seu "alvará" ao se postar em frente a uma bala para salvar um dos guardas de T'Challa.
>
> Embora, em muitos aspectos, Ross funcione essencialmente como um "negro mágico" reverso — um personagem cujo único propósito parece ser o de promover o bem-estar dos personagens principais (neste caso, negros) —, ele é também um avatar, um substituto do público que representa o modo como o Pantera é percebido pelos brancos (e brancas) de boas intenções.

Nas palavras do criador de Ross, Christopher Priest: "As histórias em quadrinhos são tradicionalmente criadas por machos brancos para machos brancos. Imaginei, e acho que acertadamente, que para *Pantera Negra* obter sucesso era necessário um homem branco no centro, e que esse homem branco tinha que dar voz aos receios, apreensões ou conjecturas do público quanto a esse personagem".[15]

Como esse é um universo ficcional governado pelo ímpeto da Marvel por sequências e cruzamentos de histórias de personagens Marvel, desenvolvimentos subsequentes poderiam mudar o material sobre o qual se baseia a interpretação branca simbólica de Ross. Para o nosso propósito, deve ficar claro que a confiança dos wakandenses, ao menos no filme, tem que ser conquistada.

No entanto, sob a liderança do três vezes ressuscitado T'Challa, os wakandenses apresentam sua tecnologia diretamente aos jovens negros dos projetos de Oakland e até se dispõem a compartilhar uma parte dela com os dignitários das Nações Unidas. Por meio dessa irônica cena final, Wakanda se coloca como uma contestação da tese racista "não da África" (isto é, nada de positivo vem da África), levantando a questão do que a África poderia oferecer ao mundo se fosse vista com olhos abertos.[16] A inovação nem sempre tem que assumir a forma europeia. Como observa Okoye, armas são "muito primitivas".

Não apenas africanos, mas também membros da diáspora africana são extremamente inteligentes no filme e exemplificam esse traço por meio da virtude política, da sapiência (especialmente tecnológica) e de virtudes éticas (coragem, fidelidade, integridade). Mesmo quando não são virtuosos, ainda assim são inteligentes. É a fúria de Killmonger que ocasiona sua queda, mas sua inteligência nunca é colocada em dúvida.

As mulheres negras no filme têm elevada autoestima, talentos, brilho, beleza e criatividade, e são sexy sem ser sexualizadas. Romanda, mãe de T'Challa e figura correspondente a Íris, é um exemplo. Mas há muitos outros. Nakia representa a virtude da linguagem e a coragem por meio de seu trabalho de reconhecimento; Shuri não é apenas uma prodígia, mas uma autêntica gênia (a pessoa mais dotada intelectual-mente no universo Marvel);[17] e a general Okoye é o epítome não apenas de coragem e liderança militar, mas também de in-teligência, já que está sempre abordando determinada situa-ção de modo estratégico, tático e político.

Os homens negros no filme têm dignidade, talentos, be-leza e criatividade, sem ser estruturalmente subservientes ou lascivos; também são sexy sem ser sexualizados. São ainda complicados em sua rivalidade, na medida em que cada um manifesta habilidades e aspirações especiais. Os personagens "bons" no filme são todos combatentes de um tipo ou de outro, e os personagens "maus" não são simplistas. Cada um pode ser avaliado em cotejo com o que Richard Wright escreveu so-bre Bigger Thomas, o anti-herói protagonista de seu romance clássico *Filho nativo*.[18]

Wright delineou cinco manifestações de Bigger Thomas: Bigger 1 é o valentão que coage outros negros a reconhecer sua superioridade. Bigger 2 é o negro que desafia a autoridade branca e vive como quer, mas que, Wright confessa, "estava na prisão na última vez que ouvi falar dele". Bigger 3 é o pro-verbial "*nigger* ruim"; tira vantagem de outros negros e afronta a lei. Seu destino é a morte, em geral nas mãos da polícia. Big-ger 4 é mais complicado; brinca proverbialmente com fogo em seus esforços para tapear os brancos e evitar que o explorem. Seu destino, se não for morto ou encarcerado, é a loucura. Big-ger 5 é outro "*nigger* ruim", mas, diferentemente de Bigger 3, que persegue outros negros, ele afronta os brancos. Entre os negros, Bigger 5 estimula "um intenso lampejo de orgulho", observa Wright. O destino de Bigger 5, porém, é geralmente o mesmo de Bigger 3.

Embora Bigger Thomas seja um homem, Bigger poderia tam-bém ser uma mulher. A ativista antilinchamento Ida B. Wells--Barnett, a anarquista revolucionária Lucy Parsons, a militante comunista Claudia Jones, a ativista de direitos civis e direitos humanos Ella Baker, a ex-ativista do Exército Negro de Libertação Assata Shakur e a abolicionista prisional Angela Y. Davis são exemplos de Bigger 5. Winnie Madikizela-Mandela, a segunda esposa de Nelson Mandela, poderia ser adicionada a essa lista, embora pudesse haver muita discussão sobre qual Bigger ela representa, especialmente devido a sua reputação de ter também prejudicado os desamparados. O que essas mulheres têm em comum é não apenas seu destemor, mas também seus compromissos anti-imperiais.

A falsa dicotomia de N'Jadaka/Killmonger — de que se deve subjugar ou ser subjugado — deixa claro que ele não é nenhum Bigger 5. Apesar de enfurecido, e *com todo direito*, ele não é Bigger 4, uma vez que foi claramente explorado como agente especial. É, quando muito, Bigger 3. Fanon, escrevendo sobre a decolonização e a burguesia pós-colonial, disse que esses herdeiros do poder geralmente ignoraram a meta de construir infraestruturas para a liberdade. Seus objetivos se revelaram simples: queriam tomar o lugar daqueles que os dominavam. A exemplo do caso N'Jadaka/Killmonger, isso significava que sua única fonte contínua de legitimação estava em manter suas nações reféns da violência em meio à qual seu estilo de liderança era mais em alta.

Deixando de ver seu corpo tornar-se poeira soprada pelo vento, N'Jadaka/Killmonger poderia sempre, como nas histórias em quadrinhos ou no mundo do mito, retornar. De fato, mesmo que seu cadáver se convertesse em cinzas, isso não iria descartar seu retorno naquele multiverso ficcional de seres humanos, super-seres humanos, deuses e sabe-se lá o que mais pode vir. Isso levanta uma questão central de governança para seus admiradores. Sob que *regime* eles iriam preferir viver, caso ele retornasse?

Uma questão a considerar é se T'Challa é Bigger 5, uma vez que ele não teme os brancos. A mesma questão diz respeito aos outros wakandenses, especialmente às mulheres que o acompanham em suas missões. Mas Bigger 5, para Wright, é o produto da alienação imposta pela euromodernidade. Wakanda se autoimpôs o isolamento, facilitado por sua tecnologia encobridora; ela fica fora da euromodernidade, com seus cidadãos observadores dos horrores do colonialismo e do racismo. Sua relação com o resto do mundo é assimétrica, situando os wakandenses fora dos parâmetros brancos e antinegros de identificação.

Recorde-se o teorema de Fanon sobre o racismo antinegro: "Uma criança negra normal, tendo crescido com uma família normal, verá a si mesma como anormal a partir do menor contato com o mundo branco".[19] Está claro que vários Panteras Negras e espiões wakandenses fizeram contato com o mundo branco ao longo dos séculos. Eles eram, então, anormais? Pode T'Challa, dados esses contatos com brancos, permanecer normal em termos wakandenses?

A natureza desse contato é crucial. Em todos os casos, os wakandenses são *agentes*. Os Bigger Thomas resultam da frustração da agência, isto é, da capacidade de agir. Eles se ressentem do teto baixo de vidro imposto sobre suas ambições, um teto que não limita do mesmo modo os brancos e outras populações não negras. Para que wankandenses se tornem qualquer dos tipos de Bigger Thomas, tais limitações precisam ser impostas a eles.

T'Challa sofre de ambivalência; seu congelamento na batalha ao ver Nakia pressagia a posterior hibernação que ele deverá suportar. Quando reemerge, está preparado para a longa batalha que seu povo e ele enfrentarão ao entrar em contato com o mundo mais amplo, grande parte do qual está saturado de condescendência e desdém por pessoas negras.

O filme é uma crítica à virada global contemporânea em direção à direita, ao fascismo e à xenofobia. O discurso final de

T'Challa na ONU é uma clara refutação de gente como o ex-presidente Donald Trump e seus apoiadores. Barreiras, declara T'Challa, precisam ser derrubadas, não erguidas.

A morte de N'Jadaka ao entardecer marca ainda o início da nova era de liderança de T'Challa, que também traz diferentes maneiras de encarar o conflito. Em vez de "subjugar ou ser subjugado", uma estratégia alternativa é destruir esse falso dilema — isto é, rejeitar a dominação e construir um mundo em que a dignidade, a liberdade e o respeito possam ser obtidos sem ela.

No momento do lançamento de *Pantera Negra* — e da escrita desta crítica — muitas democracias liberais estão lutando por sua legitimidade, que é tão risível quanto trágica, na medida em que imbecis ascenderam ao governo em seus dois representantes mais recentes do poder imperial global: o Reino Unido e os Estados Unidos. Tendo presumido a si próprios como triunfantes ao final da Guerra Fria, e tendo dominado o mundo com o poder militar e a força econômica, as duas potências anglófonas não conseguiram ver que a China e a Rússia continuavam a lutar por outros meios. A guerra da informação se mostrou muito mais danosa à criatividade e à efetividade dos Estados Unidos e do Reino Unido, e a União Europeia está sob o risco de um fascismo em ascensão ao passo que a França e a Alemanha tentam manter sua integridade. Enquanto isso, a China olha para a África e a Austrália como investimentos para seu futuro, e a Rússia mira os países da África em particular como um possível lugar de oposição militar à China. Onde eles vão acabar se confrontando depende de os países africanos desenvolverem estratégias viáveis para articular seu futuro independentemente dos ditames de tais forças imperiais.[20] Enquanto isso, a devastação ocasionada pela pandemia de Covid-19 trouxe à tona crises de justificação nos Estados Unidos, no Reino Unido e em países cujas políticas duras contra serviços sociais fizeram da polícia e do exército as bases de sua pretensão à legitimidade.

A decisão de T'Challa de construir centros wakandenses mundo afora talvez não fosse o gesto altruísta que os proponentes da libertação negra interpretaram inicialmente. Construir Institutos Confúcio fazia parte, afinal, da estratégia chinesa de ascensão global. A legitimidade alcançada por meio do entendimento, em vez da força, pode ser mais efetiva. Esse modelo de cidadania mundial foi também proposto pelos especialistas em segurança nacional dos Estados Unidos que escreveram *A Strategic Narrative* [Uma narrativa estratégica] (2011). O conselho dos autores aos Estados Unidos, ignorado em sua maior parte, é tornar-se um melhor cidadão do mundo. O raciocínio deles é o de que ser um mau vizinho que investe predominantemente em suas forças armadas não é sustentável.

Numa vertente semelhante, T'Challa reconhece a importância de assumir uma consciência política global. Fanon, pouco mais de meio século antes, recomendava ir além da Europa e construir novas instituições e ideias para uma nova humanidade.

Já sabemos que "negro" significava em Wakanda algo inteiramente diferente das conotações negativas forjadas na era da euromodernidade, que deixou incólume o país fictício. Em Wakanda, "negro", palavra associada a sua pantera totêmica, é positivo. Não é uma construção da supremacia branca e, portanto, não tem necessariamente que ser a superação de uma negação.

Killmonger, no entanto, trouxe a questão da negação para o centro da sociedade wakandense — ele de fato é, como gracejou meu filho Elijah, "o Pantera Afro-Americano". Elijah estava fazendo graça da evasiva racial marcada por esforços de etnicização, como quando um norte-americano se refere a um político africano, por exemplo, o falecido presidente sul-africano Nelson Mandela, como "afro-americano". Mas o uso de "afro-americano" como metonímia de todos os povos africanos e sua diáspora, ou de todos os povos negros, também demonstra o alcance imperial dos padrões dos Estados Unidos. A exportação da consciência negra norte-americana para países da África é repleta de contradições. Africanos na África são racializados em países onde eles não apenas são povos autóctones, mas também a vasta maioria da população. Esse status de maioria possibilitou a muitas comunidades africanas preservar sua diversidade étnica, inclusive mantendo vivas suas línguas nativas. No Caribe, países de maioria negra enfrentam realidades políticas diferentes das dos negros dos Estados Unidos, ao mesmo tempo que compartilham com eles a experiência de não ser o povo nativo original. Mas em países como a Austrália, o Canadá, a Índia, o Paquistão, os Estados Unidos e todos os da Europa, a consciência negra é uma perspectiva nitidamente minoritária nessas sociedades, e cada país tem uma história singular em função de elementos como a escravidão nos Estados Unidos, a indigeneidade na Austrália e a imigração das colônias como um traço distinto da maioria dos negros na Europa. O status hegemônico dos Estados Unidos coloca sua experiência de ser negro acima de todos esses países, incluindo os da África, do Caribe, do Sul da Ásia e da América do Sul. O pedido de Killmonger para ser sepultado no mar com seus antepassados marca sua origem, por intermédio de sua mãe, no tráfico negreiro e nos horrores que prosseguiram pela escravidão, Jim Crow* e o racismo continuado. Alguém poderia se perguntar: se ele renascer da água, não será mais Killmonger?

---

* Jim Crow: referência às Jim Crow Laws (leis de Jim Crow), leis estaduais e municipais que impuseram a segregação racial no Sul dos Estados Unidos, entre 1877 e 1964. A provável origem da expressão "Jim Crow" é a canção "Jump Jim Crow", cantada e dançada pelo ator Thomas D. Rice com o rosto pintado de negro pela primeira vez em 1832.

A ironia é que Pantera Negra, o personagem, não é uma criação africana, nem mesmo afro-americana, mas fruto mental de judeus-europeus-americanos, descendentes de pessoas intimamente ligadas tanto à diáspora como aos alicerces da ideia de raça. Kirby e Lee lutaram com sua tênue branquitude, e sua criação, mediada pela criatividade cinematográfica dos roteiristas Coogler e Cole, foi levada às telas num oferecimento africano-judeu mestiçado e dialético, com suas próprias sugestões imperfeitas do que poderia ser. Esse fenômeno não é exclusivo do mundo da ficção. Historicamente, uma fusão semelhante foi um passo rumo à autodeterminação na transformação da intocabilidade no Sul da Ásia, onde "dálite" não é um termo imposto, mas sim formulado pelas próprias pessoas: "'Dálite' é o único nome que os negros intocáveis da Índia deram e dão a si mesmos. Na raiz da palavra está 'dal', que em hebraico significa quebrado, esmagado".[21] Rejeitando o híndi dos brâmanes, os dálites usaram a língua de um povo antigo cujo entendimento de missão é *Tikkun olam* — consertar o mundo.

Wakanda começa com sua própria consciência de negritude, encontra uma consciência negra afetada pela euromodernidade e aspira a nada menos que uma relação africana miscigenada que pode conviver com um novo tipo de consciência Negra: uma consciência comprometida a não mais permanecer a mesma.

Parte IV

Mesmo quando *black and blue**

Como deve ser difícil

Trazer luz ao mundo
Emanando amor
Por trás do qual
A solidão

Não desespere
Distâncias físicas
Podem sempre ser transpostas
Por anseios do coração

Poema do autor

---

* Há aqui um jogo de palavras intraduzível. A expressão "black and blue" (ao pé da letra, "preto e azul") tem o sentido figurado de machucado, coberto de hematomas. E "blue" significa também, além da cor, o sentimento de tristeza e melancolia. Entre os negros norte-americanos, seria um sentimento semelhante ao "banzo", definido pelo *Dicionário Houaiss* como "processo psicológico causado pela desculturação, que levava os negros africanos escravizados, transportados para terras distantes, a um estado inicial de forte excitação, seguido de ímpetos de destruição e depois de uma nostalgia profunda, que induzia à apatia, à inanição e, por vezes, à loucura ou à morte".

II.
*Blue**

O ataque contínuo sofrido nos últimos quinhentos anos por povos colonizados deixou muita gente machucada. As agressões e injúrias podem sufocar a alma com o espírito da seriedade. A marcha da consciência Negra, acompanhada pela consciência negra, é uma luta por liberdade, uma luta para respirar. Mesmo que para a consciência negra a vida se apresente como já interditada, invisível aos olhos da sociedade antinegra — ela anseia por possibilidades. Ressentida, ela às vezes chora; perspicaz, sabe o valor de suas lágrimas. No contexto dos Estados Unidos, a consciência negra inaugurou seu caminho rumo à consciência Negra ao transformar reflexão e dor no blues. É uma forma de jogo desperto, assumindo a responsabilidade pelas regras segundo as quais vivemos e libertando-as dos grilhões da seriedade. Isso, junto com a educação antirracista ou decolonizada, é um caminho para a ação política e a construção de instituições dedicadas à dignidade, à liberdade e à saúde social.

Amiri Baraka escreveu uma obra de amor dedicada a essa sensibilidade, sob o título *Blues People* [Gente do blues, ou Povo do blues].[1] É um testemunho das objeções Negras às práticas euromodernas de desumanização. A música e a letra do blues tratam de dissonância e responsabilidade, e emitem um

---

* Optou-se, na tradução, por manter a palavra original, "blue", para preservar sua ambiguidade, significando ao mesmo tempo a cor azul e o adjetivo "triste", e também pela referência ao blues, gênero musical.

lamento no qual os poetas e cantores do blues bradam que, a despeito de tudo, suas vidas importam. A desumanização das pessoas negras — não apenas ao serem forçadas ao status de propriedade e mão de obra estigmatizada, mas também por estarem sujeitas ao legado dessa presunção de status sub-humano — leva muitas delas a indagar o que significa ser humano. Faz sentido que pessoas que foram escravizadas, colonizadas e privadas de direitos viessem a refletir sobre o significado de liberdade e libertação. Também faz sentido que a autojustificação seja uma preocupação para pessoas cujos esforços para interrogar sua condição frequentemente se deparam com insinuações sobre sua suposta falta de capacidade intelectual para tal.

Sociedades racistas engendraram mecanismos para anular a importância de muitos grupos de indivíduos. Seus tênues fundamentos chegam a iludir até mesmo muitos que elas alegam importar mais que outros. Isso é porque muitas das racionalizações de sociedades racistas são misantrópicas; elas degradam a humanidade. Essa degradação, entre outros desafios existenciais, faz os negros, como representantes da degradação, produzirem um poderoso leitmotiv: o blues.

O blues é uma forma de música negra. É também um jeito e um estado de espírito que transcende a performance musical — em outras palavras, a forma musical em si é uma expressão do blues. Criação artística de africanos que foram degradados pela colonização e escravização europeia e que se esforçam para elaborar sua condição, o blues é às vezes presumido como "específico" de pessoas negras, mas uma compreensão melhor das vidas negras em sociedades antinegras fornece uma conclusão diferente. A percepção de que visões negativas de pessoas negras são *impostas* exige que elas sejam justificadas, uma exigência que, por si própria, refuta a autoconsciência negra negativa como culminação da consciência negra. A resposta lógica à falsa consciência, apresentada como universal, é buscar o que a transcende, e, independentemente da alternativa que a pessoa seja capaz de encontrar, já existe uma conquista no fato de se libertar daquela falsa realidade. Onde um suposto universal é inatingível, essa própria inacessibilidade é compartilhada por todos. Isso, evidentemente, é um paradoxo: uma falta universal de acesso ao universal.

A mensagem a esta altura deveria ser óbvia. O blues, como música negra, pode de fato ser mais universal do que outros tipos de música propostos como universais. Essa comparação, porém, é como comparar maçãs com laranjas sem atentar para o valor nutricional de umas e outras. Para aqueles a quem um tipo de música, de jeito ou de estado de espírito se conecta, será que eles em última instância se importam se sua fonte de alegria é universal ou não? Muitos se importam, mas outros — talvez a maioria — não.

A música blues nos ajuda a pensar sobre o sentimento blues que a alimenta. O que está por trás do lamento de Louis Armstrong quando canta "(What Did I Do to Be So) Black and Blue" (1929), de Fats Waller, e das reflexões de Ralph Ellison sobre isso em *Homem invisível*?[2] Há muita negritude machucada no blues.

A negritude que contextualiza o blues é uma infelicidade peculiar nascida de uma enlouquecida luta pela existência. O racismo euromoderno, baseado na expansão de uma velha ordem teológica numa ordem secular global, levou grupos inteiros de pessoas a sentir necessidade de perguntar: "Na realidade, quem sou eu?". Generalizada, a pergunta passa a ser: "Quem somos nós?".[3] Desatada, a pergunta nos remete de volta ao problema da justificação: "Qual é o sentido de saber quem ou o que somos?". Ou: "Será que, tendo em vista quem e o que somos, era para estarmos aqui?". E, em termos diretos: "Qual é o sentido do sofrimento negro?".

Já vimos que a consciência negra se depara com um problema de legitimidade e com a melancolia nascida desse problema. Ser negro, nesse sentido, é ser rejeitado e excluído da vida normativa em sociedades antinegras, mesmo quando se é autóctone delas. Como não havia motivo algum para as pessoas se considerarem negras em termos racistas antes de o entendimento da negritude ter passado a existir todos os negros euromodernos encaramos a condição de não pertencer ao único mundo em que teríamos a possibilidade de ser autóctones. A condição da consciência negra resultante no mundo euromoderno é nada menos que o blues.

Mas por que invocar a cor azul [*blue*], e não outra qualquer? Abordando essa questão, a música e compositora de rock Debra Devi especula que a frase se originou da expressão inglesa do século XVII "the blue devils" [os demônios azuis], depois abreviada para "the blues", que se referia aos efeitos intensos, até alucinatórios, associados à crise de abstinência de álcool.[4] Essa interpretação não explica, porém, por que "os demônios azuis" eram de fato azuis. Azul, afinal de contas, pode se referir a alguma coisa positiva, como na expressão "debaixo de um céu azul".

A curadora e historiadora afro-americana judia Catherine E. McKinley fala sobre o uso do azul entre grupos étnicos da África Ocidental, onde o azul-claro significa realeza e o índigo é usado para o luto.[5] O blues nasceu quando africanos e europeus convergiram no novo mundo sob condições miseráveis que reverberam até o presente. Isso acrescenta uma dimensão, talvez psicanalítica, à teoria dos "demônios azuis": a embriaguez da exploração e do lucro euromoderno global ocasionou a ressaca que a humanidade agora está sofrendo. A essas interpretações, poderíamos acrescentar a cor inicial de pele contundida, que é às vezes literalmente e sempre figuradamente negra e azul [*black and blue*].*

---

* Ver a nota do tradutor na página de abertura deste capítulo.

Uma sociedade antinegra, ao tentar superar suas contradições e tornar-se completa e una consigo mesma, nutre uma obsessão pela completude. Isso produz em pessoas não negras expectativas pueris de que o mundo será coerente e nítido; enquanto isso, para pessoas negras que não podem evitar a realidade, essas circunstâncias produzem uma percepção adulta dos paradoxos, das contradições e dos fardos injustos da vida. Em outras palavras, o blues.

O blues nos diz que o que é racional nem sempre é razoável. O racismo, como compreendem bem os que o sofrem, nunca é razoável, mas sempre se oferece como friamente lógico e racional. Como exprime Fanon:

> O racista numa cultura de racismo é [...] normal. Ele alcançou uma harmonia perfeita entre relações econômicas e ideologia em seu ambiente. [...] Na verdade, o preconceito de raça obedece a uma lógica impecável. Um país que vive e extrai sua substância da exploração de outros povos torna esses povos inferiores. O preconceito de raça aplicado a esses povos é normal.[6]

Outros, aqueles que não pertencem, estão sempre supostamente errados. Dar-se conta de que essa falsidade agradável para a maioria dos brancos é uma mentira daria a todo mundo motivo para cantar blues em sociedades antinegras. O autoengano de conviver com uma injustiça permanente, se a pessoa alega defender a justiça, requer uma enorme energia. Fanon, ironicamente, encarou tal situação em suas primeiras reflexões sobre o blues. Sua conclusão:

> Desse modo o blues, "o lamento do escravizado", é apresentado para a admiração de opressores. É uma opressão estilizada devolvida ao explorador e ao racista. Não existe

blues sem opressão e racismo. O fim do racismo é a sentença de morte da grande música negra.[7]

Nascido do sofrimento racial, o blues, de acordo com Fanon, só poderia se manter com a continuação desse sofrimento. Brancos ouvindo blues se entretêm com o sofrimento causado pelo mundo criado para o seu benefício. Esse argumento sugere que a identificação com uma produção estética como o blues requer consciência e conexão com a fonte do prazer que ele proporciona. Muitas pessoas, no entanto, não apenas apreciam uma música que não está intimamente ligada a sua experiência pessoal, mas também incorporam suas próprias experiências à música influenciada pelas experiências vastamente diferentes de outros. O infortúnio de outra pessoa pode ser personalizado artisticamente e apreciado sem a incorporação do sofrimento pessoal do receptor. Como Kierkegaard descreve o poeta:

> Um homem infeliz que abriga em seu coração uma angústia profunda, mas cujos lábios são talhados de tal maneira que os gemidos e lamentos que passam por eles se transformam em música arrebatadora. Seu destino é como o das vítimas que o tirano Fálaris aprisionou num touro de bronze e torturou lentamente sob um fogo contínuo; seus gritos não podiam chegar aos ouvidos do tirano de modo a infundir terror em seu coração; quando chegavam a seus ouvidos, soavam como doce música. E os homens se reúnem em torno do poeta e lhe dizem: "Cante para nós novamente em breve" — o que é o mesmo que dizer: "Que novos sofrimentos possam atormentar sua alma, mas que seus lábios sejam moldados como antes; pois os gritos só nos afligiriam, mas a música, ah, a música é encantadora".[8]

A descrição de Kierkegaard aponta para a beleza da poesia e da música nascidas do sofrimento. Ele não diz por que o leitor ou ouvinte é capaz de sentir a alegria ou identificar a beleza. Deve haver algo que *conecta* a plateia à performance. Afinal, não são apenas pessoas negras que cantam e ouvem blues. Há pessoas não negras ouvindo blues na Austrália, no Brasil, na China, na Índia, na Itália, na Coreia do Sul, em Portugal, na Rússia, na Sérvia, na Espanha, na Suécia — em toda parte —, e duvido muito de que todas estejam se regozijando com o sofrimento dos negros. Elas provavelmente não estão se imaginando como escravizados negros em plantações de algodão, açúcar ou tabaco ou ocupando celas nos sistemas criminais injustos, da mesma maneira que um brâmane não se imaginaria entre a casta mais baixa da sociedade do Sudeste Asiático, a dos dálites.

Compreender a realidade vivida dos condenados da Terra requer fazer a transição para uma consciência dupla potencializada das condições sociais que os degradam. Na medida em que emerge do sofrimento negro, o blues fala do sofrimento através dos desafios da vida euromoderna e de sua concomitante antinegritude. Fala a qualquer pessoa que se confronta com as entranhas da vida em tais sociedades. Ellison se expressa assim:

> O blues é um impulso para manter vivos na consciência dolorida da gente os detalhes pungentes de uma experiência brutal, apalpar seu grão áspero, e para transcendê-la, não por meio do consolo da filosofia, mas espremendo-a até extrair dela um lirismo quase trágico, quase cômico. Como forma, o blues é uma crônica autobiográfica de catástrofe pessoal expressa liricamente.[9]

O blues tem a ver com lidar com o sofrimento da vida em qualquer de suas formas. A negritude fala à vida contemporânea por meio dos muitos descendentes musicais do blues: swing, jazz, rhythm and blues, soul, rock'n'roll, beguine, mambo, salsa, samba, *rocksteady*, reggae, calipso e os muitos estilos de hip-hop, entre outras coisas.

O blues enquanto música está cheio de ironia. Sua tristeza exemplifica um entendimento adulto da vida que é pesaroso, sóbrio e às vezes feliz. É uma felicidade não ilusória, frequentemente marcada pela autodesaprovação e pela avaliação crítica, o tipo de felicidade ou bom humor motivado pela percepção lúcida, e não pela diversão. É a beleza do luar versus a luz do sol, embora um dia ensolarado possa alimentar o blues — tanta coisa pode se esconder à plena vista. Se alguém busca o entorpecimento no álcool, o blues lhe dirá que o entorpecimento não o levará a parte alguma.

O blues nos lembra que a vida não é algo de que devemos escapar, mas sim que devemos enfrentar. E faz isso em sua própria forma. A estrutura clássica do blues é repleta de repetições que revelam novas camadas de sentido sobre o caráter cíclico da vida. E nessa estrutura, embora uma história seja recontada, ela é compreendida em diferentes níveis com cada nova narração, cujo efeito é catártico, provocando uma compreensão renovada do início. Artistas de blues assumem a responsabilidade por sua existência, e ao fazer isso podem também transcender seu presente em voos de imaginação compartilhada. Essa dimensão da performance do blues, especialmente na música bebop, nem sempre diverte patronos brancos da negritude exoticizada, uma observação que Fanon não deixou de fazer. Ele reflete com prazer:

Um exemplo memorável, que se reveste de certa importância porque não é inteiramente sobre uma realidade colonial, foi a reação de experts brancos em jazz quando, depois da Segunda Guerra Mundial, estabeleceram-se novos estilos, tais como o bebop. Para eles, o jazz só podia ser a nostalgia humilhada e desesperada de um velho "nigger", entupido por cinco uísques, praguejando contra si mesmo e o racismo dos brancos. Tão logo ele entende a si próprio e ao mundo de forma diferente, tão logo cultiva a esperança e força o mundo racista a recuar, fica claro que vai tocar seu trompete para contentar seu coração, e sua voz rouca soará alta e clara.[10]

Fanon está respondendo à destreza e complexidade do bebop. Performances de música bebop — às vezes executada com tanta rapidez que músicos clássicos de origem europeia achavam que os discos estavam sendo tocados na rotação errada — frequentemente questionavam o que a maioria dos músicos que não eram do jazz julgavam impossível de executar. Há também variações harmônicas, com uso sutil de dissonâncias, que elevavam a música a patamares de arte, e não mero entretenimento. O racismo antinegro relaxa quando pessoas negras são reduzidas ao entretenimento em vez do desafio e da complexidade da arte. Ao elevar os padrões em voos virtuosísticos de imaginação, o bebop transcende a miséria da negritude estereotipada, que é exoticizada e fetichizada por críticos e consumidores brancos de performances negras. Ele oferece uma tripla ameaça à supremacia branca. Não é imitação; demonstra uma história acachapante de realização artística negra, acima do potencial da maioria dos brancos que participam do gênero; e é independente do reconhecimento branco. Os brancos que tocam bebop entram num mundo em que os parâmetros mais elevados são Negros. A escala de realização não apenas no bebop, mas também em muitas outras formas de jazz, ainda está sendo decifrada, como explica o físico teórico e saxofonista Stephon Alexander em sua análise de "Giant Steps" (1960), de John Coltrane, e da dupla-hélice.[11] Não importa o quanto aqueles primeiros críticos tenham detestado, os músicos de bebop continuaram trabalhando sobre o potencial artístico da música sem se preocupar com seu valor comercial. Se produzisse "hits" como "A Night in Tunisia" (1942) e "Groovin' High" (1945), de Dizzy Gillespie, ou "Confirmation" (1946) e "Yardbird Suite" (1946), de Charlie Parker, ótimo. Se não conseguisse, cabia a pergunta inscrita num título de Miles Davis: *So what?* [E daí?].

No entanto, no que diz respeito a Fanon, não deveríamos descartar os lamentos e choros do blues. Esquivar-se do sofrimento não é nem maduro nem sensato. A expressão reflexiva de sofrimento do blues proporciona entendimento. O blues transita, em outras palavras, da experiência pré-reflexiva à autorreferência, à autoavaliação e à autotranscendência.

Isso significa que o blues revela uma aspiração manifestada lindamente no bebop e em seus outros descendentes musicais — uma maturidade estética e ética em que a questão da vida política nunca é ignorada. Essa música vem de sociedades nas quais o sentimento predominante é o de que gente negra não tem ponto de vista, e mesmo que algum seja expresso, é, quando muito, infantil. Esse é um dos objetivos do racismo — esvaziar de poder desde as instituições políticas até os níveis de expressão estética. Produzir música em que as vidas e aspirações das pessoas negras importam — e fazer isso num nível de virtuosismo a que poucos músicos brancos são capazes de se igualar — já é uma afronta a uma sociedade racista antinegra. Esse elemento político está presente nos ramos internacionais do blues. No Brasil, ele está no samba e em outras formas conscientemente afro-brasileiras, como por exemplo as fusões encontradas na música de Milton Nascimento. A crítica política do blues está no reggae, esse fruto do ska e do *rocksteady*. Dos Abyssinians aos Heptones, dos Melodians aos Wailers e muitos outros artistas, o reggae começou com ritmos de dança e depois articulou protesto e crítica em suas fusões particulares; quase todos os países têm seu estilo próprio de reggae. No continente africano, outras formas de blues apresentam tipos distintos de crítica política; na Nigéria, o multiartista e combatente pela liberdade iorubá Fela Anikulapo Kuti é um grande exemplo.

Em suas memórias filosóficas, o filósofo sul-africano Mabogo P. More reflete que o jazz, especialmente o bebop, e a música intimamente conectada com seu éthos, foi uma fonte de inspiração e afirmação para muitos de seus compatriotas sul-africanos e para ele próprio enquanto se tornavam adultos sob o sistema brutal do apartheid.[12] Apesar das mensagens que recebiam de supremacia branca e inferioridade negra, no jazz, a criação de pessoas negras tomando o palco como Negras era algo em que a branquitude *não* era o padrão, em última instância. Adicionalmente, o modo como músicos de jazz se vestiam e se portavam no palco era surpreendente: nenhum jazzista de ascendência africana era um exemplo de "menino" ou "menina". Estava-se sempre ouvindo um homem ou uma mulher, mesmo quando o artista em questão era um adolescente.

Mas a observação de More levanta uma questão espinhosa nas discussões contemporâneas da música negra. Há sempre um mercado para aqueles que desejam rebaixar o Negro de volta a negro; de volta a "negroide" e "nigger". Esse, infelizmente, é um traço disseminado na música popular recente, em que em vez da música Negra se prefere a música negra, cujo objetivo é de entretenimento, e não político ou mesmo filosófico ou artístico. O problema com a música Negra, da perspectiva de uma indústria musical dominada pelo gosto do mercado branco, é que ela supostamente não é "autêntica". É um modo cifrado de dizer que ela não corresponde aos estereótipos buscados por consumidores predominantemente brancos. Há, igualmente, a visão de que a negritude autêntica só poderia ser caracterizada pelo sofrimento. Entretanto, observemos o seguinte: o sofrimento é uma porcaria. Colocado de outro modo, é *funky*.* Esse termo hoje em dia se refere obviamente a música dançante que movimenta o corpo de modo a expulsar o pavor, uma forma de purgação catártica da alma ou, de modo mais cru, de soltar um peido. "Deixa sair!" é seu credo, e os dançarinos movimentam o baixo-ventre, os quadris e as nádegas, em múltiplos sentidos de liberação de excrementos e orgasmo. E embora a catarse possa ser saudável, o apego a ela pode ironicamente levar à rigidez. A performance, que pode ser uma atividade crítica, torna-se então puro entretenimento, que é a diversão sem reflexão. Onde a negritude é mero entretenimento, logo se cai no espetáculo caricato de negros para brancos.

O entretenimento é também, como vimos, um modelo de consciência negra facilmente acessível ao imaginário branco, à imitação e ao roubo. Na primeira década do hip-hop, o grupo Run-DMC antecipou esse problema no videoclipe da música "It's Tricky" (1987). A canção é sobre como fazer rap não é tão fácil quanto as pessoas pensam, e o vídeo descreve o equívoco do grupo de ensinar sua arte a dois vigaristas brancos depois de vencê-los no jogo do monte** numa calçada. O vídeo começa com uma mulher afro-americana sendo ludibriada e perdendo sua corrente de ouro para os malandros, numa clara alusão ao ouro roubado da África. No final do vídeo, os membros

---

* O adjetivo "funky" cobre um amplo espectro de significados: simples, "de raiz", despretensioso, não convencional, excêntrico, mas também malcheiroso, além de, evidentemente, relacionado à música funk, herdeira do blues. No contexto, o uso parece se referir a estes dois últimos sentidos.

** De acordo com o *Dicionário Houaiss*, o "monte" é "jogo de azar em que o banqueiro abre sobre a mesa quatro cartas tiradas do baralho e os participantes apostam qual delas vai sair primeiro repetida na sequência do jogo". No caso do videoclipe em questão, são apenas três cartas.

do Run-DMC aparecem para sua apresentação no Japão e descobrem não apenas que os dois vigaristas brancos estão no palco se passando por eles, mas também que a própria plateia japonesa acredita que eles sejam o *verdadeiro* Run-DMC.

Em meados da década de 2000 escrevi um ensaio sobre problemas de maturidade no hip-hop que recebeu certa reação crítica da parte de meus alunos, muitos dos quais depois vieram me confessar que concordavam com meu argumento.[13] Eu tinha perguntado o que sairia do hip-hop, assim como o bebob saíra do swing. Meu intuito não era avaliar o hip-hop pelos padrões do bebop, mas levantar uma questão crítica encarada por ambos, a saber: o crescimento ou amadurecimento artístico. Artistas do hip-hop geralmente representam uma valorização da negritude autêntica como uma adolescência perpétua, e o mesmo ocorre na comoditização do gênero no mercado: pessoas negras, para ser autênticas, supostamente não devem jamais se tornar adultas. Enredar pessoas negras na armadilha de uma adolescência perpétua como marca de autenticidade é o retorno do tratamento paternalista contra o qual muitos revolucionários Negros protestaram e que eles continuam a trabalhar para eliminar.

Embora o centro da música hip-hop sejam os Estados Unidos, devemos ter em mente que ele é global, o que significa que o modo como a indústria musical embala aquilo que considera negritude autêntica afeta gente negra em toda parte. Essa embalagem inclui sua história. O que muitos patrocinadores do gênero frequentemente deixam de lado é a história multinacional de como o hip-hop se formou. Ele foi organizado por povos anglófonos e hispanófonos do Caribe junto com diversos outros jovens negros que convergiram no Bronx, em Nova York. Muitos eram jamaicanos; outros, porto-riquenhos; e o leque abarcava dos barbadianos e trinitário-tobagenses no Caribe aos afro-americanos que passaram sua infância entre

Nova York e férias de verão com familiares no Sul dos Estados Unidos e no Caribe. O hip-hop, em outras palavras, foi amplamente variado desde seu começo. As descrições estereotipadas de autenticidade negra através das quais ele é propagandeado são indicativas de declínio. Nesse aspecto, o hip-hop seguiu um movimento clássico de vigorosa ascensão seguida por marcas de decadência, ainda que não completa.

Nietzsche delineou uma dialética da produção cultural que mapeia com extraordinária precisão muitos desenvolvimentos da música contemporânea.[14] Ele argumentava que, no estágio de desenvolvimento criativo, a música sai do coro (a comunidade) e está vinculada à afirmação da vida concretizada na dança. Ela transita então para a autoabsorção (o indivíduo) em retratos do ego e recuo do coro. Com o tempo, acaba descendo a uma busca por agência (capacidade de agir) por meio do corpo (corporalidade), frequentemente com foco em gênero, sexo e prazer sexual.

A expressão ateniense antiga desse movimento foi exemplificada pelos poetas Ésquilo, Sófocles e Eurípides — pense em *Oréstia*, *Antígona* e *As bacantes*. Ésquilo era o mais velho dos três, e Eurípides o mais novo. A *Oréstia* é uma trilogia cuja primeira parte conta a trágica história do herói Agamenon, assassinado por sua esposa, Clitemnestra, e pelo amante desta, Egisto; a segunda, *Coéforas*, descreve a filha de Agamenon, Electra, e o filho, Orestes, matando a mãe e seu amante; a terceira, *Eumênides*, relata o julgamento de Orestes. O coro e a música são traços centrais das três peças. O antigo filósofo ateniense Sócrates e o filósofo alemão do século XIX G. W. F. Hegel amavam as tragédias de Sófocles, em especial *Antígona*, que se concentra no conflito entre Antígona (a filha do antigo rei Édipo) e seu tio materno, o rei Creonte. A morte de Édipo levou a uma guerra civil em que os irmãos de Antígona, Etéocles e Polinices, morreram combatendo em campos opostos.

Etéocles recebeu um sepultamento ritual; Polinices, que se opunha a Creonte, foi abandonado insepulto para ser devorado pelos abutres. Antígona enterra repetidamente Polinices, o que a leva a um julgamento e à posterior condenação à morte. O coro tem um papel menor nessa tragédia do que nas peças de Ésquilo, e os personagens principais estão envolvidos num conflito de obrigações aos deuses versus obrigações ao Estado. Nietzsche via *Antígona* como o início do declínio da sociedade clássica grega. Em seguida a ela vieram as peças de Eurípides, nas quais o infortúnio de mulheres era central. Em *As bacantes*, por exemplo, o deus andrógino Dioniso — deus do teatro, do vinho e das mulheres — visita e convence o jovem rei Penteu a vestir-se de mulher para se infiltrar entre as seguidoras femininas do deus imersas num transe ritual. A fraude de Penteu é revelada e ele é esquartejado pelas mulheres, entre elas sua própria mãe, Agave. Os críticos da época de Nietzsche louvavam as peças de Sófocles como a mais alta expressão do que é conhecido como a Grécia Ática, também marcada pelo florescimento da filosofia. Nietzsche lia como um declínio a transição da dança e do coro para os monólogos e a reflexão filosófica e, por fim, para os temas centrados na mulher.

Retornando para o presente, a evolução de certas formas de música popular como o rock'n'roll, o reggae e o hip-hop revela movimentos da música dançante para um estágio de protesto crítico e muitas vezes autorreferente e para uma liberação de forças libidinais em letras altamente sexualizadas e com frequência misóginas. Este último aspecto é paradoxal, já que, por serem centradas na mulher, há críticos que interpretam as letras como também emancipadoras e libertárias.

Os paralelos na história da música popular são surpreendentes. O rap, em seu início, veio da voz do coro sobre música voltada para a dança. Esse período inicial, quando "Rapper's Delight" (1979), da Sugarhill Gang, apresentou o rap a um público mais amplo, arrastou as pessoas para a pista de dança. O estágio seguinte se concentrou mais na experiência do rapper individual, cujas palavras favoritas eram "eu", "mim", "meu" e "minha". Pense em "My Philosophy" (1988), de KRS--One. Acho que KRS-One não iria se opor a ser o estágio socrático/sofocliano, uma vez que se identifica como filósofo. Esse período também produziu uma crítica social profética. O estágio seguinte apresentou a ascensão de rappers mulheres, como por exemplo o trio Salt-N-Pepa, conhecido por suas letras altamente sexuais, lado a lado com artistas homens obstinados em se referir a mulheres como "cadelas" e "vadias". Talvez o melhor exemplo da tendência misógina seja o grupo 2 Live Crew. Novos estilos se firmaram, mas o ciclo da dança ao protesto e à degradação e à fantasia sexual retornou. Artistas como Missy Elliott, TLC e Outkast, por exemplo, trouxeram os ouvintes de volta a seus sentidos com graça e energia. Já que a música tem a ver com muito mais do que levar as pessoas para a pista de dança ou para a cama, seguiram-se *Plantation Lullabies* (1993) e *Bitter* (1999), de Meshell Ndegeocello; *Black on Both Sides* (1999), de Mos Def (Yasiin Bey); e, na França, *Paradisiaque* (1997) e *Cinquième As* (2001), do rapper senegalês MC Solaar (Claude M'Barali). Mais recentemente, há a obra de Kendrick Lamar, que inclui a badalada *To Pimp a Butterfly* (2015) e o álbum vencedor do prêmio Pulitzer *Damn* (2017). Entretanto a tradição continua, uma vez que as conquistas de Lamar são sucedidas por "WAP" (2020), de Cardi B, com a participação de Megan Thee Stallion, que, apesar de ter um ponto de vista feminino, segue a fórmula de mulheres e sexo como resposta dialética à reflexão política masculina.

Nietzsche sustentava também que a arte nunca brota em solo infecundo. Isso significa que ela não está nunca livre de forças materiais econômicas e políticas. A música contemporânea — da qual o rock, o reggae e o hip-hop não são as únicas variedades — se desenvolveu num mundo necessariamente caracterizado por capitalismo, colonialismo e racismo, e tudo isso se junta contra qualquer esforço da arte de escapar ao seu alcance. O conservadorismo de Nietzsche pode torná-lo avesso a essas considerações, mas seu argumento de que a música reflete o desenvolvimento e o declínio da sociedade torna apropriada esta observação material.

A descida à "niggerização" como marca de autenticidade não é senão uma tendência que, infelizmente, é bastante vendável junto a plateias amplamente brancas. Quanto mais decadente, melhor. Alguém pode replicar que performances de jazz também costumam atrair plateias majoritariamente brancas, mas essas plateias não assistem à autodepreciação dos que estão no palco. "Nigger", "nigga" e "nigguh" não fazem parte do léxico do jazz e são incompatíveis com a identidade do jazz, cujos artistas também chamam de "música clássica afro-americana". Por estranho que pareça, as primeiras gravações de rap só usavam raramente aquelas injúrias.

Quando até mesmo a política pode ser convertida em mercadoria, o potencial supostamente revolucionário desse tipo de expressão autopejorativa é capaz de encontrar seu público e seu mercado. Aqueles que lutaram o bom combate contra a autodepreciação racial não deixaram de perceber. Movidos tanto por frustração como por amor, alguns, como o filósofo e poeta Richard Jones, emitem um chamado ao despertar:

Em 1959 era negão favor
Tirar essa bunda preta vadia do ônibus
E não muito depois era
Negro por favor pelos
Ganhos econômicos e a porra do supositório boogie-woogie
E depois apelos de preto submisso
Por misericórdia merci beaucoup e

Hippity hoppity *no*
Rastro das coelhinhas
Arfando niggaz please
Musiquinha negra fácil
*E bosta para os Nigaratti**
Faz um nigger *querer*
Enlouquecer/ voltar pra casa/ voltar pra África/
Voltar pro berço/ se foder/
Dar um looping/ comer tripa de porco/
Vai, vai!!! Chuck Brown
Vai de soquinho e rasteira
Niggah pa-leeze!!!***[15]

Poderia ser questionado se essa comparação crítica é uma afirmação do que se costuma chamar de "a política da respeitabilidade".[16] Esta última é uma atitude adotada por comunidades burguesas negras em que sua sensibilidade e seus valores

---

* "Nigaratti": provável referência ao termo "Niggerati", criado pelo escritor negro Wallace Thurman (1902-34), fundindo as palavras "nigger" e "literati" para se referir aos artistas e intelectuais afro-americanos do chamado Renascimento do Harlem, entre 1918 e meados dos anos 1930.

** Aqui vai o poema original, com sua profusão de trocadilhos, neologismos, ortografia extravagante e onomatopeias, que em parte se perdem na tradução: "*In 1959 it was niggrah please/ Git yo' lazy black ass offa de bus/ And then soon enuf it waz/ Neegrow please for da/ Economic gains and boogie-woogie shit/ And den kneegrow pleas/ For merci beaucoup and/ Hippity hoppity down/ The bunny trail to/ Niggaz pleezee and wheezee/ Negro-ese easy peasee/ And shit for the Nigaratti/ Makes a nigger wanna go/ Crazy/home/back to Afrika/ To da crib/ Fuck hisself/ Loop-de-loop/ eat chitlins/ Go-go!!! Chuck Brown/ Go fist-bump and drag-a-leg/ Niggah pa-leeze!!!*". O último verso, por exemplo, "*Niggah pa-leeze*", mistura uma pronúncia escrachada de "*nigger please*" e a sugestão de "negro de aluguel", já que "lease" significa "aluguel", "arrendamento". Do mesmo modo, "hippity hoppity" faz uma fusão de hip-hop com a palavra "pity", que significa "piedade", "compaixão". Os trocadilhos alcançam até outras línguas, associando "for mercy" (por misericórdia) com "merci beaucoup", "muito obrigado" em francês.

de classe se fecham às populações negras pobres que elas julgam grosseiras. Há, porém, uma diferença entre respeitabilidade e respeito. A respeitabilidade às vezes leva à imobilidade, quando as condições políticas talvez demandem confrontar a sociedade antinegra para conquistar respeito. A luta contra uma sociedade injusta assume muitas formas, como vimos no capítulo 10 em nossa discussão do retrato de Richard Wright de cinco tipos de questionadores do sistema racista antinegro, que ele caracterizava como Bigger Thomases. Os vários Bigger Thomases terminam aterrorizando seus companheiros negros ou sendo mortos pela polícia. O quinto tipo, porém, concentra seu foco em rejeitar qualquer sistema no qual os únicos papéis são subjugar outros ou ser subjugado. Esse é o tipo com significação revolucionária. A luta do Bigger 5 não se edifica sobre a autodegradação. É por isso que Sojourner Truth, Ida B. Wells-Barnett, Ella Josephine Baker, Claudia Jones, Amílcar Cabral, Frantz Fanon, El-Hajj Malik El-Shabazz (Malcolm X) e Steve Bantu Biko — todos eles corajosos combatentes pela liberdade que se viam lutando contra sistemas cruéis e injustos — são exemplos históricos de Bigger 5.

Para dizer o óbvio, nem todas as produções estéticas são politicamente lúcidas e revolucionárias — em outras palavras, marcadas pelo amadurecimento em sua compreensão de uma mudança social radical. Algumas são reacionárias. Algumas valorizam o retorno a um passado supostamente autêntico. Outras podem clamar por botar fogo em tudo, o que não deixa futuro algum para quem quer que seja. Algumas podem ser tão autocentradas que não têm espaço para outros darem contribuições criativas para o desenvolvimento de uma forma de arte. A questão política referente ao hip-hop, então, é saber se há maturidade onde a libertação é proposta. Viver perpetuamente como uma contraestética — isto é, simplesmente ser contra a sociedade branca — é uma vida de dependência, uma vez que os brancos estabeleceriam os termos contra os quais seria preciso reagir, o que ofereceria pouca coisa que não pessimismo ou, pior, desespero.

Isso não quer dizer que maturidade e performances nuançadas sejam impossíveis no hip-hop — basta ver a já mencionada lista de Meshell Ndegeocello, Mos Def e MC Solaar, e poderíamos acrescentar The Roots, em especial seu álbum *Things Fall Apart* (1999), título que é uma homenagem ao grande escritor ibo nigeriano Chinua Achebe, cujo romance *Things Fall Apart** (1958) é o livro mais lido da literatura africana. Poderíamos também citar o ativista, músico e cineasta Boots Riley, que conquistou fama inicialmente com o grupo politicamente crítico The Coup. Em seu filme de 2018 *Desculpe te incomodar*, Riley traz para o foco muitos dos temas e objeções colocados ao hip-hop como encontro ideal de política e arte.

O desafio do amadurecimento é que ele requer transformação com esperança de crescimento. *Desculpe te incomodar* aborda lutas por amadurecimento no contexto claustrofóbico do capitalismo contemporâneo. Lembremos que o mito, a partir da palavra grega "muthos" (que significa "contado" ou "narrado pela boca"), evoca o que precisa ser contado, que não são apenas histórias, mas também seus rituais de repetição correspondentes. Contar de novo traz à tona o significado por trás do significado; é por isso que com frequência somos capazes de reconhecer uma história familiar naquilo que parece inicialmente ser uma história nova, revelando a verdade em ação em sua narrativa. Há, assim, verdade na ficção, em que histórias fictícias revelam o saber que contamos de novo e de novo.

Um mito que *Desculpe te incomodar* narra novamente é o do romance de Carlo Collodi *As aventuras de Pinóquio* (1883), sem

---

* No Brasil: *O mundo se despedaça*. Trad. de Vera Queiroz da Costa e Silva. São Paulo: Companhia das Letras, 2009.

dúvida mais familiar à maioria dos espectadores de cinema por meio da versão Disney, intitulada simplesmente *Pinóquio* (1940).[17] Uma das aventuras do boneco de madeira Pinóquio em sua saga para se tornar "um menino de verdade" é muito relevante aqui. No romance de Collodi, Pinóquio e seus amigos colocam-se em perigo ao se aventurar na Terra dos Brinquedos, chamada de Ilha dos Prazeres no filme Disney. Em ambas as versões, crianças são atraídas para lá com a promessa de permissividade total ou liberdade sem responsabilidade. As incautas crianças — no romance são meninos e meninas, mas na versão Disney, apenas meninos — se transformam em jumentos e em seguida são vendidas como escravizadas.

Metamorfoses, do romano norte-africano do século II Lúcio Apuleio, mais conhecido pelo título preferido de Santo Agostinho, *O asno de ouro*, explora temas semelhantes de transformação: o protagonista Lúcio é transformado num jumento, escravizado e submetido a uma série de desventuras.[18] (O nome "Lúcio", aliás, significa "luz", "claridade", como em "lúcido", e também "homem de luz", o que, casualmente, também quer dizer "homem branco".) O romance de Apuleio é baseado em uma obra grega anterior, hoje perdida, chamada *Loúkios è ónos* (*Loukios ou o asno*). "Ónos" não apenas significa "asno", "jumento", mas também "carga", "peso", como em "ônus". A versão grega, por sua vez, é provavelmente baseada numa história mais antiga, originada, presume-se, em Kmt/ antigo Egito, onde os asnos foram domesticados primeiro.[19]

Quer Boots Riley tivesse consciência ou não de que estava recontando um episódio de Pinóquio ou de *O asno de ouro*, os paralelos em seu filme são inegáveis: *Desculpe te incomodar* é também sobre transformação, exploração do trabalho e escravização.

Riley usa metáforas, metonímias e jogos de palavras extremamente óbvios para plantar suas pistas. Há a corporação nefasta, WorryFree, que oferece uma barganha diabólica por uma vida livre de preocupações. Há nosso protagonista Cassius Green ("cash green") [verde dinheiro] e o vil Steve Lift (provavelmente Steve Jobs), com o nome Lift aqui representando emprego sem salários — "lift" na acepção de "furto". Há Squeeze, o sindicalista, e a namorada artista de Cassius, Detroit — ou seja, a cidade onde Riley cresceu, um lugar devastado pelas políticas econômicas neoliberais, mas que faz sua volta por cima por meio do ativismo, da arte e da agricultura urbana. "Sr.__" é um chefe de telemarketing com um olho só, um ciclope. Seu único olho é o direito, em contraste com o grupo radical chamado Left Eye [Olho Esquerdo], que vandaliza as propagandas da WorryFree. Há Diana DeBauchery [deboche], Langston (Langston Hughes, o grande poeta do blues),[20] e Coke (tanto o refrigerante como a cocaína). A frase "siga o script", repetida com frequência, é o lema do telemarketing para expressar o consumo e a submissão social. E, claro, atentemos para o título: "desculpe te incomodar" é não apenas um irritante chavão de telemarketing, mas também uma referência à realidade política dos que preferem viver, como diria Stanley Kubrick, de olhos bem fechados.

O título também é uma autorreferência metacinematográfica ao que o filme está de fato fazendo com seus espectadores. Ele quebra a quarta parede, falando diretamente à plateia.

O filme começa quando uma porta de garagem, atrás da qual vive Cassius, se abre inesperadamente e interrompe a intimidade matinal dele com Detroit; e se encerra com a porta batendo no seu rosto quando ele tenta fechá-la ao mundo exterior. O que acontece entre a abertura e o fechamento da porta é um processo que começa com Cassius procurando emprego, de início por meio de fraude. Cassius leva um grande troféu falso para uma entrevista de emprego de telemarketing e recebe a oferta do trabalho apesar da evidência de sua mentira — como o nariz alongado de Pinóquio. Isso parece inicialmente um golpe de sorte, mas é preciso sempre ter cuidado com o que se deseja. O estágio seguinte de transformação ocorre quando Cassius abre a porta para o sucesso usando sua "voz de branco". Em seguida vêm questões de luta de classes, cujos elementos raciais e de gênero ficam cada vez mais claros à medida que os telemarqueteiros se organizam. A transformação de Cassius continua quando sua voz branca sob a pele negra propicia sua promoção a "power caller"* e sua subsequente descoberta de que os trabalhadores estão sendo transformados em animais de carga — monstruosidades meio-homens, meio-cavalos — chamados de "equisapiens".

Esse movimento também faz lembrar um entendimento crucial do marxismo, que é o de que tudo tem a ver com a transformação social. O marxismo é crítico quanto à valorização da transformação pela transformação. Alguns tipos de transformação podem implicar a radicalização da escravização. A revolução requer responder a contradições mudando as condições que as sustentam.

Steve Lift oferece a Cassius a oportunidade de se tornar o "Martin Luther King Jr." dos equisapiens. Ele não se referia ao combatente político histórico Martin Luther King Jr., que foi assassinado em Memphis pouco mais de meio século antes, quando lutava pelos direitos dos trabalhadores como parte de sua Campanha do Povo Pobre. Ele se referia ao King caricaturado e incensado como um sonhador moralista pacifista.

Apesar dos esforços de Lift, o líder que Cassius se torna tem mais a ver com o Dr. King cujas afinidades eram com os combatentes revolucionários Frantz Fanon, El-Hajj Malik El-Shabazz (Malcolm X) e o pugilista Muhammad Ali (anteriormente Cassius Clay) — ou seja, do tipo Bigger 5. Muhammad

---

* "Power caller": literalmente, "ligador (telefonador) de poder". A expressão, no contexto, se refere aos atendentes graduados ou à elite do telemarketing.

Ali é especialmente pertinente aqui, uma vez que seu "nome de escravizado" honrava um abolicionista branco. Sua vida também foi de transformação e, como lutador, ele igualmente mudou ou redescobriu sua religião ao converter-se ao islã e ser consagrado com nomes em árabe que significam "digno de louvor" e "mais elevado", ou, mais propriamente, "digno de louvor pelo mais elevado".[21]

Embora veja a si mesmo como "desperto" quando adere ao sindicato dos telemarqueteiros, Cassius Green espera ingenuamente ser capaz de voltar a sua comunidade com reformas modestas. Quando tenta fechar ao mundo a porta da garagem, perto do final do filme, ela o golpeia no rosto e revela a comunidade revolucionária à qual ele de fato pertence — a dos equisapiens —, goste ele disso ou não. Seu nariz inchado de equisapiens revela a má-fé, a mentira, com a qual ele estava vivendo, que era a de que a tapeação não o modificaria.

A busca do capitalismo por devorar *tudo* converte os seres humanos em estorvos infelizes. O desejo é pela maximização do lucro, o que requer eliminar tudo aquilo que possa limitar essa meta — e isso inclui a humanidade. A fantasia é substituir trabalhadores por robôs. A palavra "robot", aliás, vem do tcheco "robota", que significa "mão de obra forçada" ou "escravizado", o que é interessante porque os tchecos são um povo eslavo. A palavra "slave" [escravizado, em inglês] vem de "slav", "eslavo".

A convergência de classe, gênero e raça impõe uma piada cruel aos equisapiens escravizados. Todos eles são machos com pênis grandes e *flácidos*. São pênis, mas não são falos; em termos psicanalíticos, os equisapiens carecem de potência. Seus pênis, desse modo, não são eretos, ou, aludindo a seu perverso criador, não são erguidos [*uplift*, em inglês] nem aprumados.

Os personagens Langston, Squeeze e Detroit também proporcionam nuances provocadoras. Lembremos que Langston remete a Langston Hughes, o poeta afro-americano do blues do Renascimento do Harlem. Hughes fazia parte da esquerda radical. Apoiava publicamente o Partido Comunista dos Estados Unidos, embora seus biógrafos digam que ele não era membro formal do partido. As realizações literárias de Hughes lhe deram acesso à comoditização pelos brancos, o que ele rejeitou por meio de seu comprometimento político. Ele fazia parte de um grupo de poetas de esquerda como o jamaicano Claude McKay, o cubano Nicolás Cristóbal Guillén Batista e o haitiano Jacques Roumain, para citar apenas três. No filme, Langston funciona para Cassius como Virgílio para Dante, conduzindo o protagonista pelo limbo e pelos vários círculos do inferno para ver do que ele necessita para se libertar de seus medos e do ódio, e encontrar assim sua saída.[22] Langston sempre vê além das aparências. Uma indicação crucial de quem ele é fica evidente quando se junta a seus camaradas para um drinque num bar; ele pede ao garçom que lhe sirva "a coisa boa" — de uma garrafa escondida dentro de outra garrafa.

Squeeze é um ativista sindical coreano-americano. De acordo com o teórico cultural e crítico literário Brian Locke, os filmes norte-americanos tendem a apresentar ásio-americanos, particularmente os do sexo masculino, como uma ameaça à segurança, diante da qual uma aliança de negros e brancos salvaria a nação norte-americana.[23] Squeeze quebra esse e outros estereótipos de homens ásio-americanos no cinema de Hollywood. É um líder corajoso cujo discurso não é marcado por pressuposições de estrangeiridade, e ele não é apenas um ser sexual, mas também um ser desejável. Trabalha cruzando linhas de classe e raça. E o acordo proposto de uma aliança capitalista entre Steve Lift e Cassius Green, do qual a sindicalização e uma revolução equosapien são consideradas as ameaças, é descarrilado por meio de alternativas postas na mesa graças aos esforços sindicais de Squeeze por cima das fronteiras de classe, gênero e raça. Em resumo, no filme as pessoas da classe trabalhadora, de cor ou brancas, que acreditam que os capitalistas estão do seu lado estão iludidas.

Squeeze não apenas coloca pressão sobre os patrões como também aperta [*squeeze*, em inglês] na qualidade de amante. Sua relação com Detroit é complicada. O impacto da Coreia e do Japão em relação à indústria automobilística dos Estados Unidos era sentido em Detroit desde os anos 1970 talvez mais do que em qualquer outra cidade norte-americana. O romance de Detroit e Squeeze significa a presença de fábricas e revendedoras sul-coreanas e japonesas de automóveis nos Estados Unidos.

Detroit é uma artista performática. Seus projetos incluem trabalhar como uma "placa humana", uma pessoa que carrega cartazes promovendo negócios. Membro do grupo de militantes Left Eye, ela desfigura propagandas da WorryFree, e suas performances artísticas incluem recitar, vestida de biquíni preto de couro e luvas, falas do filme *O último dragão* (1985), produzido por Berry Gordy — outra fusão afro-asiática —, enquanto a plateia joga contra ela velhos celulares, cartuchos de balas e balões cheios de sangue de cordeiro. Uma vez que Gordy era o magnata fundador e diretor da Motown Records, situada em Detroit, a questão passa a ser o que gente como ele sacrificaria em troca da riqueza material. A resposta dos plutocratas, oligarcas e cleptocratas de hoje desaba, pelas implicações niilistas de sua prática, sobre a realidade, a verdade e, em última instância, sobre o futuro.

Embora seja um filme hip-hop inspirado em classe e raça que cruza gêneros cinematográficos, da comédia à ficção científica e ao horror, *Desculpe te incomodar* é também em grande medida um filme blues. Isso não surpreende, já que a genealogia do hip-hop remonta à música negra misturada com discurso crítico de uma tradição que vem desde os griôs africanos. Sua corrente subterrânea é uma luta por humanidade em face da degradação ou, no caso específico do filme de Riley, da animalização. Ela traz à tona o elemento de racismo.

O racismo é uma forma de degradação que tenta barrar o acesso de certas pessoas aos direitos e prerrogativas da vida adulta — como a dignidade de enxergar seu próprio valor —, ao mesmo tempo que as culpa por sua falta de acesso a tais bens. É por isso que as pessoas que se tornam objeto de racismo são tratadas como perpétuas crianças, gente sob a tutela de uma raça supostamente adulta. Na greve de 1968 dos trabalhadores do saneamento em Memphis, os cartazes dos piqueteiros declaravam: EU SOU UM HOMEM. Mulheres nacionalistas negras em lutas globais anteriores pela liberdade usaram o mesmo slogan, alterado para o seu gênero.[24] Seus cartazes ecoavam o famoso discurso da abolicionista e pregadora do século XIX Sojourner Truth proferido na Convenção dos Direitos das Mulheres de 1851 em Akron, Ohio: "Eu não sou uma mulher?".

Reflitamos sobre o blues através das condições de povos escravizados que tomavam decisões éticas diárias, e tinham consciência de estar fazendo isso, mas sofriam por ser designados como propriedades. Quase todos os cantos e letras de blues ilustram essa contradição. Como uma pessoa pode ser responsável quando sua responsabilidade é descartada ou obstruída? Pensando sobre responsabilidade política, em que o indivíduo carrega o peso dos que governam mesmo quando rejeita esse domínio, tal circunstância torna de responsabilidade política *todas* as ações de povos escravizados, ao mesmo tempo que, contraditoriamente, nega a eles a vida política. Essa dimensão da escravização e do racismo que a acompanha marca a luta por cidadania plena depois que a escravidão teve seu fim oficial, embora não real.[25]

Vemos aqui a distinção primordial entre o que as coisas parecem ser e o que elas são. Mas a diferença nem sempre é tão clara. O blues aponta para essa falta de clareza tanto na forma como no conteúdo. Há repetição no blues, mas cada nova execução de um tema tem uma significação única. Há repetição sem ser o mesmo.[26] No blues, é num ponto imediatamente anterior à resolução (em geral no quinto acorde dominante) que ocorre a revelação. Esse momento frequentemente é irônico ao apontar de volta para o papel do cantor em algum elemento da situação em questão; é uma afirmação de sensibilidade adulta. Aqui o artista ou manifestante de blues, depois de delinear as condições de vida e sofrimento, levanta a questão da capacidade de agir e da responsabilidade. Chamo isso de "sensibilidade adulta" porque ela indica um momento central no desenvolvimento em que todos os pais e mães, a certa altura, revelam ao filho que agora precisa se tornar adulto: a vida raramente é justa, e ainda assim a gente precisa improvisar e dar um jeito.

O improviso é um dos traços centrais da música Negra. Um elemento da improvisação que costuma ser negligenciado é que ela não é aleatória; o improvisador encara a responsabilidade por cada frase musical criativa. Assim, tocar é um desafio ao espírito de seriedade. É também paradoxal, uma vez que a performance madura é abertura ao desenvolvimento contínuo. No jazz, a melodia, a harmonia e o ritmo montam o palco para aquilo que já não se pode expressar com palavras. Ele clama, sempre, por conferir sentido ao que parece inefável.

No que se refere à injustiça, que significa a iniquidade no curso da vida negra em sociedades antinegras, há muito o que enfrentar. Bradar contra a injustiça não é simplesmente uma revelação do mal, mas também um reconhecimento de ter sido lesado. Fazer isso como um lamento ou um gemido é afirmar o valor do eu, pois, se você não tem valor, por que alguém iria se importar com o que lhe aconteceu?

O blues, desse modo, extrai da vida interior dos atingidos o valor da reação, e junto com isso a dignidade e o amor-próprio.

A ativista queer negra e judia Alicia Garza, que, em colaboração com Patrisse Cullors e Opal Tometi, formulou e difundiu no Twitter a hashtag #BlackLivesMatter em 13 de julho de 2013, em resposta à absolvição de George Zimmerman pelo que foi claramente no mínimo o assassinato, se não o homicídio qualificado, de Trayvon Martin, disse que era "um recado de amor ao nosso pessoal".[27] Seu tuíte de cinco minutos depois foi: "Gente negra. Eu amo vocês. Eu nos amo. Nossas vidas importam".[28] Recados de amor de negros que se tornam Negros, em momentos de blues, são como mensagens em garrafas de um povo preso numa ilha em meio a um mar tempestuoso. São música, poesia e outros modos de expressão que vão de discursos a várias modalidades de artes, brotando do blues misturado com outros recursos. O clássico "Afro Blue" (1959), do percussionista afro-cubano Ramón "Mongo" Santamaría Rodríguez, com letra de Oscar Brown Jr., incluído no álbum *Abbey Is Blue* (1959), de Abbey Lincoln, antecipou a contribuição de Garza, Cullors e Tometi cantando ao mundo os "matizes de encanto" em "coloração chocolate", aquela beleza na noite que é, em luta contínua e afirmações de vida, o afro *blue*.

12.
Valorizados

Frederick Douglass engalfinhou-se a vida toda com o sentido de suas experiências, documentadas em três de seus livros.[1] Quando o primeiro foi publicado, Douglass era um fugitivo. Seu crime? Tinha "roubado" a "propriedade" (ele próprio) de seu escravizador.

Que essa "propriedade" fosse capaz de roubar a si mesma sugere haver responsabilidade legal sem vida política. O primeiro livro de Douglass estava protegido pela lei estadunidense de direito autoral, no entanto ele próprio não estava; seu livro, bizarramente, dispunha de mais direitos do que ele. Os detalhes que ele revelava no livro o puseram em perigo de extradição a Maryland e de reescravização pela família Auld. Douglass encontrou refúgio na Inglaterra e na Irlanda, onde seus apoiadores intermediaram um acordo com Hugh Auld por sua alforria em 1846. Legalmente "livre", ele voltou aos Estados Unidos, onde dedicou a vida primeiro à luta permanente contra a escravidão legalizada, o que levou a seu envolvimento na Guerra Civil, e em seguida à luta contra sua reafirmação estrutural nos Estados Unidos e no exterior, incluindo o Caribe durante seus anos como embaixador no Haiti (1889-91). Lutar contra a escravidão significava, para Douglass, lutar *por* liberdade, incluindo os direitos das mulheres, com os quais ele estava envolvido desde a Convenção de Direitos das Mulheres de Seneca Falls de 1848. Esse compromisso nunca vacilou.

Douglass nasceu como Frederick Augustus Washington Bailey em Talbot County, Maryland, onde foi separado da mãe, Harriet Bailey, e colocado, junto com outras crianças escravizadas, sob os cuidados de Betsy Bailey, sua avó idosa escravizada. Em seu primeiro livro, ele afirma que viu sua mãe, Harriet, apenas algumas vezes, e que não desenvolveu nenhuma ligação emocional com ela, talvez para enfatizar a crueldade da escravidão. Essa alegada falta de ligação emocional persistiu mesmo em narrativas contemporâneas de abandono paterno em famílias negras. Com frequência tenho que lembrar àqueles que aceitam esse retrato mal informado que ele foi engendrado por proponentes de uma patologia negra em sociedades burguesas que tratam as famílias como normais se, e somente se, elas forem comandadas por homens.[2] Mas, mais ainda, a narrativa de famílias negras traumatizadas pelo abandono desde a época da escravidão até o presente deixa de levar em conta que mães também eram vendidas para longe, e não apenas pais — daí o surgimento de spirituals como "Sometimes I Feel Like a Motherless Child" [Às vezes me sinto como uma criança sem mãe], que data dos anos 1870. Lembremos também que pais distantes ou não reconhecidos, como o de Douglass, eram com frequência escravocratas brancos.[3]

Em seu relato final, Douglass rejeita a história de distanciamento emocional de sua mãe. Tirado de sua avó para trabalhar na casa do ex-governador de Maryland, tenente Edward Lloyd, ele foi apresentado à plena brutalidade da escravidão por volta dos sete anos de idade. Sua mãe, Harriet, trabalhava na lavoura de uma fazenda a vinte quilômetros de distância. Ao anoitecer, ela caminhava esses vinte quilômetros para passar algum tempo com ele, partindo uma hora ou duas antes do amanhecer para retornar aos campos. Ela trazia o pouco de comida que tivesse para compartilhar com ele, já que o pequeno Frederick estava obrigado a disputar com o cachorro do seu senhor os restos de refeição que caíam da mesa. Na última vez que ela o viu, resgatou-o dos abusos do cozinheiro cruel, que também era escravizado. Pouco tempo depois, Harriet morreu.

Como qualquer psicólogo poderia atestar, crianças não conseguem entender a ausência dos pais. Mesmo quando o pai ou a mãe é escravizado, a reação da criança à perda, experimentada como abandono, é culpar o genitor ou a genitora; analogamente, as circunstâncias extenuantes de pobreza, guerra e outras causas de separação nem sempre levam os filhos a perdoar a ausência paterna ou materna. Que a mãe de Douglass suportasse sacrifícios para vê-lo — caminhar todas as noites pela Maryland rural era uma aventura perigosa — suscitou nele esta reflexão, anos depois:

Minha mãe tinha caminhado vinte quilômetros para me ver e tinha a mesma distância a percorrer de volta antes do nascer do sol. Não me lembro de ter voltado a vê-la. Sua morte logo encerrou a escassa comunicação que havia entre nós, e com ela, acredito, uma vida repleta de fadiga e profundo sofrimento. Para mim sempre foi uma tristeza ter conhecido tão pouco a minha mãe e ter tão poucas palavras suas guardadas na lembrança. Desde então aprendi que ela era a única de todas as pessoas de cor de Tuckahoe que sabia ler. Como adquiriu esse conhecimento eu não sei, pois Tuckahoe era o último lugar onde ela teria possibilidade de encontrar condições de aprendizado. Posso, portanto, atribuir a ela com carinho e orgulho um sincero amor ao conhecimento. Que uma escravizada de eito aprendesse a ler em qualquer estado escravista é algo notável, mas as conquistas de minha mãe, levando em conta o lugar e as circunstâncias, foram muito extraordinárias. Em vista desse fato, fico contente em atribuir todo amor às letras que eu possa ter, não a meu pai presumidamente anglo-saxão, mas ao gênio nato de minha mãe de pele escura, desprotegida e sem instrução — uma mulher que pertencia a uma raça cujos dotes mentais ainda são desacreditados e desprezados.[4]

O mundo em que o menino Frederick vivia era um mundo em que ele era avaliado apenas como propriedade. Ser valorizado era ser útil ao senhor, ou à pessoa a quem o senhor o emprestava. Era uma coisa com valor de mercado; seu ponto de vista não importava. Suas necessidades, seus desejos, seus sonhos não tinham valor. Para mulheres e homens escravizados, isso incluía sua carne; como atestam muitas crônicas, os corpos dos escravizados eram fontes de gratificação sexual e outras formas de deleite físico para aqueles que os possuíam ou alugavam. Harriet Bailey, em seus esforços, introduziu uma coisa fortalecedora na consciência do jovem Frederick: *amor*. Até onde sabemos, mesmo quando ainda era uma criança, ele tinha valor apenas como mercadoria. O amor, no entanto, proporciona um tipo diferente de valor. É uma avaliação da existência para além do ser. Diz que a existência vale imensuravelmente menos sem aqueles que amamos.

Em seus esforços extraordinários para passar um tempo com Frederick, Harriet mostrava que o amava. Ela dizia: "Frederick, você tem valor. Sua vida importa". O amor proporcionava a Douglass o vislumbre de uma possibilidade que transcendia a melancolia dos negros escravizados; é uma emoção que afirma o lugar e as pessoas com quem o indivíduo tem uma relação de *pertencimento*.

Mas se esse sentimento de valor fosse tudo o que Douglass aprendeu com os esforços de Harriet, isso seria uma perda. Saber que era valorizado poderia tê-lo tornado arrogante em relação a seus companheiros escravizados; poderia também tê-lo tornado um liberto detestável. Ele poderia ter assumido um senso de orgulho e de superioridade em face dos ainda escravizados e de muitos libertos e libertas não amados. Mas teria tido dignidade?

As regras do mundo do jovem Frederick eram claras; apenas os escravocratas atribuíam valor aos outros, então qual era o valor do amor de uma mulher escravizada? Se Frederick tivesse rejeitado o amor de Harriet, teria também solapado o valor de qualquer amor dele mesmo. Não era suficiente, então, ser amado por Harriet. Frederick precisava valorizar aquele amor. A centelha do amor, e a chama que crescia ao valorizá-lo, nutriu um espírito revolucionário. Frederick aprendeu a ler e escrever, lutou contra o amansador de escravizados, o reverendo Covey, escapou depois de Maryland e, apesar das liberdades concedidas a ele sob a sombra de seu novo nome, lançou-se na batalha pela abolição e à subsequente luta de toda a vida pela prática viva da liberdade.

A história de Douglass é de uma jornada de escravizado à consciência negra e desta à consciência Negra. Sua mensagem é clara: o movimento rumo à consciência Negra requer que o indivíduo valorize o fato de ser valorizado pelos condenados da Terra.

Lembremos que a responsabilidade política olha para o futuro enquanto aprende com os desafios do passado. A decisão de se lançar numa batalha em favor dos condenados da Terra só pode ser encarada como absurda. A história raramente parece optar pelos oprimidos. Na falta de qualquer garantia de um resultado positivo, o comprometimento é a única base da ação contra a opressão. Lutas por libertação, portanto, tornam-se mais do que responsabilidade política; elas encarnam o compromisso político.

O compromisso político desafia modelos ordinários de ação. Consideremos a demonstração de amor. Um modelo popular de amor sustenta que a pessoa amada é vista como uma extensão do eu. A pessoa amada é semelhante àquele ou àquela que a ama, e sendo assim todo amor é uma expressão do amor a si mesmo. No entanto, qualquer um que conheça o amor pode ver o erro aí — as pessoas com a capacidade de amar são, em sua maioria, capazes de amar aqueles que não são como elas, assim como temos a faculdade de odiar com mais intensidade aqueles que mais se parecem conosco. A filósofa francesa Simone Weil reflete sobre o amor da seguinte maneira:

> Amantes e amigos têm dois desejos. Um é a pessoa amar tanto que entra no outro para formar um único ser. O outro é amar tanto que, mesmo que haja metade do globo terrestre entre eles, sua união não sofra nenhuma diminuição. [...] Esses desejos impossíveis estão dentro de nós como uma marca de nosso destino, e é bom para nós quando não temos esperança de realizá-los.[5]

Weil primeiro levanta as implicações da assimilação, um elemento crucial não apenas de um modelo dominante de amor, mas também de ética e moral. Sua segunda consideração tem como premissas a distância e a separação, que produzem um "desejo impossível". A impossibilidade aqui é retórica, uma vez que, como o exemplo mostra tão bem, o que é supostamente impossível acontece de fato, e com regularidade suficiente para ser familiar. O amor não se baseia apenas na semelhança, mas também é possível através da diferença. Algumas pessoas alegam amar o divino, incluindo o Absoluto ou D--s, e o que poderia ser mais diferente de nós e fora do nosso alcance? Analogamente, o amor político é uma expressão de nossa capacidade de amar aquilo que está fora do eu.

Essa observação é uma percepção revolucionária de combatentes pela liberdade através das eras: agir a partir de comprometimento questiona a imitação e requer a expectativa de que gerações subsequentes recebam o dom de não ter que ser como aquelas que as precederam.

Muitos que se inclinam politicamente para a direita o fazem por um desejo imediato de ordem e segurança. Não olham para o futuro, mas para o agora e para o passado. O futuro que não seja uma repetição do passado é, para eles, uma fonte de receio e temor; para alguns, um futuro que traga o novo aponta para um mundo sem eles. Como ninguém vive para sempre, um futuro sem eles é inevitável, e essa perspectiva, assim como a realidade, é inimiga de todos os narcisistas. Embora os que se inclinam à esquerda dirijam seu olhar para o futuro, alguns também o fazem com expectativas narcisistas; esperam que seja o *seu* futuro. Outros, no entanto, compreendem que contribuir para o futuro requer transcender o eu, ou pelo menos o apego ao eu. Abrir mão é uma dádiva de liberdade para as gerações subsequentes não serem uma repetição de nós.

"Reformas e revoluções", escreve James Boggs, "são criadas pelas ações ilógicas das pessoas. Muito poucas pessoas lógicas chegam a fazer reformas e nenhuma faz revolução. Os direitos são o que você faz e o que você toma para si."[6] Harriet Bailey não pensava no que poderia receber de Frederick. Pensava no que fazer. Ela não tinha como saber o que seria da geração de seu filho, e Frederick se deu conta de que não tinha como saber o que seria das gerações posteriores à sua. Também nós, ao ter que dar conta do estabelecimento das condições de possibilidade para aqueles que nos sucederão, temos que agir sem saber o resultado. Precisamos abraçar ou rejeitar nossos compromissos. Se não repetirmos o que estamos tentando superar do passado, o que poderia ser o futuro para o qual estamos contribuindo senão revolucionário?

Voltamos a *Corra!*, a alegoria de Jordan Peele sobre o que acontece a quem deixa de escutar os ancestrais e de aprender sobre as armadilhas que os enredaram. O filme é tanto sobre escutar como sobre o que é visto, já que o leitmotiv das imagens é a obsessiva "Sikiliza Kwa Wahenga" [Escute seus ancestrais]. Os antepassados sofreram; atenção a seus alertas. Eles acabam por sussurrar: "*Corra!*".

Sim, corra.

Chris, o fotógrafo e protagonista, trabalha com os olhos, mas sua vulnerabilidade é a dificuldade de ouvir. Um membro cego do culto sinistro deixa claras suas próprias intenções: "Quero seus olhos, meu chapa", diz ele. "Quero aquelas coisas através das quais você vê."

Há uma forma de ouvir que é não escutar. Parte do que Chris tem de aprender é o que *não* ouvir, ou como proteger seus ouvidos daquilo que abafa a realidade. Ele precisa escutar. "O lugar submerso", no qual é lançado e imobilizado, é a estratificação do trauma. Chris não percebe que está vivendo em outro estágio de uma luta padecida por antepassados como Paul Bogle, Ottobah Cugoano, Frederick Douglass, Harriet Jacobs, Solomon Northup, Toussaint L'Ouverture, Tula Rigaud, Sojourner Truth, Harriet Tubman e incontáveis outros, cujos nomes já não estão preservados no acervo da memória histórica. A chave para seu lugar submerso é sua reconexão com a morte de sua mãe num acidente de carro, despertada num estalo quando sua namorada, Rose, atropela um cervo com o carro. Na casa de infância de Rose, que é obviamente "a casa-grande" das narrativas da escravidão, Chris vê seu correlato no cervo macho sobre a lareira.

Andre, um jovem negro abduzido no início do filme, enuncia o imperativo do título original. Momentaneamente livre do domínio da consciência branca pelo clarão do celular de Chris, ele logo o alerta: "*Get out!*" [Corra!].

Antepassados e predecessores vêm antes de nós. Eles oferecem conhecimento. Oferecem história. A escolha do idioma suaíle como sua voz inicial aponta para a África, embora o suaíle seja uma língua misturada do kingozi do Leste africano com o árabe, o persa e vários outros acréscimos africanos. O fato de

haver um comércio árabe e persa na escravização de americanos traz à tona a história afro-americana de miscigenação desde
a escravização. No entanto o basileto, a voz africana tantas vezes suprimida, fala. Essa voz, de certo modo, sai. Para onde se
vai quando se sai, isto é, quando se escapa?

A liberdade é uma jornada perpétua, nunca completada. Estar
permanentemente "saindo" é um paradoxo. O sujeito sai "como
negro" ou sai da armadilha de um mundo dependente de uma
construção particular da negritude? O primeiro caso demandaria
um tipo diferente de negro, como vimos, do que aqueles que têm
como premissa a agência branca e a passividade negra. Esse negro, entretanto, seria radicalmente diferente e possivelmente ir-
reconhecível a qualquer pessoa presa na ideia de negritude como
um termo negativo — um desenvolvimento histórico redentor.

Pode um indivíduo escapar sozinho? Não enquanto viver
num mundo humano. Em *Corra!*, o personagem Rod Williams,
apesar de seu papel aparente de alívio cômico, é muito mais do
que parece. Rod é um agente da TSA.* Seu trabalho é monito-
rar a migração. É o mítico guarda de fronteira: controla trans-
gressões, orienta os caminhos. Quando vai à polícia numa tentativa de resgatar Chris e outros negros de brancos que migram
ilegalmente para dentro de seus corpos, ele está, na prática, fazendo seu trabalho. Mas o que é invisível à lei é a transmigra-
ção de uma consciência para dentro de outra.

O significado de Rod é complicado pelos dois finais de
Corra!. Na versão oficial, lançada nos cinemas, Rod aparece e
resgata Chris da carnificina resultante de sua luta pela sobrevivência. "Rod" [haste, no caso], como em "lightning rod" [para-
-raios], é um conduíte; ele negocia passagens. Quando ele leva

---

* TSA: Transportation Security Administration, agência governamental norte-
-americana que trata da segurança em todos os meios de transporte, visto-
riando documentos, bagagens, passagens etc.

Chris embora da casa dos Armitage em seu carro, assemelha-se aos guias míticos como o deus Aker no Kmt/antigo Egito, Virgílio no *Inferno* de Dante, e mesmo Glinda, a Bruxa Boa do *Mágico de Oz* (1939). As analogias de *Corra!* com *O mágico de Oz* começam em sua abertura em preto e branco e sua mudança para o technicolor e continuam com a viagem que se segue, mas eles rodam pela estrada em cores numa noite escura, não em preto e branco. No final original, são policiais brancos, não Rod, que aparecem depois da luta sangrenta de Chris com a família Armitage. A cena fica preta por cinco segundos. Vemos então Rod entrar numa cabine de vidro. Ele olha para baixo, quase como se estivesse se preparando para rezar. Há uma mulher negra numa cabine vizinha tendo o que parece ser uma conversa animada com o prisioneiro que ela está visitando. Chris aparece atrás da divisória de vidro em frente a Rod. Está vestindo o macacão laranja de prisioneiro com uma camiseta branca por baixo. Rod se oferece para usar seus talentos de detetive e livrar Chris da prisão, mas Chris o desencoraja. Diz, sem muita emoção: "Rod. Eu sou bom. Eu parei eles. Eu parei eles". Enquanto Chris se afasta, algemado, por um corredor branco, acompanhado por um guarda branco, "Sikiliza Kwa Wahenga" retorna, e grades brancas deslizam para se fechar atrás dele.

"Chris", devemos lembrar, quer dizer "salvador". A quem Chris salva? Na versão lançada, Chris salva a si mesmo e, indiretamente, àqueles que virão, as outras pessoas negras que poderiam ter sido abduzidas pelo culto. Não foi apenas a questão da resposta do público ao sombrio final original que levou a essa mudança. Peele se dispôs a subverter os tropos do gênero horror, em que a morte de personagens negros é decretada de antemão. Na obra-prima do horror *A noite dos mortos-vivos*, de 1968, Ben, o heroico protagonista negro, é morto a tiros e jogado numa pilha de cadáveres em chamas depois de ter repelido zumbis por toda a noite. No final da versão lançada de *Corra!*,

Chris talvez tenha salvado também os "hospedeiros" negros cujos parasitas não terão mais a ajuda da hipnotizadora Missy Armitage para suprimir sua consciência.

"Eu parei eles." As últimas palavras de Chris no final original fazem dele um messias. Também fazem de Rod alguém que conhece a verdade, mas não é mais um guia. No final alternativo, como aquele que conhece a verdade e busca o equilíbrio, o alento, a justiça, a vida e a ordem, Chris é a antiga deusa africana MAat. No plano do mito, distinções entre masculino e feminino podem esconder correntes subjacentes de significado. Entre as muitas funções de MAat está a de pesar as almas dos mortos para determinar se são compatíveis com o paraíso no pós-morte. Seu julgamento positivo permite ao morto respirar e, portanto, viver. Na estrutura confessional do último encontro de Chris e Rod, Chris já está sob a forma de um morto-vivo, e ele conta a Rod, como fez ao longo de todo o filme, a verdade. No entanto, sua jornada final não o leva ao paraíso.

As palavras de Chris "Eu sou bom" significam que ele cumpriu o que dele se esperava. Ele pode respirar. Esse é outro traço do mito: aquele que liberta os outros não liberta a si mesmo. Pense na história bíblica de Moses ou Moisés. Em Números 20, 10, Moisés brada: "Ouvi, rebeldes e incrédulos: Acaso poderemos nós fazer sair água deste rochedo para vós?". Sua referência a seu irmão Aaron e a si próprio foi uma afronta a D--s. Ambos pagaram por ela ao ser impedidos de entrar na Terra Prometida.

Muitos grupos e indivíduos se colocaram na posição de deuses. Seus esforços para se tornar eternos inevitavelmente levaram à tragédia, ao desatino e, com o tempo, à sua própria insignificância. Aqueles que querem ter tudo acabam perdendo, apesar do poder que acumulam, para aqueles que querem pouco, e mesmo para aqueles que nada buscam.

O filme brasileiro de 2002 *Cidade de Deus*, de Fernando Meirelles e Kátia Lund, nos lembra dessa verdade. Numa narrativa mítica de facções criminosas reais no Rio de Janeiro no último quarto do século XX, o filme começa com uma galinha que parece testemunhar a matança de suas companheiras na preparação para uma festa. Enquanto as galinhas mortas são depenadas e cortadas em pedaços, a galinha testemunha se livra da corda que amarra suas pernas e foge, perseguida ao longo de uma escada íngreme e das ruas estreitas por um bando de rapazes. Com eles perseguindo numa direção, outros carniceiros, os policiais, aparecem do outro lado, e o protagonista Buscapé [Rocket, na versão internacional] — um jovem de pele escura nativo da favela que dá título ao filme — e a galinha acabam se defrontando no meio.

Um foguete [*rocket*] é um projétil que pode atingir grandes alturas. No final do filme, Rocket/Buscapé é um fotojornalista. Entretanto, na verdade, Rocket/Buscapé e a galinha se identificam — ambos empreenderam uma fuga e acabaram no meio do perigo.

O filme conta a história que leva ao momento em que o rapaz e a galinha encaram um ao outro entre gangues de assassinos em potencial. Subindo na hierarquia da favela por uma longa escada de assassinatos está o impiedoso líder de facção Zé Pequeno. Quando criança ele é conhecido como Dadinho, um nome apropriado para um garoto cuja vida é um mortífero jogo de azar. Para provar sua virilidade, ele chacina os funcionários e clientes de um motel durante um assalto em que os bandidos mais velhos insistiam em não tirar vida alguma. Na faixa dos vinte anos, Dadinho é rebatizado de Zé Pequeno por um pai de santo do candomblé. O nome, um apelido português de José (agraciado ou favorecido por D--s ou pelos deuses) também remete a "Zeus". Se a favela é a Cidade de Deus, é a cidade *dele*, e esse deus quer controlar tudo. Ele despreza o que está fora do seu alcance. Sua única experiência sexual é uma violação — ele estupra a namorada de Mané Galinha, um homem que as mulheres desejam. Quanto a Zé Pequeno — ridiculamente, "pequeno favorecido" ou "pequeno

Zeus"; só homenzinhos se imaginam como deuses ou favorecidos dos deuses —, seu reino é só uma parte pequena e marginalizada do Rio. Mas suas ações fazem dele o pai simbólico de uma nova geração de assassinos, "os pivetes" — crianças que aterrorizam as ruas sem compaixão. Voltando à primeira cena do filme, Zé Pequeno e sua gangue de pivetes se postam num dos lados de Buscapé e da galinha, e os policiais — outra gangue; são eles a fonte do armamento e das drogas na favela e em toda a cidade — postam-se do outro lado.

No pandemônio que se segue, Zé Pequeno se confronta com os pivetes — sua verdadeira prole, feita à sua própria imagem, como ele percebe tarde demais. Eles o assassinam, e Buscapé fotografa seu cadáver na sarjeta. Buscapé também fotografou os policiais no meio de uma de suas transações ilícitas. Ainda em fuga, Buscapé entrega aos jornais a fotografia do cadáver de Zé Pequeno em vez daquela que teria exposto os policiais e o sistema, e que sem dúvida colocaria a sua vida em risco.

Cidade de Deus é um filme notavelmente belo mesmo quando revela uma crueldade impressionante. Como Chris em *Corra!*, Buscapé é um fotógrafo — e também está tentando escapar. Os objetos da fotografia de ambos os personagens também são similares; eles abordam a parte de baixo da vida urbana racializada em sociedades antinegras, aquela que os ricos e brancos aprendem a não ver. O final original de *Corra!* é o que Buscapé teria encarado se tivesse decidido expor os policiais. Mas ele decide não ser nem um deus nem um mártir. Como a galinha, ele foge, mas não está livre.

A transformação, como uma característica e uma meta do movimento da consciência negra à consciência Negra, bate contra um muro em *Cidade de Deus*. Dadinho muda de nome, mas permanece o mesmo. A começar por seus primeiros atos homicidas, ele já está matando a si mesmo, uma sentença que seus protegidos, os pivetes, executam. E Buscapé, como vimos, continua a fugir.

Chris e Buscapé poderiam talvez ter buscado inspiração em Harriet Bailey, Frederick Douglass, Harriet Jacobs, Harriet Tubman, Sojourner Truth e muitos outros. Os ancestrais são uma comunidade; o ato de dar ouvidos a eles afirma seu valor e compromete o ouvinte a valorizar o que eles aprenderam. Esse conhecimento valorizado, por sua vez, só faz sentido num mundo onde, ao valorizar os antepassados aos quais o sujeito um dia se juntará, ele valoriza o que está além de si mesmo. Ninguém pode ser livre sozinho.

Trazer à tona a consciência Negra requer oferecer ao mundo social, à comunidade através dos tempos, a força da possibilidade mediante o engajamento. O único meio de combater os inimigos desse movimento é construir instituições de empoderamento produtivas e afirmativas de vida. O que são essas instituições senão as condições de pertencimento — isto é, de um lar? O que está sendo proposto aqui senão o cultivo dos frutos de liberdade e respeito para aqueles que estão por vir?

Em 1952, Fanon pediu que seu corpo fizesse dele um homem que sempre questiona. Em 1961, ele tinha aprendido que era mais importante para as comunidades lutar para construir novos conceitos e instituições por meio das quais se melhorasse a vida daqueles ainda sem nome. Esse é também o desafio que herdamos nós — não apenas os que tomaram as ruas num momento de pandemias convergentes, mas também todos nós em todos os tempos em que é cada vez mais impossível respirar. Consideremos, ao longo do caminho:

Oh, como pode ser diferente nossa jornada
Se a vida for também o empenho que ela implica,
Se o compromisso prescindir de ídolos?

Terceto do autor

Agradecimentos

Este livro foi escrito sob circunstâncias difíceis. Agradeço à carinhosa comunidade de familiares e amigos que dedicaram seu tempo a ler os originais e me dar um retorno ao longo do caminho. Ela inclui vários dos meus atuais alunos e ex-alunos: Stephon Alexander, Phil Barron, Derefe Kimarley Chevannes, Gregory Doukas, Douglas Ficek, Matthew B. Holmes, Josué López, Dana Miranda, Tom Meagher, Stephanie Mercado-Irizarry, Michael Monahan, Steve Nuñez, Darian Spearman, Sandra Stephens e Taylor Tate.

Colegas e amigos queridos, todos eles leitores astutos, incluem Alexandra Bernstein-Naples, John Carney, Drucilla Cornell, Sayan Dey, Sukhdeep Ghuman, Oscar Guardiola-Rivera, Patricia Huntington, Richard Jones, Samantha Sulaiman Kostmayer, Rozena Maart, Mary Malley, Mabogo More, Nancy Naples, Marilyn Nissim-Sabat, Wandia Njoya, Michael Paradiso-Michau, Gina Rourke, Gary Schwartz, Rosemere Ferreira da Silva, Jaspal Kaur Singh, Jason Stanley e Sherry Zane.

Agradeço também a Richard Jones e Chandramohan Sathyanathan pela permissão de reproduzir versos de seus poemas, e a James Davis pela permissão de reproduzir trechos de seu artigo.

Minha sogra, Jean Comaroff, e meu sogro, John Comaroff, dedicaram bastante tempo à leitura cuidadosa do texto e ofereceram comentários muito úteis. O mesmo fez minha prima Claudia Gastrow. Meus filhos — Mathieu, Jennifer, Sula e Elijah — ofereceram seus pontos de vista sobre alguns dos capítulos. Minha esposa, Jane Anna Gordon, leu as primeiras versões, pelo que lhe agradeço, assim como pelo fato de ser minha principal interlocutora e a pessoa que, quando abro os olhos a cada manhã, me faz feliz por estar vivo.

Agradeço também a Eric Chinski por ter proposto o projeto; a Deborah Ghim, Julia Ringo, M. P. Klier e Eric por suas valiosas recomendações editoriais; e a Josephine Greywood por uma conversa agradável sobre o livro durante um almoço em Londres.

Por fim, agradeço aos ancestrais a quem este livro é dedicado. Seu espírito brilha em muitas destas páginas, mesmo quando não são mencionados. O amor que eles ofertaram ao mundo continua através do amor que trouxeram à vida de tantos.

Uma nota sobre o autor

Lewis R. Gordon é um filósofo, pensador político, educador e músico afro-judeu. É chefe do departamento de filosofia da Universidade de Connecticut, em Storrs. Recebeu louvores por seus numerosos e influentes livros e artigos, muitos dos quais foram reeditados e traduzidos mundo afora. É presidente honorário do Centro Global de Estudos Avançados e ex-presidente da Associação Filosófica do Caribe, para a qual trabalha atualmente como diretor de premiações e colaborações globais.

Notas

1 Introdução: Lutando para respirar [pp. 17-32]

1. Ver, por exemplo, Julian Borger, "Maga v BLM: How Police Handled the Capitol Mob and George Floyd Activists — in Pictures", *The Guardian*, 7 jan. 2021. Disponível em: <www.theguardian.com/us-news/2021/jan/06/capitol-mob-police-trump-george-floyd-protests-photos>. Acesso em: 21 fev. 2021.

2. Ver Jane Anna Gordon, *Statelessness and Contemporary Enslavement*. Nova York: Routledge, 2020.

3. W. E. B. Du Bois, *The Souls of Black Folk: Essays and Sketches*. Chicago: A. C. McClurg, 1903 [ed. bras.: *As almas do povo negro*. Trad. de Alexandre Boide. São Paulo: Veneta, 2021].

4. Frantz Fanon, *Peau noire, masques blancs*. Paris: Éditions du Seuil, 1952, p. 183 [ed. bras.: *Pele negra, máscaras brancas*. Trad. de Renato da Silveira. Salvador: Editora da Universidade Federal da Bahia, 2008, (s.p.)]. O livro está disponível em inglês em duas traduções como *Black Skin, White Masks*, mas todas as referências bibliográficas serão à edição francesa, que consultei e cujos trechos traduzi. [Na presente edição brasileira, as citações foram traduzidas livremente a partir das traduções do autor.]

5. Alfredo Saad Filho e Fernanda Feil, "Covid-19 in Brazil: How Jair Bolsonaro Created a Calamity", *The Conversation*, 23 abr. 2021. Disponível em: <theconversation.com/covid-19-in-brazil-how-jair-bolsonaro-created-a-calamity-159066>. Acesso em: 1 maio 2021.

6. Chacour Koop, "'THANK YOU GOD': Darnella Frazier, Who Filmed George Floyd's Death, Reacts to Verdict", *Miami Herald*, 20 abr. 2021. Disponível em: <www.miamiherald.com/news/nation-world/national/article250821594.html>. Acesso em: 1 maio 2021.

7. Isso não quer dizer que não tenha havido organizações antigas de manutenção da ordem, seja pelo uso de tropas militares ou conselhos de clã e "policiamento familiar", em que membros de uma comunidade policiam a si próprios. Em algumas sociedades, como a antiga Atenas, os

escravizados eram usados para proteger bens nos mercados. Ver Bruce L. Berg, *Policing in Modern Society* (Oxford: Butterworth-Heinemann, 1999). Para uma discussão crítica do que a polícia contemporânea faz realmente e de sua crescente obsolescência, ver Alex. S. Vitale, *The End of Policing* (Londres: Verso, 2017); e Geo Maher, *A World Without Police: How Strong Communities Make Cops Obsolete* (Londres: Verso, 2021).

8. Frantz Fanon, *L'An V de la révolution algérienne*. Paris: Maspero, 1959, p. 174. Este texto está disponível em inglês como *A Dying Colonialism*. Minhas referências serão ao original francês.

Parte I: Aprisionados [p. 33]

1. Discurso de Sojourner Truth, "Ain't I a Woman?", proferido na Convenção das Mulheres de 1851 em Akron, Ohio. Foi reproduzido em muitas publicações. Em inglês, ver, por exemplo, Feminist.com. Disponível em: <www.feminist.com/resources/artspeech/genwom/sojour.htm>. Acesso em: 21 fev. 2021. [Ed. bras.: *"E eu não sou uma mulher?" A narrativa de Sojourner Truth*. Trad. de Carla Cardoso. Rio de Janeiro: Íma, 2020.]

1. Temidos [pp. 35-51]

1. A Clínica Mayo é o melhor hospital dos Estados Unidos. Suas pesquisas médicas sem fins lucrativos produzem descobertas e critérios para diagnósticos de doenças planeta afora. A descrição do narcisismo maligno apresentada aqui é de seu site na internet: "Disease Conditions: Narcissistic Personality Disorder", Mayoclinic.org. Disponível em: <www.mayoclinic.org/diseases-conditions/narcissistic-personality-disorder/symptoms-causes/syc-20366662>. Acesso em: 21 fev. 2021.

2. A literatura sobre essa falsa crença é vasta. Para um estudo recente, ver New York University, "Children Associate White, but Not Black, Men with 'Brilliant' Stereotype, New Study Finds", *ScienceDaily*, 10 out. 2019. Disponível em: <www.sciencedaily.com/releases/2019/10/191010075418.htm>. Acesso em: 21 fev. 2021.

3. Frantz Fanon, *Peau noire, masques blancs*, op. cit., p. 96.

4. Ibid., p. 117. Alguém pode se perguntar sobre as famílias racialmente mistas, cujos filhos não podem evitar o mundo branco em virtude de um de seus genitores ser branco. Fanon não estava falando sobre famílias racialmente mistas. Afinal, da perspectiva das sociedades racistas, não existe algo como uma família racialmente mista normal. Para além desse preconceito, existe ainda outra consideração a ser feita. Na medida em que

o contato íntimo e a conversa permanente já estão presentes em famílias racialmente mistas, um estudo de neurose plenamente desenvolvida ou o triunfo de superar a adversidade social pode ser a história delas. E, claro, há ainda mais uma consideração. Nem todas as famílias racialmente mistas são iguais. Embora isso deva ser óbvio, os leitores podem desejar consultar Lori L. Tharps, *Same Family, Different Colors: Confronting Colorism in America's Diverse Families*. Boston: Beacon Press, 2016.

5. A lista provavelmente ocuparia todo o resto deste livro. A página na internet "Race and Ethnicity", do *New York Times*, é uma fonte excelente. Disponível em: <www.nytimes.com/topic/subject/race-and-ethnicity>. Acesso em: 21 fev. 2021.

6. Ta-Nehisi Coates, *Between the World and Me* (Nova York: Random House, 2015 [ed. bras.: *Entre o mundo e eu*. Trad. de Paulo Geiger. São Paulo: Objetiva, 2015]); e Ibram X. Kendi, *How to Be an Antirracist* (Nova York: One World, 2019 [ed. bras.: *Como ser antirracista*. Trad. não informado. Rio de Janeiro: Alta Cult, 2020]).

7. Discussões clássicas desse entendimento da consciência corporificada incluem: *Being and Nothingness*, de Jean-Paul Sartre (trad. de Hazel E. Barnes. Nova York: Washington Square Press, 1956 [ed. bras.: *O ser e o nada*. Trad. de Paulo Perdigão. São Paulo: Vozes, 2015]); e *Phenomenology of Perception*, de Maurice Merleau-Ponty (trad. de Colin Smith. Londres: Routledge/ Kegan Paul, 2002 [ed. bras.: *Fenomenologia da percepção*. Trad. de Carlos Alberto Ribeiro de Moura. São Paulo: Martins Fontes, 1999]). Para uma análise do contexto do racismo antinegro, ver *Bad Faith and Antiblack Racism*, de Lewis R. Gordon (Atlantic Highlands, Nova Jersey: Humanities International Press, 1995). Ver também *Artificial You: AI and the Future of Your Mind*, de Susan Schneider (Princeton, Nova Jersey: Princeton University Press, 2019), para conclusões semelhantes e suas implicações para estudos contemporâneos de inteligência artificial (IA).

8. "Lewis Black on Broadway Talking About How America Isn't #1", DailyMotion. Disponível em: <www.dailymotion.com/video/x2notot>. Acesso em: 1 maio 2021.

9. Recomendo a leitura do diário de Cristóvão Colombo, *The Four Voyages of Christopher Columbus* (trad. de J. M. Cohen. Londres: Penguin Classics, 1992 [ed. bras.: *Diários da descoberta da América. As quatro viagens e o testamento*. Trad. não informado. Porto Alegre: L&PM, 1991]); Bartolomé de las Casas, *A Short Account of the Destruction of the Indies* (introd. de Anthony Pagden e trad. de Nigel Griffin. Nova York: Penguin Classics, 1999 [ed. bras.: *O paraíso destruído. Brevíssima relação da destruição das Índias ocidentais*. Porto Alegre: L&PM, 2021]); C. L. R. James, *The Black Jacobins: Toussaint L'Ouverture and the San Domingo Revolution*

(Nova York: Vintage, 1989); Hilary McD. Beckles, *Britain's Black Debt: Reparations for Caribbean Slavery and Native Genocide* (Kingston, Jamaica: University of the West Indies Press, 2013); Robert Hughes, *The Fatal Shore: The Epic History of Australia's Founding* (Nova York: Vintage, 1986); Adam Hochschild, *King Leopold's Ghost: A Story of Greed, Terror, and Heroism in Colonial Africa* (Boston: Houghton Mifflin, 1999); Julius S. Scott, *The Common Wind: Afro-American Currents in the Age of the Haitian Revolution* (Londres: Verso, 2018); e Lamonte Aidoo, *Slavery Unseen: Sex, Power, and Violence in Brazilian History* (Durham, Carolina do Norte: Duke University Press, 2019), entre uma longa e facilmente acessível lista de fontes.

10. Essa observação de uma mente se apossando de uma consciência suscita um problema filosófico. Transitamos da consciência à mente, uma vez que as duas não são idênticas. Alguém pode ser consciente de coisas sem ter uma mente. Esta última é um tipo particular de consciência. É consciência capaz de estar ciente de si mesma como detentora de um reservatório de recursos mediante os quais se dá sentido à experiência. Ela não apenas vê. Ela também percebe que vê. O "lugar submerso" é um lugar em que há uma mente consciente sob o controle de outra mente consciente, mas, por estar controlada, a mente anterior está aprisionada. A formulação de perceber que se vê é de Søren Kierkegaard, em *Works of Love: Some Christian Reflections in the Form of Discourses* (trad. de Howard V. e Edna H. Hong. Nova York: Harper and Row, 1962), p. 5 [ed. bras.: *Obras do amor. Algumas considerações cristãs em forma de discursos*. 3. ed. Trad. não informado. Petrópolis: Vozes, 2013, (s.p.)].

11. Frantz Fanon, *Peau noire, masques blancs*, op. cit., início do capítulo 6.

2. Enegrecidos [pp. 52-70]

1. Ver Jean-Paul Sartre, *Being and Nothingness*, op. cit., p. 566 [ed. bras.: (s.p.)]. Quando me refiro à divindade absoluta do monoteísmo ["God", em inglês], uso a convenção judaica de eliminar a vogal de modo a que a designação não seja confundida com um nome próprio.

2. Não é por acaso que os estudos animais são um fenômeno peculiarmente branco no qual os negros estão entrando mais recentemente ao responder à discussão em que o discurso sobre os animais está sendo emparelhado com os estudos sobre o negro. Para um encontro entre estudos animais e estudos negros, ver Bénédicte Boisseron, *Afro-Dog: Blackness and the Animal Question*. Nova York: Columbia University Press, 2018.

3. Alex Hannaford, "The Tiger Next Door: America's Backyard Big Cats", *The Observer* (Londres), 10 nov. 2019. Disponível em: <www.theguardian.

com/global/2019/nov/10/the-tiger-next-door-americas-backyard-big-
-cats>. Acesso em: 21 fev. 2021. Ver também Sharon Guynup, "Captive
Tigers in the U.S. Outnumber Those in the Wild", *National Geogra-
phic*, 14 nov. 2019. Disponível em: <www.nationalgeographic.com/ani-
mals/2019/11/tigers-in-the-united-states-outnumber-those-in-the-wild-
-feature/>. Acesso em: 21 fev. 2021; e Worldwildlife.org, "More Tigers
in America Backyards Than in the Wild", 19 jul. 2014. Disponível em:
<www.worldwildlife.org/stories/more-tigers-in-american-backyards-
-than-in-the-wild>. Acesso em: 21 fev. 2021.

4. Ver Stacey Venzel, "Whatever Happened to Michael Jackson's Animals
at Neverland Ranch?". *Wide Open Pets*, maio 2020. Disponível em: <www.
wideopenpets.com/whatever-happened-michael-jacksons-animals-never-
land>. Acesso em: 12 ago. 2020; e para uma discussão de raça e animais domésticos, incluindo atitudes em relação a pessoas negras que possuem pit
bull terriers, ver Bénédicte Boisseron, *Afro-Dog*, op. cit.

5. Akila Johnson, "That Was No Typo: The Median Net Worth of Black
Bostonians Really Is $8", *The Boston Globe*, 11 dez. 2017. Disponível em:
<www.bostonglobe.com/metro/2017/12/11/that-was-typo-the-median-net-
-worth-black-bostonians-really/ze5kxC1jJelx24M3pugFFN/story.html>.
Acesso em: 21 fev. 2021.

6. Shawn D. Rochester, *The Black Tax: The Cost of Being Black in America*.
Southbury, CT: Good Steward Publishing, 2017. Sobre o mesmo assunto,
ver Mehrsa Baradaran, *The Color of Money: Black Banks and the Racial
Wealth Gap* (Cambridge, Massachusetts: Harvard University Press, 2017);
e William A. Darity Jr. e A. Kirsten Mullen, *From Here to Equality: Reparations for Black Americans in the Twenty-First Century* (Chapel Hill: University of North Carolina Press, 2020). Fora dos Estados Unidos, ver Hilary
McD. Beckles, *Britain's Black Debt: Reparations for Caribbbean Slavery and
Native Genocide*, op. cit.

7. Políticas de *blanqueamiento* são conhecidas e persistem em boa parte da
América Latina. Para uma discussão histórica e crítica, ver Tanya Katerí
Hernández, *Racial Subordination in Latin America: The Role of the State,
Customary Law, and the New Civil Rights Response* (Cambridge, Reino
Unido: Cambridge University Press, 2014); e Johanna Ferreira, "How
Latin America's Obsession with Whitening Is Hurting Us", *Hiplatina*,
5 jun. 2020 (disponível em: <hiplatina.com/latin-americas-obsession-
-with-whiteness/>. Acesso em: 1 jun. 2021).

8. Devemos ter em mente que as ideias de Mani eram uma fusão de mitos cristãos e mitos persas ou arianos anteriores. Esses povos parecem ter estabelecido mitologias de hierarquias em todos os lugares em
que se instalaram, incluindo o vale do Indo. Para uma discussão de seu

impacto histórico e linguístico, ver John Fiske, "Who Are the Aryans?", *The Atlantic*, fev. 1881. Disponível em: <www.theatlantic.com/magazine/archive/1881/02/who-are-the-aryans/521367/>. Acesso em: 21 fev. 2021.

9. James P. Comer e Alvin F. Poussaint, *Black Child Care*. Nova York: Simon & Schuster, 1975.

10. James P. Comer e Alvin F. Poussaint, *Raising Black Children: Two Leading Psychiatrists Confront the Educational, Social and Emotional Problems Facing Black Children*. Nova York: Plume, 1992.

11. Alison Gopnik, *The Gardener and the Carpenter: What the New Science of Child Development Tells Us About the Relationship Between Parents and Children*. Nova York: Farrar, Straus and Giroux, 2016.

12. Ver, por exemplo, *Killing African Americans: Police and Vigilante Violence as a Racial Control Mechanism*, de Noel A. Cazenave (Nova York: Routledge, 2018); *The End of Policing*, de Alex S. Vitale (Londres: Verso, 2017); e *A World Without Police: How Strong Communities Make Cops Obsolete*, de Geo Maher (Londres: Verso, 2021).

13. Ver suas reflexões sobre por que ele optou por desenvolver um trabalho sociológico em torno dos negros norte-americanos em W. E. B. Du Bois, *The Autobiography of W. E. B. Du Bois: A Soliloquy on Vieweing My Life from the Last Decade of Its First Century*. Nova York: International Publishers, 1961.

14. Para uma excelente história desse processo, da Antiguidade ao século XX, ver Joseph E. Harris, *Africans and Their History*. Nairóbi, Quênia: Mentor, 1972.

15. Para uma demonstração histórica, ver, por exemplo, Walter Rodney, *How Europe Underdeveloped Africa*. Washington, DC: Howard University Press, 1982.

3. Apagados, ou "não vejo raça" [pp. 71-89]

1. Ver o famoso texto de Fanon "Racismo e cultura", que ele apresentou em Paris no I Congresso de Escritores e Artistas Negros em 1956, disponível em Frantz Fanon, *Pour la révolution africaine: Écrits politiques* (Paris: François Maspero, 1964), e disponível em inglês como *Toward the African Revolution* [ed. bras.: *Por uma revolução africana*. Trad. de Carlos Alberto Medeiros. São Paulo: Companhia das Letras, 2021].

2. Ver, por exemplo, Ruth Bogin, "'Liberty Further Extended': A 1776 Antislavery Manuscript by Lemuel Haynes", *William and Mary Quarterly*, v. 40, n. 1, pp. 85-105, jan. 1983; e de Benjamin Banneker ver, por exemplo, "To Thomas Jefferson from Benjamin Banneker, August 19, 1791", National

Archives, Founders Online. Disponível em: <founders.archives.gov/documents/Jefferson/01-22-02-0049>. Acesso em: 21 fev. 2021.

3. Catherine E. Walsh, "The Decolonial *For*: Resurgences, Shifts, and Movements". In: Walter D. Mignolo e Catherine E. Walsh, *On Decoloniality: Concepts, Antalytics, Praxis*. Durham, Carolina do Norte: Duke University Press, 2018, p. 21. Para discussões atiladas desses temas mundo afora, ver Sayan Dey (Org.), *Different Spaces, Different Voices: A Rendezvous with Decoloniality*. Bombaim, Índia: BecomeShakespeare.com, 2018.

4. Ver, por exemplo, Viola Cordova, *How It Is: The Native American Philosophy of V. F. Cordova* (org. de Kathleen Dean Moore, Kurt Peters, Ted Jojola e Amber Lacy. Tucson: University of Arizona Press, 2007); e Vine Deloria Jr., *Custer Died for Your Sins: An Indian Manifesto* (Norman: University of Oklahoma Press, 1988 [1969]).

5. Para um relato de testemunha ocular, ver Bartolomé de las Casas, *A Short Account of the Destruction of the Indies*, op. cit. E para discussões críticas desse "eu" tal como formulado aqui, ver C. L. R. James, *The Black Jacobins: Toussaint L'Ouverture and the San Domingo Revolution* (op. cit.); Hilary McD. Beckles, *Britain's Black Debt: Reparations for Caribbean Slavery and Native Genocide* (op. cit.); e Enrique Dussel, "Anti-Cartesian Meditations: On the Origins of the Philosophical Anti-Discourse of Modernity", *Human Architecture*, v. 11, n. 1 (outono de 2013), pp. 25-9.

6. Tanya Katerí Hernández, *Racial Subordination in Latin America: The Role of the State, Costumary Law, and the New Civil Rights Response*. Cambridge, Reino Unido: Cambridge University Press, 2014, pp. 47-72.

7. Para um resumo e mesmo uma defesa dessa posição — no que se refere à mulher como "objeto" —, ver Judith Butler, *Gender Trouble: Feminism and the Subversion of Identity*. Nova York: Routledge, 1990 [ed. bras.: *Problemas de gênero: Feminismo e subversão da identidade*. Trad. de Renato Aguiar. Rio de Janeiro: Civilização Brasileira, 2003]. O argumento tem como premissa primordial a discussão de Michel Foucault de sujeitos e sujeição em *Discipline and Punishment: The Birth of the Prison* (trad. de Alan Sheridan. Nova York: Vintage Books, 1995), do original francês *Surveiller et punir: Naissance de la prison* (Paris: Gallimard, 1975). A tradução do título francês original, aliás, é "Vigiar [ficar de olho] e punir" [ed. bras.: *Vigiar e punir: Nascimento da prisão*. Trad. de Raquel Ramalhete. Petrópolis: Vozes, 2019].

8. Apresento discussões detalhadas de má-fé em Lewis R. Gordon, *Bad Faith and Antiblack Racism* (op. cit.), e *Existentia Africana: Understanding Africana Existential Thought* (Nova York: Roudledge, 2000).

9. Heinrich Cornelius Agrippa, *Three Books of Occult Philosophy: The Foundation Book of Western Occultism, Completely Annotated, with Modern*

Commentary. Trad. de James Freake. Woodbury, Minnesota: Llewellyn Publications, 2017 [1531] [ed. bras.: *Três livros de filosofia oculta*. Trad. não informado. Rio de Janeiro: Madras, 2000].

10. Ver, por exemplo, os filósofos franceses Simone de Beauvoir, *The Ethics of Ambiguity* (trad. de Bernard Frechtman. Nova York: Citadel, 2000 [1947] [ed. bras.: *Por uma moral da ambiguidade*. Trad. de Marcelo Jacques de Moraes. Rio de Janeiro: Nova Fronteira, 2005]; ed. francesa original: *Pour une morale de l'ambigüité* [1947]); e Jean-Paul Sartre, *Being and Nothingness*, op. cit.

11. Jean-Paul Sartre, *L'Imaginaire: Psychologie phénoménologique de l'imagination*. Paris: Gallimard, 1940 [ed. bras.: *O imaginário: Psicologia fenomenológica da imaginação*. Trad. de Duda Machado. São Paulo: Ática, 1996].

12. Para estudos recentes, ver Lamonte Aidoo, *Slavery Unseen: Sex, Power, and Violence in Brazilian History* (Durham, Carolina do Norte: Duke University Press, 2019); e Jane Dailey, *White Fright: The Sexual Panic at the Heart of America's Racist History* (Nova York: Basic Books, 2020).

13. Ver Simone de Beauvoir, *The Ethics of Ambiguity*, op. cit.

14. Dena Neusner, *Simply Seder: A Passover Haggadah and Family Seder Planner*. Millburn, Nova Jersey: Behrman House, 2011.

15. Simone de Beauvoir, *The Second Sex*. Trad. de Constance Borde e Sheila Malovany-Chevallier. Nova York: Citadel, 2000 [edição francesa, 1947] [ed. bras.: *O segundo sexo*. 2. ed. Trad. de Sergio Milliet. Rio de Janeiro: Nova Fronteira, 2009].

16. Judith Butler, *Gender Trouble*, op. cit.

17. Friedrich Nietzsche, *The Gay Science: With a Prelude in Rhymes and an Appendix of Songs*. Trad. de Walter Kaufmann. Nova York: Vintage, 1974 [ed. bras.: *A gaia ciência*. Trad. de Paulo César de Souza. São Paulo: Companhia das Letras, 2001]; e *On the Genealogy of Morals*. Trad. de Walter Kaufmann e R. J. Hollingdale. Nova York: Vintage, 1989 [ed. bras.: *Genealogia da moral*. Trad. de Paulo César de Souza. São Paulo: Companhia das Letras, 1998].

18. Simone Weil, *Gravity and Grace*. Trad. de Emma Crawford e Mario von der Ruhr. Nova York: Routledge, 2002 [1947], pp. 78, 80 [ed. bras.: *A gravidade e a graça*. Trad. de Paulo Neves. São Paulo: Martins Fontes, 1993].

19. Keiji Nishitani, *Religion and Nothingness*. Trad. de Jan Van Bragt. Berkeley: University of California Press, 1982 [1961].

20. Thomas Meagher, "Creolization and Maturity: A Philosophical Sketch", *Contemporary Political Theory*, v. 17, n. 3, pp. 382-6, ago. 2018.

21. Henri Bergson, *Laughter: An Essay on the Meaning of Comic*. Trad. de Cloudesley Brereton e Fred Rothwell. Mansfield Center, Connecticut: Martino Publishing, 2014 [1912], p. 4 [ed. bras.: *O riso: Ensaio sobre a*

significação da comicidade. Trad. de Ivone Castilho Benedetti. São Paulo: Martins Fontes, 2004].

22. Henri Bergson, *Laughter*, op. cit., p. 23 (em itálico no original).

23. Ibid., p. 28.

24. Ibid., p. 29 (em itálico no original).

25. Para uma discussão, ver Lucy Collins, "Fashion and Personal Identity". Filadélfia: Temple University, 2011. Dissertação (Departamento de Filosofia).

Parte II
Fabricação da raça e do racismo

4. Fabricação da raça [pp. 93-109]

1. Death Penalty Information Center, consultado em 8 abr. 2018 (atualizado diariamente). Disponível em: <deathpenaltyinfo.org/race-and--death-penalty>. Acesso em: 21 fev. 2021.

2. Isso hoje é bem conhecido. Para informações relativas aos Estados Unidos, ver o relatório dos Centros de Controle e Prevenção de Doenças "Health Equity Considerations and Racial and Ethnic Minority Groups" (disponível em: www.cdc.gov/coronavirus/2019-ncov/community/ health-equity/race-ethnicity.html>. Acesso em: 1 jun. 2021); e APM Research Lab Staff, "The Color of Coronavirus: Covid-19 Deaths by Race and Ethnicity in the U.S.", 10 jun. 2020 (disponível em: <www.ampresearchlab.org/covid/deaths-by-race>. Acesso em: 21 fev. 2021). No Reino Unido, ver Mélissa Godin, "Black and Asian People Are 2 to 3 Times More Likely to Die of Covid-19, U.K. Study Finds", *Time*, 6 maio 2020 (disponível em: time.com/5832807/coronavirus-race-analysis-uk/>. Acesso em: 21 fev. 2021); e Robert Booth e Caelainn Barr, "Black People Four Times More Likely to Die from Covid-19, ONS Finds", *The Guardian*, 7 maio 2020 (disponível em: www.theguardian.com/world/2020/may/07/black-people-four-times-more-likely-to-die-from-covid-19-ons-finds>. Acesso em: 21 fev. 2021). E no Brasil, ver Kia Lilly Caldwell e Edna Maria de Araújo, "Covid-19 Is Deadlier for Black Brazilians, a Legacy of Structural Racism That Dates Back to Slaverly", *The Conversation*, 10 jun. 2020. Disponível em: <theconversation.com/covid-19-is-deadlier-for-black-brazilians-a-legacy-of-structural-racism-that-dates-back-to-slavery-139430>. Acesso em: 21 fev. 2021.

Dados de países com uma longa história de racismo são tantos que, como se pode imaginar, fariam esta nota eclipsar o capítulo todo.

3. Ver V. F. Cordova, *How It Is: The Native American Philosophy of V. F. Cordova* (org. de Kathleen Dean Moore, Kurt Peters, Ted Jojola e Amber

Lacy. Tucson: University of Arizona Press, 2007); Vine Deloria Jr., *Custer Died for Your Sins: An Indian Manifesto* (op. cit.) e *The Metaphysics of Modern Existence* (Golden, Colorado: Fulcrum, 2012 [1979]); e Glen Sean Coulthard, *Red Skin, White Masks: Rejecting the Colonial Politics of Recognition* (Minneapolis: University of Minnesota Press, 2014). Para uma história e um retrato da diplomacia armada como meio de invasão, ver Suzan Shown Harjo (Org.), *Nation to Nation: Treaties Between the United States and American Indian Nations*. Washington, DC: Museum of the American Indian em associação com Smithsonian Books, 2014.

4. Ver Sebastián de Covarrubia, *Tesoro de la lengua castellana o española*, publicado em Madri em 1611. Para uma discussão excelente, ver David Nirenberg, "Race and the Middle Ages: The Case of Spain and Its Jews". In: *Rereading the Black Legend: The Discourses of Religious and Racial Difference in the Renaissence Empires*. Org. de Margaret R. Greer, Walter D. Mignolo e Maureen Quilligan. Chicago: University of Chicago Press, 2007, pp. 71-87.

5. Para uma pesquisa sobre os mouros, ver, por exemplo, Ivan Van Sertima (Org.), *Golden Age of the Moor*. New Brunswick, Nova Jersey: Transaction Publishers, 1992.

6. Stanford Joines, *The Eighth Flag: Cannibals. Conquistators. Bucaneers. Pirates. The Untold Story of the Caribbean and the Mystery of St. Croix's Pirate Legacy, 1493-1750*. Publicado de forma independente, Amazon. com, 2018, p. 11.

7. Ibid., pp. 11-2.

8. Para uma história concisa do semitismo e do antissemitismo, ver Mustafa Selim Yilmaz, "Bir Terimin Arkeolojisi: Antisemitizmin Teolojik ve Politik Tarihi/ The Archaeology of a Concept: The Theological and Political History of Antisemitsm", *Cumhurieyet Ilahiyat Dergisi/ Cumhuriyet Theology Journal*, v. 21, n. 2, pp. 1181-216, dez. 2017. Ver também Lewis R. Gordon, Ramón Grosfoguel e Eric Mielants (Orgs.), "Historicizing Anti-Semitism" (edição especial), *Human Architecture: Journal of the Sociology of Self-Knowledge*, v. 7, n. 2 (primavera de 2009).

9. Ver, por exemplo, Falguni A. Sheth, *Toward a Political Philosophy of Race*. Albany: State University of New York Press, 2009.

10. Enrique Dussel, "Anti-Cartesian Meditations: On the Origins of the Philosophical Anti-Discourse of Modernity", *Human Architecture*, v. 11, n. 1 (outono de 2013), pp. 21-4.

11. Jane Anna Gordon, *Creolizing Political Theory: Reading Rousseau Through Fanon*. Nova York: Fordham University Press, 2014.

12. Lúcio Aneu Sêneca, "De Superstitione" [Sobre a superstição]. O original sobrevive apenas em fragmentos e citações em escritos como o de

Santo Agostinho, *The City of God*. Trad. de Marcus Dods. Nova York: Modern Library, 1950, p. 204 [ed. bras.: *A cidade de Deus*. Trad. de Oscar Paes Leme. Petrópolis: Vozes de Bolso, 2012].

13. Catherine Nixey, *The Darkening Age: The Christian Destruction of the Classical World*. Londres: Pan Books, 2017, p. xxiv [ed. bras.: *A chegada das trevas. Como os cristãos destruíram o mundo clássico*. Trad. de Pedro Carvalho e Guerra. Lisboa: Desassossego, 2018].

14. Ibid., p. xxix.

15. Desenvolvi em mais detalhes esse aspecto do pensamento de Fanon em Lewis R. Gordon, *What Fanon Said: A Philosophical Introduction to His Life and Thought*. Nova York/Londres/Joanesburgo: Fordham University Press/ Hurst/ Wits University Press, 2015.

16. W. E. B. Du Bois, *The Souls of Black Folk: Essays and Sketches* (op. cit.), *Black Reconstruction in America, 1860-1880* (Nova York: Harcourt, Brace, 1938 [1935]) e *The World and Africa* (Nova York: International Publishers, 1979 [1947]). Para uma discussão, ver Lewis R. Gordon, "An Africana Philosophical Reading of Du Bois's Political Thought". In: *A Political Companion to W. E. B. Du Bois*. Org. de Nick Bromell. Lexington: University of Kentucky Press, 2018, pp. 57-81. Ver também o cuidadoso estudo de Terrence Johnson, *Tragic Soul-Life: W. E. B. Du Bois and the Moral Crisis Facing American Democracy*. Nova York: Oxford University Press, 2011.

17. Sterling Stuckey, "Twilight of Our Past: Reflections on the Origins of Black History". In: *Amistad 2: Writings on Black History and Culture*. Org. de J. A. Williams e C. F. Harris. Nova York: Vintage, 1971, p. 291.

18. Vine Deloria Jr., *Custer Died for Your Sins*, op. cit., p. 81.

19. Lewis R. Gordon, *Disciplinary Decadence: Living Thought in Trying Times*. Nova York: Routledge, 2006.

20. Ver Du Bois, "The Study of the Negro Problems" e *The Souls of Black Folk*; e meu capítulo "What Does It Mean to Be a Problem" (In: *Existentia Africana: Understanding Africana Existential Thought*. Nova York: Routledge, 2000), além de *Disciplinary Decadence*, op. cit.

5. Racismo "interseccionado" [pp. 110-28]

1. Uma genealogia dessa linha de pensamento identifica Anna Julia Cooper, *A Voice from the South* (Xenia, Ohio: Aldine Printing House, 1892); Angela Y. Davis, *Women, Race, and Class* (Nova York: Vintage, 1983); Hortense J. Spillers, *Black, White, and in Color: Essays on American Literature and Culture* (Chicago: University of Chicago Press, 2003); e Kimberlé Crenshaw, "Mapping the Margins: Intersectionality, Identity Politics, and Violence Against Women of Color", *Stanford Law*

Review, v. 43, jul. pp. 1241-99, 1991. Há, evidentemente, muitos outros textos que poderiam ser citados. Ver também Evelyn M. Simien e Ange-Marie Hancock, "Intersectionality Research", *Political Research Quarterly*, v. 64, n. 1, pp. 185-243, mar. 2011.

2. Além de Crenshaw, "Mapping the Margins", ver a entrevista de Bim Adewunmi com Crenshaw, "Kimberlé Crenshaw on Intersectionality: 'I Wanted to Come Up with an Everyday Metaphor That Anyone Could Use'", *New Statesman*, 2 abr. 2014. Disponível em: <www.newstatesman. com/lifestyle/2014/04/kimberl-crenshaw-intersectionality-i-wanted- -come-everyday-metaphor-anyone-could>. Acesso em: 21 fev. 2021.

3. Mais uma vez, ver Noel A. Cazenave, *Killing African Americans: Police and Vigilante Violence as a Racial Control Mechanism* (Nova York: Routledge, 2018); Alex S. Vitale, *The End of Policing* (Londres: Verso, 2017); e Geo Maher, *A World Without Police: How Strong Communities Make Cops Obsolete* (Londres: Verso, 2021). Ver também Matthew Clair, *Privilege and Punishment: How Race and Class Matter in Criminal Court* (Princeton, Nova Jersey: Princeton University Press, 2020); e para uma perspectiva mais global, Jean Comaroff e John L. Comaroff, *The Truth About Crime: Sovereignty, Knowledge, Social Order* (Chicago: University of Chicago Press, 2016).

4. Apresentei essa abordagem em Lewis R. Gordon, *Her Majesty's Other Children: Sketches of Racism from a Neocolonial Age*. Lahnham, Maryland: Rowman and Littlefield, 1997, no capítulo "Sex, Race, and Matrices of Desire".

5. Sri Aurobindo, *The Future Evolution of Man: The Divine Life upon Earth*. Twin Lakes, Wisconsin: Lotus Press, 1963.

6. Essa literatura é vasta, mas o leitor leigo pode consultar os seguintes textos para um resumo da pesquisa: Greta Jochem, "Neanderthal Genes Help Shape How Many Modern Humans Look", *NPR*, 5 out. 2017 (disponível em: <www.npr.org/sections/health-shots/2017/10/05/555592707/ neanderthal-genes-help-shape-how-many-modern-humans-look>. Acesso em: 21 fev. 2021); e Matthew Warren, "Biggest Denisovan Fossil Yet Spills Ancient Human's Secrets", *Nature*, 1 maio 2019 (disponível em: <www. nature.com/articles/d41586-019-01395-0>. Acesso em: 21 fev. 2021). Para aqueles que quiserem se aprofundar na literatura especializada, ver, por exemplo, Kwang Hyun Ko, "Hominin Interbreeding and the Evolution of Human Variation", *Journal of Biological Research-Thessaloniki*, v. 23, p. 17, dez. 2016 (disponível em: <www.ncbi.nlm.nih.gov/pmc/articles/ PMC4947341/>. Acesso em: 21 fev. 2021); e Michael Dannemann e Janet Kelso, "The Contribution of Neanderthals to Phenotypic Variation in Modern Humans", *The American Journal of Human Genetics*, v. 101, n.

4, pp. 578-89, 5 out. 2017 (disponível em: <www.cell.com/ajhg/fulltext/
S0002-9297(17)30379-8>. Acesso em: 21 fev. 2021).

7. Ver, por exemplo, Megan Gannon, "How Smart Were Neanderthals?", *Live Science*, 23 mar. 2019 (disponível em: <www.livescience.com/65003-how-smart-were-neanderthals.html>. Acesso em: 21 fev. 2021); Sarah Kaplan, "Humans Didn't Outsmart the Neanderthals. We Just Outlasted Them", *The Washington Post*, 1 nov. 2017 (disponível em: <www.washingtonpost.com/news/speaking-of-science/wp/2017/11/01/humans-didnt-outsmart-the-neanderthals-we-just-outlasted-them>. Acesso em: 21 fev. 2021); "Neanderthals Were Too Smart for Their Own Good", *The Telegraph*, 18 nov. 2011 (disponível em: <www.telegraph.co.uk/news/science/science-news/8898321/Neanderthals-were-too-smart-for-their-own-good.html>. Acesso em: 12 ago. 2020); e Joe Alper, "Rethinking Neanderthals", *Smithsonian Magazine*, jun. 2003 (disponível em: <www.smithsonianmag.com/science-nature/rethinking-neanderthals-83341003/>. Acesso em: 21 fev. 2021). E para os que queiram ler algo mais substancial, ver Clive Finlayson, *The Smart Neanderthal: Cave Art, Bird Catching, and the Cognitive Revolution*. Oxford: Oxford University Press, 2019.

8. Para um resumo sucinto, ver Karl Gruber, "Europeans Did Not Inherit Pale Skins from Neanderthals", *New Scientist*, 6 set. 2012. Disponível em: <www.newscientist.com/article/dn22308-europeans-did-not-inherit-pale-skins-from-neanderthals/>. Acesso em: 21 fev. 2021. Para uma detalhada abordagem científica recente, ver Michael Dannemann e Janet Kelso, "The Contribution of Neanderthals to Phenotypic Variation in Modern Humans", op. cit.

9. Sharon R. Browning, Brian L. Browning, Ying Zhou, Serena Tucci e Joshua M. Akey, "Analysis of Human Sequence Data Reveals Two Pulses of Archaic Denisovan Admixture", *Cell* 173, n. 1, pp. 53-61, 20181.

10. Ver Karl Gruber, "Europeans Did Not Inherit Pale Skins from Neanderthals", op. cit., e, para uma elaboração em torno de genes específicos associados com mutações para variações de cor, ver University of Pennsylvania, "Genes Responsible for Diversity of Human Skin Colors Identified", *Science Daily*, 12 out. 2017 (disponível em: <www.sciencedaily.com/releases/2017/10/171012143324.htm>. Acesso em: 21 fev. 2021). Ver também Olivia Godhill, "How Europeans Became Tall and Fair-Skinned 8500 Years Ago", *Quartz*, 28 nov. 2015. Disponível em: <qz.com/561034/how-europeans-became-tall-and-fair-skinned-8500-years-ago/>. Acesso em: 21 fev. 2021.

11. Danny Vendramini, *Them and Us: How Neanderthal Predation Created Modern Humans*. Armidale, NSW, Austrália: Kardoorair Press, 2009. Para uma crítica científica, ver Adam Benton, "Them and Us: Predatory

Neanderthals Hunted Humans?", *Filthy Monkey Men*, 25 maio 2015. Disponível em: <www.filthymonkeymen.com/2015/05/25/them-and-us-predatory-neanderthals-hunted-humans/>. Acesso em: 21 fev. 2021.

12. Danny Vendramini, "Neanderthal: Profile of a Super Predator", YouTube, 4 dez. 2010. Disponível em: <www.youtube.com/watch?v=mZbmywzGAVs>. Acesso em: 21 fev. 2021.

13. Catherine Shoard, "Liam Neeson: After a Friend Was Raped, I Wanted to Kill a Black Man", *The Guardian*, 4 fev. 2019 (disponível em: <www.theguardian.com/filme/2019/feb/04/liam-neeson-after-a-friend-was-raped-i-wanted-to-kill-a-black-man>. Acesso em: 21 fev. 2021); Elisha Fieldstadt, "Liam Neeson Says He Wanted to Kill a Black Man After a Friend Close to Him Was Raped", NBC News, 4 fev. 2019 (disponível em: <www.nbcnews.com/pop-culture/celebrity/liam-neeson-says-he-sought-black--man-kill-after-friend-n966676>. Acesso em: 21 fev. 2021).

14. Isso é notícia velha por toda a diáspora africana e em muitas comunidades de miscigenação racial. É geralmente referida como "colorismo", já que a maioria dos exemplos se dão no contexto de uma ampla estrutura de poder branco funcionando como a estrutura racial. Ver, por exemplo, Lori L. Tharps, *Same Family, Different Colors: Confronting Colorism in America's Diverse Families*. Boston: Beacon Press, 2016. Ver também Suzanne Oboler e Anani Dzidzienyo (Orgs.), *Neither Enemies nor Friends: Latinos, Blacks, Afro-Latinos*. Nova York: Palgrave Macmillan, 2005.

15. Ver Robert E. Washington, "Brown Racism and the Formation of a World System of Racial Stratification", *International Journal of Politics, Culture, and Society*, v. 4, n. 2 (inverno de 1990), pp. 209-27. Ver também L. Rondilla e Paul Spickard, *Is Lighter Better? Skin-tone Discrimination Among Asian Americans* (Lanham, Maryland: Rowman and Littefield, 2007); e Nikki Khana (Org.), *Whiter: Asian American Women on Skin Color and Colorism* (Nova York: NYU Press, 2020).

16. V. T. Rajshekar, *Dalit: The Black Untouchables of India*. 3. ed. Atlanta, Georgia: Clarity Press, 2009, p. 37. Ver também Chandramohan S., *Love After Babel and Other Poems* (Ottawa, Canadá: Daraja Press, 2020); e Manoj Kumar Panda, *One Thousand Days in a Refrigerator: Stories* (trad. de Snehaprava Das. Nova Delhi: Speaking Tiger, 2016).

17. William Loren Katz, *Black Indians: A Hidden Heritage*. Nova York: Atheneum, 1986.

18. Osagie K. Obasogie, *Blinded by Sight: Seeing Race Through the Eyes of the Blind*. Palo Alto, Califórnia: Stanford University Press, 2013.

19. Mark Hubbe, "Walter Neves and the Pursuit of the First South Americans", *PaleoAmerica*, v. 1, n. 2, pp. 131-3, 2015. Para leitores que desejem consultar diretamente o trabalho de Neves, ver Walter A. Neves e

Hector Pucciarelli, "The Zhoukoudian Upper Cave Skull 101 as Seen from the Americas", *Journal of Human Evolution* 34, n. 2, pp. 219-22, fev. 1998; e Walter A. Neves, Joseph F. Powell e Erik G. Ozolins, "Modern Human Origins as Seen from the Peripheries", *Journal of Human Evolution* 37, n. 1, pp. 129-33, jul. 1999.

20. Ver, por exemplo, Santo Agostinho, *The City of God*, op. cit.; Gottfried Wilhelm Leibniz, *Theodicy* (org. de Austin Farrer e trad. de E. M. Huggard. New Haven, Connecticut: Yale University Press, 1952 [ed. bras.: *Ensaios de teodiceia*. Trad. de William de Siqueira Piauí e Juliana Cecci Silva. Curitiba: Kotter Editorial, 2022]); Kwame Gyekye, *An Essay on African Philosophical Thought: The Akan Conceptual Scheme* (ed. rev. Filadélfia: Temple University Press, 1987); John Hick, *Evil and the God of Love*, ed. rev. (Nova York: Harper and Row, 1978); William R. Jones, *Is God a White Racist: A Preamble to a Black Theology*, 2. ed. (Boston: Beacon Press, 1997); Sherman A. Jackson, *Islam and the Problem of Black Suffering* (Nova York: Oxford University Press, 2009); e Anthony B. Pinn, *Why, Lord? Suffering and Evil in Black Theology* (Nova York: Continuum, 1999). Ver também Lewis R. Gordon, *An Introduction to Africana Philosophy* (Cambridge, Reino Unido: Cambridge University Press, 2008) e *Freedom, Justice, and Decolonization* (Nova York: Routledge, 2021).

21. Kwame Gyekye apresenta uma excelente crítica nessa e em outras linhas em *An Essay on African Philosophical Thought*, op. cit. Ver também *Evil and the God of Love*, de John Hick, op. cit. Apresento uma discussão crítica em muitos contextos, entre outros em *Freedom, Justice, and Decolonization* e, com Jane Anna Gordon, *Of Divine Warning: Reading Disaster in the Modern Age* (Nova York: Routledge, 2009).

22. Na África do Sul e nos Estados Unidos, o constitucionalismo se tornou uma forma de idolatria através da qual frequentemente se ignora o quadro mais amplo de suas constituições, preterindo o que se refere à vida dos condenados da Terra. Discuto esse problema em *Freedom, Justice, and Decolonization*, op. cit.; ver também Rozena Maart, "Philosophy Born of Massacres. Marikana, the Theatre of Cruelty: The Killing of the 'Kaffir'", *Acta Academica*, v. 46, n. 4, pp. 1-28, 2014.

23. Para uma discussão detalhada das desventuras de Kant no estudo de raça e de como elas afetaram até mesmo sua concepção de ética, ver J. Reid Miller, *Satin Removal: Ethics and Race*. Nova York: Oxford University Press, 2016.

24. Isso foi bem conhecido e mantido relativamente em reserva por décadas. Para um resumo recente, ver Sarah Spain, "Africa Is Most Genetically Diverse Continent, DNA Study Shows", *BioNews*, 10 maio 2019. Disponível em: <www.bionews.org.uk/page_91054>. Acesso em: 21 fev. 2021.

Ela deveria ter dito, é evidente, "geneticamente diverso continente de seres humanos". Para os que quiserem consultar literatura especializada sobre essa diversidade, ver L. B. Jorde, W. S. Watkins, M. J. Bamshad, M. E. Dixon, C. E. Ricker, M. T. Seielstad e M. A. Batzer, "The Distribution of Human Genetic Diversity: A Comparison of Mitochondrial, Autosomal, and Y-Chromosome Data", *American Journal of Human Genetics*, v. 66, n. 3, pp. 979-88, mar. 2000. Disponível em: <www.sciencedirect.com/science/article/pii/S0002929707640245>. Acesso em: 21 fev. 2021.

25. Para uma compilação da literatura em questão, de Bernier a Galton, ver Robert Bernasconi e Tommy L. Lott (Orgs.), *The Idea of Race*. Indianapolis, Indiana: Hackett Publishers, 2000.

6. Privilégio, luxo, imunidade [pp. 129-42]

1. Peggy McIntosh, "White Privilege and Male Privilege: A Personal Account of Coming to See Correspondences Through Work in Women's Studies", Documento de trabalho 189. Wellesley, Massachusetts: Wellesley College, Center for Research on Women, 1988.

2. Ben Montgomery, "FBI Closes Book on Claude Neal's Lynching Without Naming Killers", *Tampa Bay Times*, 3 ago. 2014. Disponível em: <www.tampabay.com/features/humaninterest/fbi-closes-book-on-claude-neals-lynching-without-naming-killers/2191344>. Acesso em: 21 fev. 2021. Isso infelizmente não era incomum. Ver Anne P. Rice (Org.), *Witnessing Lynching: American Writers Respond*. New Brunswick, Nova Jersey: Rutgers University Press, 2003.

3. A literatura é vasta. Para um resumo recente, ver Maurício Brum, "How Belgium Cut Off Hands and Arms, and Killed over 15 Million in Africa", *Gazeta do Povo/ Wise Up News*, 2 jul. 2019. Disponível em: <www.gazetadopovo.com.br/wiseup-news/how-belgium-cut-off-hands-and-arms-and-killed-over-15-million-in-africa/>. Acesso em: 21 fev. 2021. Ver também Adam Hochschild, *King Leopold's Ghost: A Story of Greed, Terror, and Heroism in Colonial Africa* (Boston: Houghton Mifflin, 1999); e o clássico de Walter Rodney, *How Europe Underdeveloped Africa* (Washington, DC: Howard University Press, 1982).

4. Essa literatura é vasta também. Para uma discussão sucinta, ver Norimitsu Onishi e Melissa Eddy, "A Forgotten Genocide: What Germany Did in Namibia, and What It's Saying Now", *The New York Times*, 28 maio 2021, atualizada em 29 maio 2021. Disponível em: <www.nytimes.com/2021/05/28/world/europe/germany-namibia-genocide.html>. Acesso em: 21 fev. 2021.

5. Adolf Hitler, *Mein Kampf*. Munique: Franz Eher Nachfolger, 1925. As discussões críticas da lógica de Hitler são muitas. Para uma análise mais recente, ver Jason Stanley, *How Fascism Works: The Politics of Us and Them*. Nova York: Random House, 2018 [ed. bras.: *Como funciona o fascismo. A política do "nós" e "eles"*. Trad. de Bruno Alexander. Porto Alegre: L&PM, 2018].

6. W. E. B. Du Bois discute esse fenômeno em "Of de Sons of Master and Man", capítulo 9 de *The Souls of Black Folk: Essays and Sketches*, op. cit. Ver também Ida B. Wells, *The Light of Truth: Writings of an Anti-Lynching Crusader*. Org. de Mia Bay e Henry Louis Gates Jr. Nova York: Penguin Classics, 2014. Escritores contemporâneos incluem Michelle Alexander, Noel A. Cazenave, William Darity Jr., Angela Y. Davis, Roxanne Dunbar-Ortiz, A. Kirsten Mullen e Alex S. Vitale.

7. Ver Cherryl Walker (Org.), *Women and Gender in Southern Africa to 1945*. Claremont, África do Sul: David Philip Publishers, 1990. Ver também Johathan Hyslop, "White Working-Class Women and the Invention of Apartheid: 'Purified' Afrikaner Nationalist Agitation for Legislation Against 'Mixed' Marriages, 1934-1939", *The Journal of African History*, v. 36, n. 1, p. 57-81, 1995.

8. Frantz Fanon, *Peau noire, masques blancs*, op. cit., introdução e capítulo 7.

7. Trans, mas não transcendidos [pp. 143-57]

1. Para um desenvolvimento do assunto, ver Roger Brubaker, *Trans: Gender and Race in an Age of Unsettled Identities*. Princeton, Nova Jersey: Princeton University Press, 2016.

2. Nkiru Uwechia Nzegwu, *Family Matters: Feminist Concepts in African Philosophy of Culture* (Albany: State University of New York Press, 2006); e Oyèrónke Oyěwùmí, *The Invention of Women* (Minneapolis: University of Minnesota Press, 1997) e *What Gender Is Motherhood? Changing Yorùbá Ideals of Power, Procreation, and Identity in the Age of Modernity* (Nova York: Palgrave, 2015).

3. *O segundo sexo*, de Simone de Beauvoir, é a formulação clássica desse argumento.

4. Rebecca Tuvel, "In Defense of Transracialism", *Hypatia*, v. 32, n. 2, pp. 263-78, 2017. Ver também Rebecca Tuvel, "Changing Identities: Are Race and Gender Analogous?", *Black Issues in Philosophy*, 6 jul. 2021. Disponível em: <blog.apaonline.org/2021/07/06/changing-identities-are--race-and-gender-analogous>. Acesso em: 21 fev. 2021.

5. As reações foram muitas para listar aqui. O leitor pode consultar o simpósio especial sobre a controvérsia, com ensaios críticos e uma

réplica, em *Philosophy Today*, v. 62, n. 1, jan. 2018, em que a rearticulação de Rebecca Tuvel de sua posição está acessível em "Racial Transitions and Controversial Positions: Reply to Taylor, Gordon, Sealey, Hom, and Botts", pp. 73-8, e no mencionado "Changing Identities: Are Race and Gender Analogous?".

6. Para um resumo desses argumentos e de seus proponentes, ver Paul C. Taylor, *Race: A Philosophical Introduction*. 2. ed. Cambridge, Reino Unido: Polity, 2013.

7. Para um estudo clássico desse argumento, ver Peter L. Berger e Thomas Luckmann, *The Social Construction of Reality*. Nova York: Random House, 1966.

8. Para uma elaboração e relatos de judeus e muçulmanos que se converteram ao cristianismo — chamados de "conversos" e "mouriscos" na Ibéria medieval —, ver Geraldine Heng, *The Invention of Race in the European Middle Ages* (Cambridge, Reino Unido: Cambridge University Press, 2018); e Lisa Vollendorf, *The Lives of Women: A New History of Inquisitorial Spain* (Nashville, Tennessee: Vanderbilt University Press, 2005).

9. Ver Angelina Chapin, "Of Course White Women Voted for Trump Again", *The Cut*, 17 nov. 2020. Disponível em: <www.thecut.com/2020/11/many-white-women-still-voted-for-trump-in-2020.html>. Acesso em: 21 fev. 2021. Pior que isso: o número de votos delas em favor de Trump aumentou enquanto os votos masculinos diminuíram; ver Ruth Igielnik, Scott Keeter e Hannah Hartig, "Behind Biden's 2020 Victory: An Examination of the 2020 Electorate, Based on Validated Voters", Pew Research Center, 30 jun. 2021. Disponível em: <www.pewresearch.org/politics/2021/06/30/behind-bidens-2020-victory>. Acesso em: 21 fev. 2021.

10. Negros nos Estados Unidos que se identificavam como "fortemente republicanos" em 2016 eram apenas 2% da população negra votante. Ver "Black Party Affiliation", BlackDemographics.com. Disponível em: <blackdemographics.com/culture/blac-politics>. Acesso em: 21 fev. 2021.

11. Para um desenvolvimento, além de *Trans*, de Brubaker, ver também Judith Halberstram, *Female Masculinity* (Durham, Carolina do Norte: Duke University Press, 1998). Ver também Judith Butler, *Gender Trouble: Feminism and the Subversion of Identity*, op. cit.; e Lewis R. Gordon, *Bad Faith and Antiblack Racism* (op. cit.), e *Her Majesty's Other Children: Sketches of Racism from a Neocolonial Age* (Lanham, Maryland: Rowman and Littlefield, 1997).

12. Para um estudo histórico, ver C. Riley Snorton, *Black on Both Sides: A Racial History of Trans Identity*. 3. ed. Minneapolis: University of Minnesota Press, 2017.

13. Há, evidentemente, pessoas negras de aparência branca que se identificam como negras. Os exemplos são muitos, mas para uma história popular

mais recente, ver Khushbu Sha, "They Look White but Say They're Black: A Tiny Town in Ohio Wrestles with Race", *The Guardian*, 25 jul. 2019. Disponível em: <www.theguardian.com/us-news/2019/jul/25/race-east-jackson-ohio-appalachia-white-black>. Acesso em: 21 fev. 2021.

14. O Pew Research Center revela que brancos quase não se casam fora de seu grupo. Ver os dados em sua página na internet "Intermarriage". Disponível em: <www.pewresearch.org/topics/intermarriage>. Acesso em: 21 fev. 2021. Para uma discussão e outros dados, ver, por exemplo, Gretchen Livingston e Anna Brown, "Intermarriage in the U.S. 50 Years After *Loving v. Virginia*", Pew Research Center: Social and Demographic Trends, 18 maio 2017. Disponível em: <www.pewsocialtrends.org/2017/05/18/intermarriage-in-the-u-s-50-years-after-loving-v-virginia>. Acesso em: 21 fev. 2021. Casamento, evidentemente, não é sinônimo de relação amorosa e sexual, existindo, claro, a questão de produzir filhos fora do casamento.

15. Ver, por exemplo, Anténor Firmin, *The Equality of the Human Races: A Nineteenth Century Haitian Scholar's Response to European Racialism* (trad. de Asselin Charles. Nova York: Garland Publishers, 2000 [1985]); Frantz Fanon, *Peau noire, masques blancs* (op. cit.); Angela Y. Davis, *Women, Race, and Class* (op. cit.); Hilary McD. Beckles, *Natural Rebels: A Social History of Enslaved Women in Barbados* (New Brunswick, Nova Jersey: Rutgers University Press, 1989); Lamonte Aidoo, *Slavery Unseen: Sex, Power, and Violence in Brazilian History* (op. cit.); Jane Dailey, *White Fright: The Sexual Panic at the Heart of America's Racist History* (op. cit.); Jane Ward, "The White Supremacist Origins of Modern Marriage Advice", *The Conversation*, 27 ago. 2020 (disponível em: <theconversation.com/the-white--supremacist-origins-of-modern-marriage-advice-144782>. Acesso em: 21 fev. 2021); e Rebecca Stevens, "White Men and the Sexual Fetishization of Black Women", *Illumination*, 9 set. 2020 (disponível em: <medium.com/illumination-curated/white-men-and-the-sexual-fetishization-of-black--women-ca046b8d1da8>. Acesso em: 21 fev. 2021).

16. Cara Rose DeFabio, "If You're Black, DNA Ancestry Results Can Reveal an Awkward Truth", *Splinter*, 29 set. 2016. Disponível em: <splinternews.com/if-you-re-black-dna-ancestry-results-can-reveal-an-awk-1793862284>. Acesso em: 21 fev. 2021. Para um estudo relevante, ver Katarzyna Bryc, Eric Y. Durand, J. Michael Macpherson, David Reich e Joanna L. Mountain, "The Genetic Ancestry of African Americans, Latinos, and European Americans Across the United States", *The American Journal of Human Genetics*, v. 96, 8 dez. 2014. Disponível em: <www.cell.com/ajhg/fulltext/S0002-9297(14)00476-5>. Acesso em: 21 fev. 2021. Para informações demográficas e genômicas sobre a proporção de negros que têm

ascendentes europeus versus brancos que têm ascendentes negros, ver Lizzie Wade, "Genetic Study Reveals Surprising Ancestry of Many Americans", *Science*, 18 dez. 2014 (disponível em: www.sciencemag. org/news/2014/12/genetic-study-reveals-surprising-ancestry-many--americans>. Acesso em: 12 ago. 2020); e "How African Is Black America", BlackDemographics.com (disponível em: <blackdemographics. com/geography/african-american-dna/>. Acesso em: 21 fev. 2021).

17. Vine Deloria Jr., *Custer Died for Your Sins: An Indian Manifesto*, op. cit., pp. 2-3.

18. Para uma elaboração do tema, ver Jane Anna Gordon, *Creolizing Political Theory: Reading Rousseau Through Fanon* (op. cit.); e Michael J. Monahan, *The Creolizing Subject: Race, Reason, and the Politics of Purity* (Nova York: Fordham University Press, 2011).

19. Estou me referindo aqui à ideia condutora do influente texto de Alain Badiou *Being and Event*. Trad. de Oliver Feltham. Londres: Bloomsbury, 2013 [ed. bras.: *O ser e o evento*. Trad. de Maria Luiza X. de A. Borges. Rio de Janeiro: Zahar, 1996].

20. Ver Sara Ahmed, *Queer Phenomenology: Orientations, Objects, Others* (Durham, Carolina do Norte: Duke University Press, 2006); e David Ross Fryer, *Thinking Queerly: Race, Sex, Gender, and the Ethics of Identity* (Nova York: Routledge, 2008).

21. Ver Meg-John Barker e Alex Iantaffi, *Life Isn't Binary: On Being Both, Beyond, and In-Between* (Londres: Jessica Kingsley Publishers, 2019).

Parte III
Realidades políticas

8. Cinco tipos de invisibilidade [pp. 161-83]

1. Para quem estiver em dúvida, ver Ryan Sit, "Trump Thinks Only Black People Are on Welfare, but Really, White Americans Recieve Most Benefits", *Newsweek*, 12 jan. 2018 (disponível em: <www.newsweek.com/donald-trump-welfare-black-white-780252>. Acesso em: 12 ago. 2020); e Tracy Jan, "The Biggest Beneficiaries of the Government Safety Net: Working-Class Whites", *The Washington Post*, 16 fev. 2017 (disponível em: <www.washingtonpost.com/news/wonk/wp/2017/02/16/the-biggest-beneficiaries-of-the-government-safety-net-working-class-whites/?utm_term=.bc219d2e03a1>. Acesso em: 21 fev. 2021). Ver também William A. Darity Jr. e A. Kirsten Mullen, *From Here to Equality: Reparations for Black Americans in the Twenty-First Century*. Chapel Hill: University of North Carolina Press, 2020.

2. Para uma discussão da recorrência desses argumentos, acompanhada de demonstração científica de suas falhas, ver Stephen Jay Gould, *The Mismeasure of Man*, ed. rev. e ampl. (Nova York: W. W. Norton, 1996); e Angela Saini, *Superior: The Return of Race Science* (Noida: HarperCollins Publishers India, 2019). Ver também Lewis R. Gordon, *Bad Faith and Antiblack Racism*, op. cit.

3. Ver W. E. B. Du Bois, *The Souls of Black Folk: Essays and Sketches* (op. cit.); e Angela Y. Davis, *Angela Davis: An Autobiography* (Nova York: Random House, 1974), *Are Prisons Obsolete?* (Nova York: Seven Stories Press, 2003), e *Abolition Democracy: Beyond Empire, Prisons, and Torture* (Nova York: Seven Stories Press, 2005). Ver também Michelle Alexander, *The New Jim Crow: Mass Incarceration in the Age of Colorblindness* (Nova York: New Press, 2010); Angela J. Davis, *Arbitrary Justice: The Power of the American Prosecutor* (Nova York: Oxford University Press, 2009), e, como editora, *Policing the Black Man: Arrest, Prosecution, and Imprisonment* (Nova York: Pantheon Books, 2017); Marie Gottschalk, *Caught: The Prison State and the Lockdown of American Politics* (Princeton, Nova Jersey: Princeton University Press, 2015); Ibrahim X. Kendi, *Stamped from the Beginning* (Nova York: Bold Type Books, 2017); Khalil Gibran Muhammad, *The Condemnation of Blackness: Race, Crime, and the Making of Modern Urban America* (Cambridge, Massachusetts: Harvard University Press, 2011); e Michael Tillotson, *Invisible Jim Crow: Contemporary Ideological Threats to the Internal Security of African Americans* (Trenton, Nova Jersey: Africa World Press, 2011).

4. Ver Frank R. Baumgartner, Derek A. Epp e Kelsey Shoub, *Suspect Citizen: What 20 Million Traffic Stops Tell Us About Policing and Race*. Cambridge, Reino Unido: Cambridge University Press, 2018.

5. Nathalie Etoke, *Melancholia Africana: The Indispensable Overcoming of the Black Condition*. Trad. de Bill Hamlett. Londres: Rowman and Littlefield International, 2019.

6. Vine Deloria Jr., *Custer Died for Your Sins: An Indian* Manifesto, op. cit.

7. Russell Thornton, *American Indian Holocaust and Survival: A Population History Since 1492*. Norman: University of Oklahoma Press, 1990.

8. Duane Brayboy, "Two Spirits, One Heart, Five Genders", *Indian Country Today*, 7 set. 2017. Disponível em: <indiancountrytoday.com/archive/two--spirits-one-heart-five-genders>. Acesso em: 21 fev. 2021.

9. Ver, por exemplo, *Family Matters: Feminist Concepts in African Philosophy of Culture*, do filósofo e historiador da arte igbo Nkiru Uwechia Nzegwu (Albany: State University of New York Press, 2006); e *The Invention of Women* (Minneapolis: University of Minnesota Press, 1997) e *What Gender Is Motherhood? Changing Yorùbá Ideals of Power, Procriation, and*

Identity in the Age of Modernity (Nova York: Palgrave, 2015), ambos do so-ciólogo iorubá Oyèrónkę Oyěwùmi.

10. Christine de Pizan, *The Book of the City of Ladies* (trad. de Rosalind Brown-Grant. Nova York: Penguin Classics, 2000 [1405]), e *The Treasure of the City of Ladies, or The Book of the Three Virtues* (trad. de Sara Lawson. Nova York: Penguin Classics, 2003 [1405]); Anna Julia Cooper, *A Voice from the South* (Xenia, Ohio: Aldine Printing House, 1892); He-Yin Zhen, "On the Question of Women's Liberation", "On the Revenge of Women" e "The Feminist Manifesto", in: *The Birth of Chinese Feminism: Essential Texts in Transnational Theory* (org. de Lydia H. Liu, Rebecca E. Karl e Doroty Ko. Nova York: Columbia University Press, 2013), pp. 53-186.

11. Janet L. Borgerson, *Caring and the Power in Female Leadership: A Philosophical Approach*. Newcastle upon Tyne: Cambridge Scholars Press, 2018.

12. Jaspal Kaur Singh, *Violence and Resistance in Sikh Gendered Identity*. Milton Park, Reino Unido: Routledge, 2020.

13. Carol Gilligan, *In a Different Voice: Psychological Theory and Women's Development* (Cambridge, Massachusetts: Harvard University Press, 1982); Michelle Walker, "Silence and Reason: Woman's Voice in Philosophy", *Australian Journal of Philosophy*, v. 71, n. 4, pp. 400-24; Kathryn Lasky, *A Voice of Her Own: The Story of Phillis Wheatley, Slave Poet* (Somerville, Massachusetts: Candlewick, 2005); Melissa Silverstein (Org.), *In Her Voice: Women Directors Talk Directing* ([S.l.:] Women and Hollywood, 2013); Miki Raver, *Listen to Her Voice: Women in the Hebrew Bible* (Vancouver: Chronicle Books, 2005); Judy Yung, *Unbound Voices* (Berkeley: University of California Press, 1999); Emily Honig e Gail Hershatter (Orgs.), *Personal Voices: Chinese Women in the 1980s* (Palo Alto, Califórnia: Stanford University Press, 1988); Xinran, *The Good Women of China: Hidden Voices* (Nova York: Anchor Books, 2003).

14. Ver Cheryl R. Rodriguez, Dzodzi Tsikata e Akosua Adomako Ampofo (Orgs.), *Transatlantic Feminisms: Women and Gender Studies in Africa and the Diaspora*. Lanham, Maryland: Lexington Books, 2015.

15. Jacob Grimm e Wilhelm Grimm, *The Original Folk and Fairy Tales of the Brothers Grimm: The Complete First Edition*. Trad. de Jack Zipes. Princeton, Nova Jersey: Princeton University Press, 2016 [1812-5] [ed. bras.: *Contos maravilhosos infantis e domésticos*. Trad. de Christine Röhrig. São Paulo: Editora 34, 2018]. A rainha, na versão original de 1812, era a mãe biológica da Branca de Neve, mas isso era demais para o público suportar, então ela foi reescrita como madrasta.

16. Chandramohan Sathyanathan, "On the Slave Bible", incluído aqui com autorização do poeta.

17. Vine Deloria Jr., *Custer Died of Your Sins*, op. cit., p. 8.

18. Coulthard se concentra em *Peau noire, masques blancs*, de Fanon. Para os escritos de Patrick Wolfe, ver seu "Settler Colonialism and the Elimination of the Native", *Journal of Genocide Research*, v. 8, n. 4, pp. 387-409, 2006, e *Traces of History: Elementary Structures of Race* (Londres: Verso, 2016). Ver também Sandy Grande (Org.), *Red Pedagogy: Native American Social and Political Thought*. Lanham: Rowman and Littlefield, 2004.

19. Robert Hughes, *The Fatal Shore: The Epic of Australia's Founding*. Nova York: Vintage, 1986.

20. Especificamente, "o projeto de morte". Ver Julia Suárez-Krabbe, *Race, Rights and Rebels: Alternatives to Human Rights and Development from the Global South* (Londres: Rowman and Littlefield International, 2014), passim, mas ver o primeiro capítulo, "Bad Faith and the Death Project", em que ela o define como um conjunto de atitudes e organização sistemática de um mundo dedicado à eliminação de outras formas de vida.

21. Em complemento à análise de Deloria em *Custer Died for Your Sins*, ver Du Bois, *Black Reconstruction in America, 1860-1880*; e Oliver Cromwell Cox, *Race: A Social Study in Social Dynamics* (Nova York: Monthly Review Press, 2000), a edição anotada de quinquagésimo aniversário de seu clássico *Caste, Class, and Race*.

22. Chandramohan Sathyanathan, versão original não publicada de "My Language", citada aqui com a permissão do autor.

23. O primeiro argumento é de Frantz Fanon, *Peau noire, masques bancs* (op. cit.), e o segundo é de *L'An V de la révolution algérienne* (op. cit.).

24. Fanon, *Peau noire, masques blancs*, op. cit., capítulo 6.

25. Ibid., última frase do texto.

26. Para uma elaboração desse raciocínio, ver Lewis R. Gordon, *What Fanon Said*. Nova York: Fordham University Press, 2015. Ver também Lewis R. Gordon, "Decolonizing *Frankenstein*", *The Common Reader: A Journal of the Essay*, n. 10 (outono de 2018), pp. 37-42, onde apresento um argumento semelhante, ao colocar o famoso romance de Mary Shelley para conversar com o pensamento de Fanon.

27. Ver Frantz Fanon, *Les Damnés de la terre*. Paris: Éditions Gallimard, 1991 [1961]. Essa obra é mais conhecida em inglês como *The Wretched of the Earth* [Os desgraçados da Terra]. Prefiro chamá-la de *The Damned of the Earth* [Os condenados da Terra], já que este título não apenas é literal como também realça o real argumento do texto [ed. bras.: *Os condenados da terra*. Trad. de Ligia Fonseca Ferreira e Regina Salgado Campos. São Paulo: Zahar/ Companhia das Letras, 2022].

28. Steve Chapman, "Why Do Whites Oppose the NFL Protest?", *Chicago Tribune*, 6 set. 2017. Disponível em: <www.chicagotribune.com/columns/steve-chapman/ct-perspec-whites-nfl-anthem-protests-20170927-story.html>. Acesso em: 21 fev. 2021.

29. Essa ideia vem do desenvolvimento de Jane Anna Golding do pensamento de W. E. B. Du Bois e Paget Henry sobre clarividência potencializada em seu ensaio "The Gift of Double Consciousness: Some Obstacles to Grasping the Contributions of the Colonized". In: *Postcolonialism and Political Theory*. Org. de Nalini Persram. Lanham, Maryland: Lexington Books, 2007, pp. 143-61. Ela expande esse conceito em sua teoria da mestiçagem em *Creolizing Political Theory*.

30. Apresento mais análises dessa experiência de opressão em escritos que vão de *Bad Faith and Antiblack Racism* a *Existentia Africana* e *Disciplinary Decadence*. Para comentários e elaboração criativa, ver danielle davis (Org.), *Black Existentialism: Essays on the Transformative Thought of Lewis R. Gordon*. Londres: Rowman and Littlefield International, 2019.

31. James Davis III, "Law, Prison, and Double-Double Consciousness: A Phenomenological View of the Black Prisoner's Experience", *Yale Law Journal*, v. 128, 2018-9. Disponível em: <www.yalelawjornal.org/forum/double-double-consciousness>. Acesso em: 21 fev. 2021.

32. Steve Bantu Biko, *I Write What I Like: Selected Writings*. Chicago: University of Chicago Press, 2002 [1978].

9. A consciência negra é política [pp. 184-207]

1. Ver, por exemplo, Temma Kaplan, *Democracy: A World History*. Oxford: Oxford University Press, 2015.

2. Frantz Fanon, *Les Damnés de la terre*, op. cit., p. 217; e Benjamin R. Barber, *Cool Cities: Urban Sovereignty and the Fix for Global Warming* (New Haven, Connecticut: Yale University Press, 2017).

3. Derefe Kimarley Chevannes apresenta uma elaboração dessas questões em "Creolizing Political Speech: Toward Black Existential Articulations", *Review of Education, Pedagogy, and Cultural Studies*, v. 40, n. 1, pp. 5-15, 2018, e "The Philosophical Project of Political Speech", *Black Issues in Philosophy* (blog), American Philosophical Association, 21 ago. 2018 (disponível em: <blog.apaonline.org/2018/08/21/black-issues-in-philosophy--the-philosophical-project-of-political-speech/>. Acesso em: 21 fev. 2021).

4. Ver, por exemplo, Joel Mendelson, "Disney World Is Anything but Magical for Its Employees", *Jobs with Justice*, 5 dez. 2017 (disponível em: <www.jwj.org/disney-world-is-anything-but-magical-for-its-employees>. Acesso em: 21 fev. 2021); e Henry A. Goroux e Grace Pollock, *The Mouse That Roared: Disney and the Loss of Innocence*, 2. ed. (Lanham, Maryland: Rowman and Littlefield, 2010).

5. Esse incidente é hoje famoso e foi bem noticiado mundo afora. Ver Katie Rogers, "Protestors Dispersed with Tear Gas So Trump Could Pose

at Church", *The New York Times*, 1 jun. 2020. Disponível em: <www.ny-times.com/2020/06/01/us/politics/trump-st-johns-church-bible.html>. Acesso em: 21 fev. 2021.

6. Associated Press, "Report: Feds Considered Using 'Heat Ray' on DC Protesters", *The Washington Post*, 16 set. 2020. Disponível em: <www.washingtonpost.com/world/national-security/report-feds-considered--using-heat-ray-on-dc-protesters/2020/09/16/74bc499a-f892-11ea-85f7--5941188a98cd_story.html>. Acesso em: 21 fev. 2021. Ver também Tim Elfrink, "Safety and Ethics Worries Sidelined a 'Heat Ray' for Years. The Feds Asked About Using It on Protesters", *The Washington Post*, 17 set. 2020. Disponível em: <www.washingtonpost.com/nation/2020/09/17/heat-ray-protesters-trump-dc/>. Acesso em: 21 fev. 2021.

7. Ver Adriaan de Buck e Alan H. Gardiner (Orgs.), *The Ancient Egyptian Coffin Texts, c. 2181 B.C.E.-2055 B.C.E..* University of Chicago Oriental Institute Publications, v. 67. Chicago: University of Chicago Press, 1951.

8. Sigmund Freud, *Civilization and Its Discontents*. Trad. de James Strachey. Nova York: W. W. Norton, 1989, p. 76 [ed. bras.: *O mal-estar na civilização e outros textos (1930-1936)*. v. 18. Trad. de Paulo César de Souza. São Paulo: Companhia das Letras, 2010].

9. Corey D. B. Walker, "'Is America Possible?': Protests, Pandemic, and Planetary Possibility", *Black Issues in Philosophy* (blog), American Philosophical Association, 7 jul. 2020. Disponível em: <blog.apaonline.org/2020/07/07/is-america-possible-protest-pandemic-and-planetary--possibility/>. Acesso em: 21 fev. 2021.

10. A documentação desse fenômeno é farta e variada, mas veja-se, por exemplo, L. A. Kauffman, "We Are Living Through a Golden Age of Protest", *The Guardian*, 6 maio 2018. Disponível em: </www.theguardian.com/commentisfree/2018/may/06/protest-trump-direct-action-activism>. Acesso em: 21 fev. 2021. O ano de 2020 também tornou profético esse artigo.

11. "Estabelecer metas" é uma formulação de Marilyn Nissim-Sabat em seu ensaio "A Phenomenological and Psychodynamic Reflection on Freedom and Oppression Following the Guiding Thread of Lewis R. Gordon's Existential Phenomenology of Oppression". In: danielle davis (Org.), *Black Existentialism*. Londres: Rowman and Littlefield International, 2019, pp. 149-66.

12. Ver Greg A. Graham, *Democratic Political Tragedy in the Postcolony: The Tragedy of Postcoloniality in Michael Manley's Jamaica and Nelson Mandela's South Africa*. Nova York: Routledge, 2017.

13. James Boggs, *The American Revolution: Pages from a Negro Worker's Notebook*. 2. ed. Nova York: Monthly Review Press, 2009 [1963], p. 90.

14. Karl Jaspers, *Die Schuldfrage: Von der politischen Haftung Deutschlands*. Munique: Piper, 1965 [1947] [ed. bras.: *A questão da culpa : A Alemanha e o*

nazismo. Trad. de Claudia Dornbusch. São Paulo: Todavia, 2018]. O subtítulo do original em alemão é "Sobre a responsabilidade política da Alemanha".

15. Karl Jaspers, *The Question of German Guilt*. Trad. de E. B. Ashton. Nova York: Fordham University Press, 2000 [1947]. Ed. brasileira: *A questão da culpa: A Alemanha e o nazismo*. Trad. de Claudia Dornbusch. São Paulo: Todavia, 2018.

16. Ver, por exemplo, J. Q. Whitman, *Hitler's American Model: The United States and the Making of Nazi Race Law*. Princeton, Nova Jersey: Princeton University Press, 2017. *The Passing of the Great Race: or, The Racial Basis of European History* (Nova York: Scribner's Sons, 1916), de Madison Grant, foi especialmente influente junto aos eugenistas nazistas.

17. Iris Marion Young, "Responsibility and Global Labor Justice", *Journal of Political Philosophy*, v. 12, n. 4, pp. 365-88, 2048.

18. Ibid., p. 377.

19. Id., *Responsibility for Justice*. Nova York: Oxford University Press, 2011, pp. 180-1.

20. Frederick Douglass, *My Bondage and My Freedom* (Nova York: Penguin Classics, 2003 [1855]), e *The Life and Times of Frederick Douglass* (Radford, Virginia: Wilder Publications, 2008 [1881]).

21. Para alguns desses relatos, ver C. L. R. James, *The Black Jacobins: Toussaint L'Ouverture and the San Domingo Revolution* (op. cit.); Angela Y. Davis, *Women, Race, and Class* (op. cit.); Hilary McD. Beckles, *Natural Rebels: A Social History of Enslaved Women in Barbados* (op. cit.); Hilary McD. Beckles, *Britain's Black Debt: Reparations for Caribbean Slavery and Native Genocide* (op. cit.); Lamonte Aidoo, *Slavery Unseen: Sex, Power, and Violence in Brazilian History* (op. cit.); e Herbert G. Gutman, *The Black Family in Slavery and Freedom: 1750-1925* (Nova York: Pantheon Books, 1976).

22. José Ortega y Gasset, *The Revolt of the Masses*. Nova York: W. W. Norton, 1994 [1929] [ed. bras.: *A rebelião das massas*. Trad. de Felipe Denardi. Campinas: Vide Editoria, 2016].

23. Angela Y. Davis, "Unfinished Lecture on Liberation — II". In: *Angela Davis: A Primary Reader*. Org. de Joy Ann James. Oxford: Blackwell Publishers, 1998, pp. 53-60.

24. Para uma elaboração dessa "necessidade" de má-fé, ver Lewis R. Gordon, "Exoticism", capítulo 16 de *Bad Faith and Antiblack Racism* (op. cit.), pp. 117-23.

25. James Boggs, "Liberalism, Marxism, and Black Political Power". In: *Pages from a Black Radical's Notebook: A James Boggs Reader*. Org. de Stephen M. Ward. Detroit: Wayne State University Press, 2011, p. 159.

A crítica é a Louis Lomax, *The Negro Revolt* (Nova York: Harper and Brothers, 1962).

26. Para os céticos, ver, por exemplo, World Bank, "Poverty" (disponível em: <www.worldbank.org/en/topic/poverty/overview>. Acesso em: 21 fev. 2021); Tanvi Masra, "The Working Class That Wasn't", *CityLab*, 11 dez. 2017 (disponível em: <www.citylab.com/equity/2017/12/who-is--working-class-in-3-infographics/547559/>. Acesso em: 21 fev. 2021); Tamara Draut, "Understanding the Working Class", *Demos*, 16 abr. 2018 (disponível em: <www.demos.org/research/understanding-working--class#Who-Calls-Themselves-Working-Class?>. Acesso em: 21 fev. 2021).

27. James Boggs, "Liberalism, Marxism, and Black Political Power", op. cit., 160.

10. Consciência negra em Wakanda [pp. 208-39]

1. Essas alegações de conspiração de judeus poderosos controlando negros e outras pessoas de cor com o intuito de destruir a raça branca, ou pelo menos o poder branco, estão espalhadas por todo o mundo. As fontes são muitas, mas, para uma discussão crítica, ver Andrew F. Wilson, "#whitegenocide, the Alt-right and Conspiracy Theory: How Secrecy and Suspicion Contributed to the Mainstreaming of Hate", *Secrecy and Society*, v. 1, n. 2, 2018, especialmente pp. 15 e 25. Ver também o relatório da Anti-Defamation League "White Supremacists' Anti-Semitic and Anti-Immigrant Sentiments Often Intersect", 27 out. 2018. Disponível em: <www.adl.org/blog/white-supremacists-anti-semitic-and-anti-immigrant-sentiments-often-intersect>. Acesso em: 21 fev. 2021.

2. Ver, por exemplo, Melanie Kaye/ Kantrowitz, *The Color of Jews: Racial Politics and Radical Diasporism*. Edição anotada. Bloomington: Indiana University Press, 2007. Ver também Lewis R. Gordon, "Rarely Kosher: Studying Jews of Color in North America", *American Jewish History*, v. 100, n. 1, pp. 105-16, 2016.

3. Ver Shaye J. D. Cohen, *The Beginning of Jewishness: Boundaries, Varieties, Uncertainties* (Berkeley: University of California Press, 1999); Charles Finch III, *Echoes of the Old Darkland: Themes from the African Eden* (Decatur, Geórgia: Khenti, 1991); e Sigmund Freud, *Moses and Monotheism* (trad. de Katherine Jones. Nova York: Vintage, 1955 [1939]) [ed. bras.: *Moisés e o monoteísmo, Compêndio de psicanálise e outros textos (1937-1939)*. v. 19. Trad. de Paulo César de Souza. São Paulo: Companhia das Letras, 2018].

4. Kwasi Wiredu, *Cultural Universals and Particulars*. Bloomington, Indiana University Press, 1996.

5. Drucilla Cornell, *Defending Ideals: War, Democracy, and Political Struggle*. Nova York: Routledge, 2004.

6. Chris Lebron, "'Black Panther' Is Not the Movie We Deserve", *Boston Review*, 17 fev. 2018. Disponível em: </bostonreview.net/race/christopher-lebron-black-panther>. Acesso em: 21 fev. 2021.

7. Sudip Sen, "The Panther and the Monkey Chant", *African Identities*, v. 16, n. 3, pp. 231-3, 2018.

8. Ver Mikhail Lyubansky, "The Racial Politics of Black Panther", *Psychology Today*, 20 fev. 2018 (disponível em: <www.psychologytoday.com/us/blog/between-the-lines/201802/the-racial-politics-black-panther>. Acesso em: 21 fev. 2021); e Sudip Sen, "The Panther and the Monkey Chant" (op. cit.).

9. Nkiru Uwechia Nzegwu, *His Majesty Nnaemeka Alfred Ugochukwu Achebe: A Ten-Year Milestone*. Endicott, Nova York: Africa Resource Press, 2013.

10. Timothy Obiezu, "Group of Chibok Schoolgirls Reportedly Escape Boko Haram Captors", VOA News, 29 jan. 2021. Disponível em: <www.voanews.com/africa/group-chibok-schoolgirls-reportedly-escape-boko--haram-captors>. Acesso em: 21 fev. 2021.

11. Esse fenômeno é bem conhecido entre estudiosos da história da colonização na África. Ver, por exemplo, Walter Rodney, *How Europe Underdeveloped Africa* (Washington, DC: Howard University Press, 1982), especialmente pp. 355, 409 e 424. Ver também Nkiru Uwechia Nzegwu, *Family Matters: Feminist Concepts in African Philosophy of Culture* (Albany: State University of New York Press, 2006), pp. 68, 72-5 e 80-5; e Moses A. Awinsong, "The Colonial and Post-Colonial Transformation of African Chieftaincy: A Historiography", *Historia*, v. 26, pp. 121-8, 2017.

12. Ver Asfa-Wossen Asserate, *King of Kings: The Triumph and Tragedy of Emperor Haile Selassie I of Ethiopia* (trad. de Peter Lewis. Londres: Haus Publishing, 2017); e, evidentemente, do próprio imperador, Haile Selassie, *My Life and Ethiopia's Progress: The Autobiography of Emperor Haile Selassie I*. 2 v. Chicago: Frontlines Publishers, 1997-9.

13. Frantz Fanon, *Alienation and Freedom*. Trad. de Steven Corcoran. Londres: Bloomsbury Academic, 2018, p. 283 [ed. bras.: *Alienação e liberdade — Escritos psiquiátricos*. Trad. de Sebastião Nascimento. São Paulo: Ubu Editora, 2020].

14. Id., *Les Damnés de la terre*, op. cit., p. 235.

15. Mikhail Lyubansky, "The Racial Politics of Black Panther", op. cit.

16. Essa questão do que deveríamos estar aprendendo com a África tem uma longa linha de reflexões por parte de intelectuais negros como W. E. B. Du Bois, Anténor Firmin e Cheikh Anta Diop, bem como de intelectuais de ascendência judaica europeia, de Franz Boas a Jean Comaroff e

John Comaroff. Para uma discussão, ver, por exemplo, Lewis R. Gordon, *Freedom, Justice, and Decolonization* (op. cit.); e Jean Comaroff e John L. Comaroff, *Theory from the South: Or, How Euro-America Is Evolving Toward Africa* (Nova York: Routledge, 2012).

17. Mira Jacobs, "Infinity War Director Confirms Shuri Is the Smartest MCU Character", CBR.com, 14 ago. 2018. Disponível em: <www.cbr.com/infinity-war-director-confirms-shuri-smartest-mcu-character/>. Acesso em: 21 fev. 2021.

18. Richard Wright, *Native Son*. Nova York: Harper Perennial Modern Classics, 2005 [1904] [ed. bras.: *Filho nativo*. Trad. de Jusmar Gomes. São Paulo: Best Seller, 1987]. Para discussões que desenvolvem esses temas, ver Jane Anna Gordon e Cyrus Ernesto Zirakzadeh (Orgs.), *The Politics of Richard Wright: Perspectives on Resistance*. Lexington: University Press of Kentucky, 2019.

19. Frantz Fanon, *Peau noire, masques blancs*, op. cit., p. 117.

20. César Ross, "The Role of Africa in the Foreign Policy of China". In: *Geopolitics and Decolonization: Perspectives from the Global South*. Org. de Fernanda Frizzo Bragato e Lewis R. Gordon. Londres: Rowman and Littlefield International, 2018, pp. 227-41.

21. V. T. Rajshekar, *Dalit: The Black Untouchables of India*. 3. ed. Atlanta, Georgia: Clarity Press, 2009, p. 43.

Parte IV
Mesmo quando *black and blue*

11. *Blue* [pp. 243-71]

1. Amiri Baraka, *Blues People: Negro Music in White America*. Nova York: William and Morrow, 1963.

2. Ralph Ellison, *Invisible Man*. Nova York: Vintage, 1990 [1952] [ed. bras.: *Homem invisível*. 2. ed. Trad. de Mauro Gama. Rio de Janeiro: José Olympio, 2020].

3. Frantz Fanon, *Les Damnés de la terre*, op. cit., p. 300.

4. Debra Devi, "Why Is the Blues Called 'the Blues'", *Huffington Post Arts and Culture*, 4 jan. 2013. Disponível em: <www.huffingtonpost.com/debra-devi/blues-music-history_b_2399330.html>. Acesso em: 21 fev. 2021.

5. Catherine McKinley, *Indigo: In Search of the Color That Seduced the World*. Nova York: Bloomsbury, 2011.

6. Frantz Fanon, "Racism and Culture". In: *Pour la révolution africaine: Écrits politiques*, op. cit., pp. 41-2 [ed. bras.: *Por uma revolução africana — Textos políticos*. Trad. de Carlos Alberto Medeiros. Rio de Janeiro: Zahar/Companhia das Letras, 2021].

7. Frantz Fanon, "Racism and Culture", op. cit., pp. 38-9.

8. Søren Kierkegaard, *Either/Or*. v. 1. Trad. de David F. Swenson e Lillian Marvin Swenson, com revisões e um prefácio de Howard A. Johnson. Princeton, Nova Jersey: Princeton University Press, 1959, p. 19.

9. Ralph Ellison, *Shadow and Act*. Nova York: Vintage, 1964, pp. 78-9.

10. Frantz Fanon, *Les Damnés de la terre*, op. cit., p. 291.

11. Stephon Alexander, *The Jazz of Physics: The Secret Link Between Music and the Structure of the Universe*. Nova York: Basic Books, 2016. Ver também o estudo de Robin D. G. Kelley sobre um dos gigantes do bebop: *Thelonious Monk: The Life and Times of an American Original*. Nova York: Free Press, 2010.

12. Mabogo Percy More, "Philosophy and Jazz" (capítulo 7). In: *Looking Through Philosophy in Black: Memoirs*. Londres: Rowman and Littlefield International, 2018, pp. 135-58.

13. Lewis R. Gordon, "The Problem of Maturity in Hip Hop", *Review of Education, Pedagogy, and Cultural Studies*, v. 27, n. 4, pp. 367-89, out.-dez. 2005. Eu tinha escrito também sobre os elementos pós-modernos do hip-hop em "Sketches of Jazz", capítulo 13 de *Her Majesty's Other Children*, no final dos anos 1990. Ver também Devon Johnson, *Black Nihilism and Antiblack Racism*. Lanham, Maryland: Rowman and Littlefield, 2021, pp. 152-91.

14. Friedrich Nietzsche, *"The Birth of Tragedy" and Other Writings*. Trad. de Ronald Speirs. Cambridge, Reino Unido: Cambridge University Press, 1999 [1872]) [ed. bras.: *O nascimento da tragédia*. Trad. de Paulo César de Souza. São Paulo: Companhia das Letras, 2020].

15. Richard A. Jones, *A Hill in Lunenburg: New Poems*. Frederick, Maryland: American Star Books, 2014, p. 27.

16. Ver, por exemplo, Evelyn Brooks Higginbotham, *Righteous Discontent: The Women's Movement in the Black Baptist Church, 1880-1920*. ed. rev. Cambridge, Massachusetts: Harvard University Press, 1994.

17. Carlo Colodi, *Pinocchio*. Trad. de Geoffrey Brock. Nova York: New York Review Books Classics, 2009 [ed. bras.: *Pinóquio*. Trad. de Tatiana Belinky. São Paulo: Martins Fontes, 2015].

18. Apuleio, *The Golden Ass: The Transformation of Lucius*. Trad. de Robert Graves. Nova York: Farrar, Straus and Giroux, 2009 [ed. bras.: *O asno de ouro*. Trad. de Ruth Guimarães. São Paulo: Editora 34, 2019].

19. Ver K. Kris Hirst, "The Domestication History of Donkeys (Equus Asinus)", ThoughtCo., 30 maio 2019. Disponível em: <www.thoughtco.com/the-domestication-history-of-donkeys-170660>. Acesso em: 21 fev. 2021.

20. Essa era inicialmente uma especulação da minha parte, mas Danny Glover, o ator que representa esse papel, confirmou para mim numa conversa no Museu de História Afro-Americana em Detroit que o

personagem é de fato uma referência ao poeta afro-americano Langston Hughes.

21. Ver Lewis R. Gordon, "Continues to Rise: Muhammad Ali (1942-2016)", *Viewpoint Magazine*, 7 jun. 2016. Disponível em: <viewpointmag. com/2016/06/07/continues-to-rise-muhammad-ali-1942-2016/>. Acesso em: 21 fev. 2021.

22. Ver Dante Alighieri, *The Divine Comedy of Dante Alighieri*. v. 1: *Inferno*. Trad. de Allen Mandelbaun. Nova York: Bantam Books, 1980. [ed. bras.: *A divina comédia*. Edição bilíngue em três volumes. Trad. de Italo Eugenio Mauro. 5. ed. São Paulo: Editora 34, 2019].

23. Brian Locke, *Racial Stigma on the Hollywood Screen*. Nova York: Palgrave, 2009.

24. Keisha Blain, *Set the World on Fire: Black Nationalist Women and the Global Struggle for Freedom*. Filadélfia: University of Pennsylvania Press, 2018.

25. Ver Jane Anna Gordon, *Statelessness and Contemporary Enslavement* (Nova York: Routledge, 2020); e Douglass A. Blackmon, *Slavery by Another Name: The Re-Enslavement of Black Americans from the Civil War to World War II* (Nova York: Anchor, 2009 [2008]).

26. Rowan Ricardo Philips, *When Blackness Rhymes with Blackness*. Urbana, Illinois: Dalkey Archive Press, 2010.

27. Alicia Garza, entrevistada por L. A. Kauffman, "A Love Note to Our Folks: Alicia Garza on the Organizing of #BlackLivesMatter", *n+1*, 15 jan. 2015. Disponível em: <nplusonemag.com/online-only/online-only/a-love-note--to-our-folks/>. Acesso em: 21 fev. 2021. Ver também as seguintes memórias do movimento: Alicia Garza, *The Purpose of Power: How We Come Together When We Fall Apart* (Nova York: One World, 2020); e Patrisse Khan-Cullors e Asha Bandele, *When They Call You a Terrorist: A Black Lives Matter Memoir* (Nova York: St. Martin's Griffin, 2018).

28. Alicia Garza, *The Purpose of Power*, op. cit., p. 111.

12. Valorizados [pp. 272-85]

1. Ver Frederick Douglass, *Narrative of the life of Frederick Douglass, an American Slave* (Boston: Anti-Slavery Office, 1845), *My Bondage and My Freedom* (Nova York: Miller, Orton, and Mulligan, 1855) e *The Life and Times of Frederick Douglass* (Radford, Virginia: Wilder Publications, 2008 [1881] [ed. bras.: *Narrativa da vida de Frederick Douglass*. Trad. de Odorico Leal. São Paulo: Penguin/ Companhia das Letras, 2021]).

2. A literatura é vasta, mas o caso mais notório é o do livro de Daniel Patrick Moynihan *The Negro Family in America: A Case for National Action*. Washington, DC: Government Printing Office, 1965. As respostas foram

muitas. Entre as mais contundentes e historicamente acuradas está *The Black Family in Slavery and Freedom: 1750-1925*, de Herbert G. Gutman (Nova York: Pantheon Books, 1976); e para uma crítica teórica clássica, ver "Mama's Baby, Papa's Maybe: An American Grammar Book", de Hortense J. Spiller, publicado originalmente em 1987 e incluído em sua coletânea *Black, White, and in Color: Essays on American Literature and Culture*. Chicago: University of Chicago Press, 2003, pp. 203-29.

3. Já discuti esse fenômeno de paternidade branca e frequentemente omissa nos capítulos 5 e 7. Para estudos abrangentes na América do Norte, no Caribe, na América Central e na América do Sul, ver Jane Dailey, *White Fright: The Sexual Panic at the Heart of America's Racist History* (Nova York: Basic Books, 2020); Hilary McD. Beckles, *Natural Rebels: A Social History of Enslaved Women in Barbados* (New Brunswick, Nova Jersey: Rutgers University Press, 1989); Tanya Katerí Hernández, *Racial Subordination in Latin America: The Role of the State, Customary Law, and the New Civil Rights Response* (Cambridge, Reino Unido: Cambridge University Press, 2014); e Lamonte Aidoo, *Slavery Unseen: Sex, Power, and Violence in Brazilian History* (op. cit.).

4. Frederick Douglass, *The Life and Times of Frederick Douglass*, op. cit., p. 16.

5. Simone Weil, "The Love of God and Affliction". In: *The Simone Weil Reader*. Org. de George A. Panichas. Kingston, Rhode Island: Moyer Bell, 1985, p. 446.

6. James Boggs, *The American Revolution: Pages from a Negro Worker's Notebook*. 2. ed. Nova York: Monthly Review Press, 2009 [1963], p. 12.

Índice remissivo

1 Congresso de Escritores e Artistas Negros (Paris, 1956), 296

2 Live Crew (grupo musical), 258

A

Aaron (antigo sacerdote hebreu), 282

Aaron, Hank, 5

abayudaya (povo africano), 67, 209

Abd-al-Rahman, 100

Abel, Colin, 5

Abels, Michael, 46

Abya Yala ("Américas" antes da invasão colonial), 72, 74, 97, 98, 102-3, 167

Abyssinians (banda de reggae), 252

Achebe, Chinua, 262, 318

ações afirmativas, política de, 162

"acordado", permanecer (consciência da realidade), 45

acumulação primitiva, 173

África, 60, 118, 166, 236; culturas africanas, 209; diáspora africana, 152, 166, 219, 304; griôs africanos, 268; lutas anticoloniais na, 25; Nordeste da, 101, 173; Norte da, 178; Ocidental, 47, 139, 246; Oriental, 99, 210

África do Sul, 53, 56, 67, 89, 123, 126, 139, 147, 150, 163, 177, 183, 187,

209, 217; constitucionalismo na, 305; emergência dos termos "racialismo" e "racialista" na, 74

africanos, 45, 67, 69, 72, 74, 100, 116, 118, 168, 171-2, 177-8, 184, 209-10, 215-6, 219-20, 232, 236-7, 241, 244, 246, 253, 268, 279

"Afro Blue" (canção), 271

afro-americanos, 13, 37, 46, 168, 180, 208-9, 215-6, 237, 239, 246, 254-5, 259-60, 266, 280, 321

afro-brasileiros, 252, 283

afrofuturismo, 229

afro-judeus, 289

afro-latinos, 208

afromodernidade, 229

afro-muçulmanos, 98-9, 102, 146

afrosomatofilia (desejo por corpos afrodescendentes), 49

Agamenon (personagem mitológica), 256

agência (capacidade de agir), 83, 97, 107, 151, 179, 235, 256, 270, 280

Agostinho, Santo, 102-3, 263, 301, 305

agricultura, 116, 264

Agrippa, Heinrich Cornelius, 297

Ahmed, Sara, 310

Aidoo, Lamonte, 294, 298, 309, 316, 322

Aids, 65

ainos (povo nativo do Japão), 123

323

aja (povo africano), 69
akan (povo africano), 69, 305
Aker (deus egípcio), 281
Akey, Joshua M., 303
albinos, 71
Alceste (personagem mitológica), 168
alcoolismo, 63-4
alegorias, 97, 211-2, 214, 227, 229, 278
Alemanha, 67, 132, 150, 196, 202, 236
Alessandro de Medici, duque, 98
aletheia (palavra grega para "verdade"), 212
Alexander, Michelle, 307, 311
Alexander, Stephon, 251, 287, 320
Alfama (Lisboa), 98
Ali, Muhammad, 265, 321
Alper, Joe, 303
"alt-right" [direita alternativa], 21, 202
amárico (idioma), 99, 102, 219
América Central, 57, 124, 322
América do Norte, 10, 19, 23, 25, 72, 121, 124, 134, 139, 148, 151, 153, 166, 184, 322
América do Sul, 23, 25, 57, 72, 124, 127, 132, 134, 139, 153, 166, 184, 238, 322; antigas cidades-Estados da, 184
América Latina, 178, 295
"Américas", 72
Amin, Samir, 5
amor, 10, 83, 126, 170, 219, 241, 259, 271, 275, 276-7, 288; amor-próprio, 270; aos animais, 54, 55; político, 277
Ampofo, Akosua Adomako, 312
anarquia, 228-9, 233
Andaluzia, 102
anglo-saxões, 74, 174-5

animais, 69, 99, 173, 294; amor aos, 54; de carga, 173, 265; domesticados, 89, 99, 295; estudos animais, 294; selvagens, 54-5, 173
ankh ("vida", no antigo idioma egípcio), 68
ansiedade, 36, 59, 151
Anti-Defamation League, 317
Antígona (Sófocles), 256, 257
antirracista, educação/luta, 43, 117, 127, 153, 203, 243
antissemitismo, 102, 300, 317
antropofagia, 117
antropologia, 105, 107, 120, 124, 167; Sociedade de Antropologia da França, 169
antropomorfismo, 116
apagamento da humanidade, 108, 127, 174
aparição, 171; ilícita, 171, 192
apartheid, 89, 139-40, 183, 188, 253; *ver também* África do Sul
Apuleio, Lúcio, 263, 320
Aquaman (filme), 215
árabe (idioma), 70, 99, 101, 230, 266
árabes, 70, 99-101, 173, 279-80; comércio árabe de escravizados, 70
Arábica, península, 210
aramaico (idioma), 102
Araújo, Edna Maria de, 299
Arca da Aliança, 210
Argentina, 57, 147
arianos, 74, 295
Armstrong, Louis, 245
Arnhem (Austrália): Darwin (cidade), 54, 175; Dia do Piquenique em, 175; Kakadu National Park, 175-6; Montanhas Azuis de, 175; Nova

Gales do Sul, 175; remansos e braços mortos de rio em, 175-6; Sydney, 175; *ver também* Austrália

asfixia, 25, 28

Ásia, 55, 114, 118, 123, 166, 238; comércio asiático de escravizados, 70; Nordeste da, 116; Oeste da, 101, 114-5, 210; Oriental, 114; Sudeste da, 24, 249; Sudoeste da, 184; Sul da, 178, 239

asiáticos, 18, 67, 116, 118, 120-3, 125, 161, 178

ásio-americanos, 267

Asno de ouro, O (Apuleio), 263, 320

Asserate, Asfa-Wossen, 318

assimilação, 103, 173-4, 277

Associação Beneficente da Polícia [Police Benevolent Association, PBA], 63

Associação Filosófica do Caribe, 289

Associated Press, 315

Atenas e atenienses (antigos), 188, 211, 256, 291

ateus, 197

Atlântico, oceano, 23, 73, 105, 148

Atlantis (reino lendário), 215

Auld, família, 272

Auld, Hugh, 272

Aurobindo, Sri, 113, 302

Austrália, 23, 54, 74, 118, 123, 147, 150, 153, 163, 174-8, 187, 236, 238, 249, 303; *ver também* Arnhem

autenticidade, 66, 81-2, 167, 220, 229, 255-6, 259

autoridade, 10-1, 62-3, 169, 204, 219, 233

avós, 151-2

awabakal (idioma), 177

B

Bacantes, As (Eurípides), 256-7

Badiou, Alain, 310

Bahamas, 23, 73

Bahram (imperador persa), 61

Bailey, Betsy, 273

Bailey, Frederick Augustus Washington, 273; *ver também* Douglass, Frederick

Bailey, Harriet, 273-6, 278, 285

Baker, Ella, 234

Balada de Buster Scruggs, A (filme), 55

Bamshad, M. J., 306

bandeira da Confederação Sulista, 134

Banneker, Benjamin, 72, 95, 296

Bantu (povo e idioma), 68

Baradaran, Mehrsa, 295

Baraka, Amiri, 243, 319

Barbados, 148, 309, 316, 322

Barber, Benjamin R., 314

Barker, Meg-John, 310

Barr, Caelainn, 299

Barron, Phillip, 287

Basileia (Suíça), 209

Batzer, M. A., 306

Baumgartner, Frank R., 311

Beauvoir, Simone de, 80, 82-3, 298, 307

bebop, música, 250-3, 255, 320

Becca, Hugh, 5

Beckles, Hilary McD., 294-5, 297, 309, 316, 322

beguine (ritmo), 250

bem-estar social, 163

Benton, Adam, 303

berberes, 99

Berg, Bruce L., 292

Berger, Peter L., 308

Bergson, Henri, 86, 298-9

Bernasconi, Robert, 306

Bernier, François, 126, 306
Bernstein-Naples, Alexandra, 287
"Between You Baby and Me"
    (canção), 85
Biden, Joseph, 21, 137, 308
Bigger Thomas (personagem), 233,
    235
Biko, Steve Bantu, 159, 183, 261, 314
biologia, 24
Black Lives Matter (BLM,
    movimento), 22, 133, 135-6, 321;
    #BlackLivesMatter (hashtag),
    271, 321
Black, Lewis, 45, 293
BlackDemographics.com, 308, 310
blackface, 46, 146
blanqueamiento/branqueamento, 57,
    75, 152, 163, 173, 295
blues, 64, 85, 243-50, 252, 254, 264,
    266, 269-71; Frantz Fanon sobre
    o, 247, 248, 252
Blues People (Baraka), 243, 319
Boggs, James, 196, 205-6, 278, 315-
    7, 322
Bogin, Ruth, 296
Bogle, Paul, 12, 279
Boisseron, Bénédicte, 294-5
Boko Haram, 218, 318
Bolsonaro, Jair, 27, 202, 291
Booth, Robert, 299
Borger, Julian, 291
Borgerson, Janet, 168, 312
Boseman, Chadwick, 5
Boston (Massachusetts, EUA), 56-
    7, 189
Bottass, Ray, 5
Bragato, Fernanda Frizzo, 319
brâmanes, 123, 239
"bramanismo" (nacionalismo
    hindu), 21
"Branca de Neve" (conto dos Irmãos
    Grimm), 169-70

brancos: brancura, 116, 119, 121-2,
    152, 174, 205; homens brancos,
    37, 120, 152, 170, 188, 224;
    Homo sapiens recentemente
    clareado, 115; tendo direito de
    realizar prisões de cidadãos, 28;
    tocando bebop, 251
branquitude, 38-9, 45-6, 52-4,
    105, 115, 125, 129-31, 133, 137-
    8, 140, 146-8, 152, 174, 179, 189,
    239, 253; como desejo de ter
    tudo, 147, 202; consciência
    gananciosa, 56-7; construída,
    38-9; estereótipos de
    branquitude cultural, 105, 253;
    "estudos da branquitude", 129;
    homens brancos como fonte de
    brancura, 152; imunidade e, 128,
    133-5, 138-40, 164, 201; narcísica,
    31, 37-9, 41, 45, 50, 199, 205, 278,
    292; pleonexia (cobiça extrema
    por tudo), 53, 147, 202; polícia
    como protetora da, 22, 29, 41;
    ver também supremacia branca
Brasil, 9, 20, 22, 25-7, 41, 57, 74, 12-
    4, 147, 150, 177, 187, 194, 202,
    215, 249, 252, 262, 299; afro-
    brasileiros, 252, 283; censo de
    1976 no, 74; samba, 252
Brathwaite, Kamau, 5
Brayboy, Duane, 167, 311
Broadie, Sarah (Waterloo), 5
Broca, Pierre Paul, 120, 128
Bronx (Nova York), 12, 14, 62, 255
Bronzino, 98
Brown Jr., Oscar, 271
Browning, Brian L., 303
Browning, Sharon R., 303
Brubaker, Rogers, 307-8
Brum, Maurício, 306
Bryc, Katarzyna, 309
Buck, Adriaan de, 315

Buscapé (personagem), 283-5
Bush, George W., 16
Butler, Judith, 82-3, 297-8, 308

C

Cabral, Amílcar Lopes da Costa, 261
Caldwell, Kia Lilly, 299
califados, 98, 101, 178
calipso, 250
Cam (personagem bíblica), 44
Câmara dos Representantes (EUA), 135
Canadá, 53, 118, 123, 147, 165, 174, 183, 238
"cancelamento", cultura do, 131
capitalismo, 19-21, 105-6, 177, 259, 262, 266, 268
Cardi B, 258
Caribe, 35, 57, 132, 139, 148, 151-2, 238, 255-6, 272, 289, 322; Associação Filosófica do Caribe, 289
Carlos Magno, 101
Carney, John, 287
catolicismo: católicos do Sul da Europa, 138; universidades católicas, 67
Cavaleiros Templários, 50
cavalos, 98-9, 265
Cazenave, Noel, 296, 302, 307
cegos, 75, 124
Centro de Estudos Afro-Judaicos (Temple University, Filadélfia), 148
Centro de Informações sobre a Pena de Morte (EUA), 94
centro-esquerda política, 150
Centros de Controle e Prevenção de Doenças (EUA), 299
Chafariz d'el Rey (Alfama, Lisboa), 98

cham (povo nativo do Vietnã), 123
Chapin, Angelina, 308
Chapman, Steve, 180, 313
Chauvin, Derek, 25, 133, 138
cheiros, raças/racismo e, 124
Chevannes, Derefe Kimarley, 187, 287, 314
Chibok (Nigéria), 218, 318
Chicago, 189-90
Childish Gambino, 45, 48
Chile, 57
China, 164, 168-9, 236, 249, 312, 319; Institutos Confúcio, 237
Chinski, Eric, 288
cidadania, 29, 131, 184-5, 187-92, 194-5, 237, 269
Cidade de Deus (filme), 282-4
cidades, conceito de, 185, 189, 191; cidades-Estados, 184, 221
ciências humanas, 24, 107, 126
cividiceia [cividicy], 187-8, 191
classes sociais, 64, 67, 106, 142, 265-7
Clínica Mayo (EUA), 37, 292
Clitemnestra (personagem mitológica), 256
Coates, Ta-Nehisi, 43, 293
Coéforas (Ésquilo), 256
Coen, Joel e Ethan, 55
Cohen, Shaye J. D., 317
Cole, Joe Robert, 214
Collins, Lucy, 299
Collodi, Carlo, 262-3
Colômbia, 57, 72, 123, 147, 177, 194
Colombo, Cristóvão, 23, 73, 293
colonialismo, 11, 19, 23, 27-8, 45, 57, 68, 108, 123, 141, 168, 170, 174, 178, 184, 203, 219-20, 235, 259; britânico, 11, 35; colonização, 41, 97, 103, 118, 166, 177, 181-2, 244, 318; colonizador(es), 64, 68, 104, 132, 155, 166-7, 173, 175, 177-8, 181, 219; decolonização,

327

234; euromoderno, 23, 123, 178, 184, 220

colorismo, 304

Coltrane, John, 251

Comaroff, Jean, 287, 302, 318-9

Comaroff, John, 287, 319

comédia, 85, 89, 268

Comer, James P., 63, 296

Como ser antirracista (Kendi), 43, 293

comoditização, 255, 267

completude, 247

compromisso/comprometimento, 42, 145, 150, 203, 219, 234, 267, 272, 276-8, 285

condenados da Terra, 249, 276, 305, 313

Cone, James, 5

Confederação Sulista (EUA): bandeira da, 134; monumentos a soldados confederados, 150

"Confirmation" (canção), 252

Congo, Estado Livre do, 132

Congresso Nacional de Índígenas Norte-Americanos, 153

Congressos Sionistas (VI e VII), 209

Connecticut (EUA), 17, 289

consciência: anticolonial, 178; associada à luz, 61; "consciência dupla potencializada", 181-2, 249; crítica, 82; gananciosa, 56-7; subconsciente, 179; surda, 187

consciência negra, 9, 12, 24-5, 29-30, 36, 40, 44, 46, 49, 51, 58, 61, 94, 142, 149, 157, 161, 178, 184, 187, 204, 218, 227, 238-9, 243-6, 254, 276, 284, 314; barrada, 187; como um oximoro, 61; como uma união de classe, gênero, indigeneidade e raça, 110, 142; consciência surda, 187; de ilegitimidade, 45, 66, 105,

119; de opções limitadas, 181; do ódio e poder brancos, 178; dupla consciência, 171, 182; trans, 151

consciência Negra, 29-31, 36, 51, 149, 157, 161, 183, 204, 207, 218, 239, 243, 276, 284-5; como demanda por libertação, 204; como política, 183-84; "consciência dupla potencializada", 181, 182, 249; empoderamento Negro, 29, 205-4; revolucionária, 261, 277; temida em sociedades antinegras e de supremacia branca, 29-30; valorização dos condenados da Terra, 276; *ver também* negritude; negros

conservadorismo, 21, 150, 202, 227, 229, 259; neoconservadorismo, 20-2, 25-6, 130

constitucionalismo, 305

Convenção dos Direitos das Mulheres (Seneca Falls, NY, 1848), 272

Convenção dos Direitos das Mulheres (Akron, Ohio, 1851), 269, 292

conversão, 146

Coogler, Ryan, 214, 239

Cooper, Anna Julia, 110, 168, 301, 312

Córdoba (Espanha), 101

Cordova, Viola, 297, 299

Coreia do Sul, 224, 249

Cornell, Drucilla, 287, 318

corpo, o: corpo(s) negro(s), 43-4, 46, 48-50, 161; desincorporação, 80-1, 96-7; físico, 194; incorporação/encarnação/corporificação, 44, 49, 248, 293; vivido, 44

328

Corra! (filme), 45-6, 51, 58, 96-7, 278-81, 284; Cavaleiros Templários, 50; Chris, 48-50, 96-7, 279, 280-2, 284-5; com *O mágico de Oz* (filme de 1939), 281; Dean Armitage, 50-1; Missy Armitage, 49, 97; Ordem do Coagula, 50, 58, 97; Rod Williams, 280; Rose Armitage, 48-50, 97; Sociedade Alquimista Vermelha, 50
"correção política" (expressão soviética), 131
Coulthard, Glen, 107, 174, 300, 313
Coup, The (grupo musical), 262
Covarrubias, Sebastián de, 98
Covey, reverendo, 276
Covid-19, pandemia de, 16-9, 23, 26, 96, 236, 291, 299
Cox, Oliver Cromwell, 313
Coyoacán (Cidade do México), mercado de, 93, 109
Crátilo (Platão), 186
crenças, 27, 39, 41, 73, 78-9, 81, 83, 162, 197, 292
Crenshaw, Kimberlé, 110-2, 301-2
Creonte (personagem mitológica), 256-7
crimes, 29, 63, 164-5
criminalidade, 66, 189-90
criminalização de mulheres e homens negros, 59, 112
crises, 20-1, 228, 236; origem grega da palavra "crise", 228
cristianismo, 104, 106, 146, 186, 308; católicos do Sul da Europa, 138; "conversos" e "mouriscos" na Ibéria medieval, 308; cristandade, 73, 98-100; cristãos, 67, 99-101, 104-5, 137, 172, 295, 301; Igreja abissínia, 219; negros cristãos, 67; ortodoxos

europeus, 137; Padres da Igreja (teólogos antigos), 172; protestantes anglo-saxões, 174
Cristo *ver* Jesus Cristo
crocodilos, 54
Cronos (deus grego), 77
Cruz, Ted, 134
Cuba, 57
Cugoano, Ottobah, 279
cuidado infantil, livros sobre, 64-5
Cullors, Patrisse, 271, 321
culpa, 187, 196-8, 269; moral, 139, 200; política, 199-200; presunção de, 164-5
cultura: como um "deus protético" (para Freud), 193; culturas africanas, 209; estereótipos de branquitude cultural, 105, 253; popular, 32, 59, 167, 208; práticas culturais, 124
"cultura do cancelamento", 131
Cummings, Elijah, 5

D

Dailey, Jane, 298, 309, 322
dálites (casta indiana dos intocáveis), 123, 239, 249
damas, jogo de, 84
Damáscio, 104
Dança Fantasma (movimento religioso de nativos norte-americanos), 167
Dannemann, Michael, 302-3
Dante Alighieri, 267, 281, 321
Darity Jr., William A., 295, 307, 310
Darnell, Rick, 85
Davis III, James, 182, 314
Davis, Angela J., 311
Davis, Angela Y., 164, 234, 301, 307, 309, 311, 316

davis, danielle, 175, 314
Davis, Miles, 252
decadência disciplinar, 108
Declaração de Balfour (1917), 209
decolonização, 234
DeFabio, Cara Rose, 153, 309
degar (povo nativo do Vietnã), 123
Deloria Jr., Vine, 91, 107, 153, 167, 297, 300-1, 310-2
democracia, 19-20, 29-30, 136, 189, 194, 195; antidemocracia, 19, 27, 29-30, 191; falsa, 136; liberal, 20; social-democracia, 20
denisovanos, 114, 116
dependência, 63, 97, 113, 170, 261
Descartes, René, 102
"descriação", 83
Desculpe te incomodar (filme), 262-3, 268
desejo(s), 56; de maximização do lucro, 266; de ser D--s, 53; de tudo, 45, 53, 147, 202, 207
desempoderamento, 194, 204
desincorporação, 80-1, 96-7
desumanização, 138, 141, 156-7, 172, 200, 204, 243-4
Detroit (Michigan, EUA), 264, 268
D--s (divindade absoluta do monoteísmo), 106, 197, 199, 277, 282-3
deuses, 69, 104, 126-7, 187, 192-3, 200, 213-4, 218, 221, 224, 234, 257, 282-4
Devi, Debra, 246, 319
Dey, Sayan, 287, 297
dialética, 142, 181, 256, 258
diáspora africana, 152, 166, 219, 304
dignidade, 31, 140, 204, 207, 225, 227, 233, 236, 243, 269-70, 276
Dihya (ou Kahina), rainha berbere judia, 172-3

Diop, Cheikh Anta, 318
direita política, 27, 68, 131, 135-6, 149, 150, 227, 229-30, 235, 278; "alt-right" [direita alternativa], 21, 202
direitos: das mulheres, 269, 272, 292; de voto, 139, 195; dos trabalhadores, 265; legais, 139
direitos autorais, lei de (EUA), 272
"discriminação reversa", 56
Disney World (Disneylândia), 190, 314
diversidade, 127-8, 238, 306
Dixon, M. E., 306
doenças, 17-8, 23, 26-7, 64, 292
Dolezal, Rachel (Nkechi Amare Diallo), 149
Douglass, Frederick, 199, 272-6, 279, 285, 316, 321-2
Doukas, Gregory, 287
drogas, 60, 63, 284
Du Bois, W. E. B., 23, 66, 107, 164, 291, 296, 301, 307, 311, 314
Dunbar-Ortiz, Roxanne, 307
dupla-hélice, 251
Durand, Eric Y., 309
Dussel, Enrique, 102-3, 297, 300
Dzidzienyo, Anani, 5, 304

E

economia, 24, 29
Eddy, Melissa, 306
Édipo (personagem mitológica), 256
edo (povo africano), 69
educação, 35, 63, 67, 130, 182, 243
Egisto (personagem mitológica), 256
Egito Antigo *ver* Kmt
egotismo, 83; fragilidade egoica, 41
Electra (personagem mitológica), 256
eletricidade, 192, 193

330

Elfrink, Tim, 315
Elliott, Missy, 258
Ellison, Ralph, 245, 319-20
elois (povo fictício), 117
El-Shabazz, El-Hajj Malik
    (Malcolm X), 261, 265
Emirado de Córdoba (península
    Ibérica), 101
emprego e desemprego, 19, 112, 130,
    162, 264
Entre o mundo e eu (Coates), 43, 293
epistêmica, brutalidade policial, 64
Epp, Derek A., 311
Equador, 57
Erdoğan, Recep, 202
Escócia, 166
escravização/escravizados, 23, 40,
    45-6, 49, 57, 69-70, 72, 80, 89,
    96-7, 118, 120, 134, 146, 170, 173,
    178, 182, 188, 199-200, 215, 218,
    220, 227, 238, 241, 244, 249, 263,
    265-6, 269, 272-3, 275-6, 279-80,
    292; "slave" [escravizado, em
    inglês], etimologia de, 266
eslavos, 266
Espanha, 98, 101, 202, 249
esperança, 167, 179, 199, 251, 262
"esquema epidérmico", 43
esquerda política, 68, 203, 228-30,
    267, 278
Ésquilo, 256, 257
essencialismo, 65;
    "antiessencialistas", 143-4
Estado de bem-estar social, 163
Estados Unidos, 12, 14, 20-2,
    25, 27-8, 41, 51, 57-8, 63, 66-
    7, 72, 74, 89, 94, 111, 117-8, 123,
    126, 131, 133, 135-8, 146-8, 150,
    155, 161, 163, 165, 167-8, 173-
    4, 177, 180, 183, 187, 191, 195-6,
    202, 215, 220, 226, 236-8, 243,
255-6, 268, 272; assassinatos
raciais nos, 131-2; Centro de
Informações sobre a Pena de
Morte, 94; Centros de Controle
e Prevenção de Doenças, 299;
constitucionalismo, 305;
desigualdade racial na saúde nos,
17-8; fundamentados na norma
saxã protestante, 174; grupos
de ódio nos, 150; Guerra Civil
(1861-5), 117, 146, 272; história
genocida dos, 28, 131; inspiraram
a Alemanha nazista, 197; invasão
do Capitólio (2021), 21-2, 134,
136-7, 195; Pais Fundadores dos,
72, 95; Partido Comunista, 267;
Partido Republicano, 51, 134-
5, 137, 308; Primavera Norte-
Americana (2020), 19, 27, 191,
194; sistema de justiça dos,
135; "sociedade civil branca"
violenta nos, 138; *Strategic
Narrative, A* [Uma narrativa
estratégica] (especialistas
em segurança nacional dos
EUA, 2011), 237; universidades
norte-americanas, 67
estudos animais, 294
estudos críticos de raça, 89
estudos negros, 294
estupro, 63-4, 80, 117-8
Etéocles (personagem mitológica),
    256-7
ética, 30, 133, 138, 170, 197, 232, 252,
    269, 277, 305
Etoke, Nathalie, 311
euclidiana, geometria, 110
eugenia, 57, 126, 316
Eurásia, 115-6
Eurídice (personagem mitológica),
    168

Eurípides, 256-7
Europa, 10, 23, 54, 98, 100-1, 114,
    116-8, 148, 163, 174, 184, 186,
    202, 221, 237-8; católicos do
    Sul da Europa, 138; comércio
    europeu de escravizados, 70;
    eurocentrismo, 168, 192;
    imigrantes europeus, 174; judeus
    europeus, 138, 147; negros de
    ancestralidade europeia, 153;
    Oriental, 148; Sul da, 101, 184;
    tráfico de escravizados, 23;
    União Europeia, 236
evidências, caráter evidente das, 82
Ewan, Beatrice Norton ("Vovó
    Bea"), 11
Ewan, Uriah, 10
existencialistas, 147
exotismo, 51, 171

F

FaceTime, 26
fala/discurso, 169, 194
Fanes (deus persa), 77
Fanon, Frantz, 24, 30, 42-3, 51-2,
    72, 97, 107, 170, 174, 179-80, 203,
    228, 230, 234-5, 237, 247-8, 250-
    1, 261, 265, 285, 291-2, 294, 296,
    300-1, 307, 309-10, 313-4, 318-
    20; "Racismo e cultura", 296;
    sobre "respiração" e "respirar",
    24-5; sobre a razão, 42-3; sobre
    o blues, 247-8, 252
fanti (povo africano), 69
fascismo, 21-2, 25, 96, 202, 229,
    235-6, 307
fé, 197, 211-2
Feil, Fernanda, 291
feminismo, 75; pensamento
    feminista Negro, 110

fenômenos, relação entre
    consciência e, 77
Fernando de Aragão, rei, 101
Ferreira, Johanna, 295
Ficek, Douglas, 287
fidelidade, 211, 218, 220, 232
Fieldstadt, Elisha, 304
Filipinas, 123
filosofia, 168, 211, 249, 257
Finch III, Charles, 317
Firmin, Anténor, 107, 120, 169,
    309, 318
Fiske, John, 296
Floyd, George, 25, 28, 133, 138
Fort Hare, Universidade de (África
    do Sul), 56
fótons, 81
Foucault, Michel, 297
fragilidade egoica, 41
França, 67, 98, 100, 168, 236, 258
Franco, Francisco, 202
francos (povo europeu), 101
Frazier, Darnella, 28, 291
Freud, Sigmund, 193, 315, 317
Fryer, David Ross, 310
Future Evolution of Man, The
    (Aurobindo), 113, 302

G

Galton, Francis, 126, 306
Gannon, Megan, 303
Gardiner, Alan H., 315
Garner, Eric, 25
"Garota que ficou nervosa, A"
    (episódio do filme A balada de
    Buster Scruggs), 55
Garza, Alicia, 271, 321
Gastrow, Claudia, 216, 287
Gea (deusa grega da Terra), 222
Geb (deus egípcio da Terra), 221-3

gênero, questões de, 143-4, 149-50, 152, 161, 167-70, 256, 265-7; *ver também* trans/transgênero

genocídios, 23, 28, 45, 58, 73, 131-2, 167

genuflexão: como protesto durante hino nacional dos Estados Unidos, 180; em respeito aos anciãos, 220

geometria euclidiana, 110

Ghim, Deborah, 288

Ghuman, Sukhdeep, 287

"Giant Steps" (canção), 251

Gillespie, Dizzy (John Birks), 252

Gilligan, Carol, 168, 312

Ginsburg, Ruth Bader, 5

Giuliani, Rudolph, 134, 189

Glinda, a Bruxa Boa (personagem), 281

Glover, Danny, 320

Godhill, Olivia, 303

Google Meet, 26

Gopnik, Alison, 65, 296

Gordon, Elijah, 89, 237, 287

Gordon, Jane Anna, 288, 291, 300, 305, 310, 314, 319, 321

Gordon, Jennifer, 176, 287

Gordon, Lewis R., 289, 293, 297, 301-2, 305, 308, 311, 313-4, 316-7, 319-21

Gordon, Mathieu, 63, 287

Gordon, Sula, 176, 287

Gordy, Berry, 268

Gould, Stephen Jay, 311

governo(s), 41, 96, 104, 130, 187-9, 197-8, 209, 226, 236; neoliberais, 26, 264

Graham, Greg A., 315

Graham, Lindsey, 134

Gramsci, Antonio, 203

Granada (Espanha), 99, 101

Grant, Madison, 126, 316

Grant, Sheila, 5

Grécia Antiga, 257; tragédias gregas, 168, 256-8

Greer, Margaret R., 300

grego (idioma), 68, 99, 149, 184, 186, 213, 228

Greywood, Josephine, 288

Griffith, D. W., 117

Grimm, Irmãos, 169

griôs africanos, 268

"Groovin' High" (canção), 252

Gruber, Karl, 303

guarani (povo indígena), 177

Guardiola-Rivera, Oscar, 287

Guerra civil (filme de 2016), 223

Guerra Fria, 236

"guidos" e "guidettes" (gíria para italianos festeiros da classe trabalhadora), 60, 65

Guillén Batista, Nicolás Cristóbal, 267

Gutman, Herbert G., 316, 322

Guynup, Sharon, 295

Gyekye, Kwame, 5, 305

H

Hades (personagem mitológica), 168

Haiti, 272; Revolução Haitiana (1791-1804), 25

Hale, Nathan, 12

Hancock, Ange-Marie, 302

Hannaford, Alex, 294

Hansberry, Lorraine, 68

Hare Krishna, mantra, 85

Harjo, Suzan Shown, 300

Harris, Joseph E., 296

Harris, Wilson, 5

Hartig, Hannah, 308

havaiana, linguagem de sinais, 186

Hawkins, Roy, 85
Hawley, Josh, 134
Haynes, Lemuel, 72, 95, 296
HBCUs (faculdades e universidades historicamente negras), 67
hebraico (idioma), 68, 99, 102, 149, 166, 223, 239
Hegel, G. W. F., 256
Heng, Geraldine, 308
Henry, Paget, 314
Heptones (banda), 252
Héracles (personagem mitológica), 168
Hernández, Tanya Katerí, 295, 297, 322
heróis: anti-heróis, 233; nacionais, 12; super-heróis, 63, 208, 210, 216-8, 224
Hershatter, Gail, 169, 312
Herzl, Theodor, 209
He-Yin Zhen, 168, 312
Hick, John, 305
Higginbotham, Evelyn Brooks, 320
híndi (idioma), 239
hindus (nacionalismo hindu ou "bramanismo"), 21
Hipátia, 172
hip-hop, 13, 45, 64, 250, 254-8, 260-2, 268, 320; rap, 254, 257-9; rappers mulheres, 258
Hirst, K. Kris, 320
história: agentes da, 171, 178; hegemônica, 107; racionalizações falsas da, 197, 244
história, a, 19, 27, 45, 67, 98, 114, 123, 163, 186-7, 193, 209-10, 255, 276, 280
Hitler, Adolf, 138, 202, 307, 316
Hobbes, Thomas, 118, 221
Hochschild, Adam, 294, 306
Holanda, 194

Hollywood, filmes de, 267
Holmes, Matthew B., 287
Holmes, Oliver Wendell, 133
Homem-Aranha (personagem), 208
"homem-massa", 201-2
homicídios, 28, 94, 131, 165, 226, 271, 283
hominídeos, 114, 117
Homo erectus, 114
Homo heidelbergensis, 114
Homo sapiens, 114-8, 125, 156
homofobia, 20
homossexualidade, 105
Honig, Emily, 169, 312
Horus (deus egípcio), 221-3
hospitais, 17-8, 62, 193
"HqAw" ("força vital", antigo idioma egípcio), 192
Hubbe, Mark, 304
Hudlin, Reginald, 215
Hughes, Langston, 264, 266-7, 321
Hughes, Robert, 177, 294, 313
humanidade: apagamento da, 108, 127, 174; deslocada, 85; negação da, 171
humor, 56, 85, 219, 250
Hungria, 22
Huntington, Patricia, 287

I

Iantaffi, Alex, 310
ibo (idioma), 218
ibo (povo africano), 68-9, 149, 262
"idi" ("surdo", no antigo idioma egípcio), 185
"idiotas" (na Grécia Antiga), 186
idolatria, 305
ídolos, 187, 285
Igielnik, Ruth, 308
"ignorância epistêmica", 89

igorot (povo nativo das Filipinas), 123

Igreja abissínia, 219

Ikidowin, Minoweh (Donna Edmonds Mitchell), 5

imaginação, 55, 59, 79, 113, 131, 166, 184, 194, 196, 250-1, 298

imigrantes, 57, 67, 136; europeus, 174; sem documentação, 189; sul-asiáticos, 123

imitação, 179, 181, 251, 254, 277

imobilidade, 261

Império Britânico, 9, 23

Império Romano, 100, 210

impossibilidade/"desejo impossível", 277

improvisação, 270

impureza, 87, 88

imunidade, 128, 133-5, 138-40, 164, 201

incesto, 64

Índia, 20-2, 25-6, 70, 74, 113, 123, 126, 139, 202, 238-9, 249, 297; "bramanismo" (nacionalismo hindu), 21; dálites (casta indiana dos intocáveis), 123, 239, 249; híndi (idioma), 239

Índico, oceano, 69

indígenas, 9, 22-3, 25, 28, 37, 41, 55-6, 63, 65, 72-3, 94, 96-7, 107, 120, 124, 130, 134, 136, 138-9, 150, 153, 161, 166-9, 171-3, 175, 177-8, 189, 197, 206; Congresso Nacional de Índígenas Norte-Americanos, 153; Dança Fantasma (movimento religioso de nativos norte-americanos), 167; First Nation (povos nativos norte-americanos), 118, 124, 150, 167-8, 175; genocídio de, 28, 73, 167; nativos norte-americanos, 153-4, 161, 167, 171, 173,-4

indigeneidade, 106, 110, 125, 142, 238

Inglaterra, 74, 101, 272; *ver também* Reino Unido

inocência: presunção de, 94; suposta inocência dos povos indígenas, 171

Institutos Confúcio (China), 237

integração, lógica da, 174

integralidade, 156

"intelectuais orgânicos", 203

interseccionalidade, 110, 113

invasores e invasões, 73, 98, 101, 134, 173

invisibilidade, 23, 27, 31, 161, 165-73, 178, 183, 195, 310

iorubá (povo africano), 69, 253, 312

Irele, F. Abiola, 5

Irigaray, Luce, 169

Irlanda, 166, 272

irlandeses, 11, 14-5, 147

Isabel de Castela, rainha, 101

Ísis (deusa egípcia), 221-3

islã, 106, 266

"It's Tricky" (canção), 254

Itália, 202, 249

italianos, 14-5, 60, 147, 203

Ivy League, universidades da, 67

J

Jackson, Michael, 55

Jackson, Sherman, 305

Jacobs, Harriet, 279, 285

Jamaica, 9, 11-2, 14, 23, 139, 148

James, C. L. R., 293, 297, 316

Jan, Tracy, 310

Japão, 123, 164, 255, 268

Jaspers, Karl, 196-9, 315-6

jazz, 165, 250-1, 253, 259, 270

Jefferson, Thomas, 72

Jenner, Caitlyn, 149

Jerusalém, 210
Jesus Cristo, 27, 99, 172
Jochem, Greta, 302
jogos, 83-4, 263
Johnson, Akila, 295
Johnson, Devon, 320
Johnson, Terrence, 301
Joines, Stanford, 100-1, 300
Jones, Claudia, 234, 261
Jones, Richard, 259, 287
Jorde, L. B., 306
judaísmo, 19, 102, 106, 209; africanidade do, 209; Arca da Aliança, 210; Halachá, 209; Rosh Hashaná (Ano-Novo judaico), 209; Shabat, 104, 210; shofar, 209; Tikkun olam, 239
judeus, 11, 14, 18, 98-102, 138, 146-8, 172, 208-211, 239, 246, 271, 308, 317; abayudaya de Uganda, 67, 209; africanos, 209; afro-americanos, 209; afro-judeus, 289; Anti-Defamation League, 317; antigos, 172; antissemitismo, 102, 300, 317; asquenazes, 67; europeus, 138, 147; hebreus-israelitas, 67; lemba, 67, 209; mizraim, 67; negros, 67; sefarditas, 67; Shoá (Holocausto), 18
jumentos, 263
justiça social, 149, 180
justificação, 44, 126, 236, 245

K

"ka" ("força vital", "alma", "espírito", no antigo idioma egípcio), 192
Kahlo, Frida, 93
Kakadu National Park (Austrália), 175-6

Kant, Immanuel, 126-8, 305
Kaplan, Sarah, 303
Kaplan, Temma, 314
Katz, William Loren, 304
Kauffman, L. A., 315, 321
Kaye, Melanie, 317
Keeter, Scott, 308
Kelley, Robin D. G., 320
Kelso, Janet, 302-3
Kendi, Ibram X., 43, 293, 311
Kierkegaard, Søren, 248-9, 294, 320
King Jr., Martin Luther, 265
kingozi (idioma), 279
Kirby, Jack (Jacob Kurtzberg), 208-10, 214, 217, 239
Klier, M. P., 288
Klu Klux Klan, 150, 206
"km" ("negro", no antigo idioma egípcio), 68
Kmt (Egito Antigo), 68-9, 99, 185, 192, 210, 212, 221, 223-4, 263, 281; Aígyptos, 68; *ver também* Mdw Ntr (idioma antigo de Kmt/Egito)
Ko, Kwang Hyun, 302
Koop, Chacour, 291
koori (povo australiano), 175, 177
Krikler, Colin, 5
KRS-One (músico), 258
Ku Klux Klan, 117
Kubrick, Stanley, 264
Kuna-Tule (povo indígena sul-americano), 72
Kuti, Fela Anikulapo, 85, 139, 253

L

L'Ouverture, Toussaint, 279, 293, 297, 316
Lacan, Jacques, 169
Lamar, Kendrick, 258

lar/casa, 178
Las Casas, Bartolomé de, 293, 297
Lasky, Kathryn, 168, 312
latim, 99, 102, 192
latinas/latinos, 77, 103, 106, 152, 162, 166, 186
Lebron, Chris, 318
Lee, Stan (Stanley Lieber), 208-10, 214, 217, 239
legitimidade, 19-20, 30, 66, 95, 103, 106, 119, 166, 201-4, 224-5, 236-7, 245
Leibniz, Gottfried Wilhelm, 305
leis, 74, 103-4, 111, 186, 200, 224, 238
lemba (povo africano), 67, 209
Leopoldo II, rei da Bélgica, 132
Leviatã (Hobbes), 118, 221
Levy, Shirley, 5
liberdade, 30-1, 41, 73, 82-3, 86, 101, 126, 133-4, 148, 156, 159, 194, 204, 207, 227, 229, 234, 236, 243, 244, 253, 261, 263, 269, 272, 276-8, 280, 285; distinta de imunidade, 133-4; "liberdade de expressão", 133; relação entre questionamento e, 82
liberdades civis, 190
libertação, 141, 149, 204, 215, 226-7, 237, 244, 261, 276
linchamentos, 24, 45, 94, 131-2, 139
Lincoln, Abbey (Aminata Moseka), 165, 271
linguagem havaiana de sinais, 186
Lionel (guia yolngu em Arnhem), 176
Lisboa (Portugal), 98
Little Richard (Richard Wayne Penniman), 5
Lloyd, Edward, 273
Locke, Brian, 267, 321
Lockwood, Alanna, 5
Lomax, Louis, 205, 317

López, Josué, 287
Lott, Tommy L., 306
loucura, 179, 182, 233, 241
Luckmann, Thomas, 308
Lugones, María, 5
lumad (povo nativo das Filipinas), 123
Lund, Kátia, 282
luo (povo africano), 177
luxo, 128-30
Lyubansky, Mikhail, 231, 318

M

"mAa" ("real" e "leal", no antigo idioma egípcio), 212
Maart, Rozena, 287, 305
mAat (deusa egípcia), 224, 282
Macpherson, J. Michael, 309
Madikizela-Mandela, Winnie, 234
mães, 63-5, 270, 273
má-fé, 16, 39, 76-8, 80-3, 86, 95, 96, 108, 110, 130, 137, 144, 156, 171, 180, 266, 297, 316; como humor e formas de riso, 85-6, 89; e projeto de morte, 177, 313; espírito de seriedade como, 83; liberdade como uma condição da, 82; no transracialismo, 144-5; sinceridade como, 76, 81-2
magia/mágica, 170, 192
Mágico de Oz, O (filme de 1939), 281
Maher, Geo, 292, 296, 302
Makhanda (anteriormente Grahamstown, África do Sul), 56
mal, o, 61, 111, 134, 229, 270
"Maldição de Cam" (narrativa bíblica), 44
malineses, 99
Malley, Mary, 287
mambo, 250

Mandela, Nelson, 234, 237
mandingas (povo africano), 99
mangyan (povo nativo das
  Filipinas), 123
Mani (profeta persa), 61-2, 295
maniqueísmo, 61, 78, 123
maoris (nativos da Nova Zelândia),
  177, 215
Máquina do tempo, A (Wells), 117
Margolis, Joseph, 5
Marianna (Flórida, EUA), 132
Marley, Bob, 139
Martel, Carlos, 100-1
Martin, Trayvon, 94, 271
Martinica, 24
Marvel, quadrinhos e filmes da,
  208, 210, 216, 218, 223, 232-3
marxismo, 205-6, 265
Maryland (EUA), 272-74, 276
Mascolo, John, 5
maturidade, 72, 133, 252, 255, 261-2
mauritanos, 99
maximização do lucro, 266
Mayfield, Curtis, 85
MC Solaar (Claude M'Barali), 258
McCarthy, Kevin, 134
McConnell, A. Michell, 135, 164
McIntosh, Peggy, 129, 306
McKay, Claude, 267
McKinley, Catherine E., 246, 319
Mdw Ntr (idioma antigo de Kmt/
  Egito), 68-9, 99, 185, 212; *ver
  também* Kmt (Egito Antigo)
Meagher, Thomas, 287, 298
Mediterrâneo, mar, 69, 99
Megan Thee Stallion, 258
Mehler, Jill, 5
Meirelles, Fernando, 282
melancolia, 105, 165, 179, 241, 245,
  275
Melodians (banda), 252
memória, 28, 172, 228, 279

Memphis (Egito Antigo), 68
Memphis (Tennessee, EUA), 265,
  269
Mendelson, Joel, 314
mercado: de carne, 40;
  fundamentalismo do, 130;
  viabilidade comercial, 220
Mercado-Irizarry, Stephanie, 287
messias, 48, 282
mestiços, 41, 124, 314
metafísica, 58, 197, 199, 201, 221
metaleiros, 60, 65
metemoglobinemia, 71
México, 57; mercado de Coyoacán
  (Cidade do México), 93, 109
Microsoft Teams, 26
Mignolo, Walter D., 297, 300
milícias (exército e polícia), 22
Miller, J. Reid, 305
Minneapolis (Minnesota, EUA), 16,
  25, 133, 190
"minoria", 201
minstrelsy [cantoria de menestréis],
  146
Miranda, Dana, 287
miscigenação, 63, 115-6, 124, 152-3,
  155, 239, 280, 304
misoginia, 20, 75, 168, 258
Mitchell, Denise Dawn Elaine, 5
Mitchell, Milton, 5
mitologia, 77, 99, 214, 221-2, 282
modernidade: afromodernidade,
  229; etimologia da
  palavra "moderno", 102;
  euromodernidade, 105, 107,
  109, 161, 169, 235, 237, 239; pós-
  modernidade, 131
Modi, Narendra, 202
Moisés, 210, 222, 282
Mokoape, Aubrey Maitshwe, 5
Monahan, Michael J., 287, 310
monarquia, 216

338

montagnard (povo nativo do Vietnã), 123

Montgomery, Ben, 132, 306

moralismo e moralidade, 131, 197, 200

More, Mabogo P., 253

Morlocks (personagens), 117

morte, projeto de, 313; em quarentenas, 23; "negociações" do colonizador como, 177

Mos Def (Yasiin Bey), 258

Motown Records, 268

Mountain, Joanna L., 309

mouros, 98-100, 102, 300

Moynihan, Daniel Patrick, 321

muçulmanos, 67, 102, 308; afro-muçulmanos, 98-9, 102, 146

Muhammad, Khalil Gibran, 311

"mulato", etimologia do termo, 120

Mullen, A. Kirsten, 295, 307, 310

multidimensionalidade, 113

multiverso, 113, 234

Museu de História Afro-Americana (Detroit), 320

música, 10, 32, 46, 64, 85, 105, 243-6, 248-59, 268, 270-1

Mussolini, Benito, 202

"My Philosophy" (canção), 258

N

NAACP (National Association for the Advancement of Colored People), 149

nacionalismo, 20-1, 230, 269

Namíbia, 132

Naples, Nancy, 287

narcisismo, 31, 37-8, 39, 41, 45, 50, 199, 205, 278, 292

Nascimento, Milton, 252

natureza humana, 37, 39

nazismo, 73, 150, 197, 316; neonazistas, 134, 150

Ndegeocello, Meshell, 258, 262

Neal, Claude, 132

neandertais, 114-8

Neeson, Liam, 118, 304

Negra, consciência, 178; agentes da história, 178

negritude, 42, 44, 61, 65, 71, 97, 119, 121, 125, 146, 148, 154, 179, 224, 239, 245-6, 249-51, 253-5, 280; autêntica, 253, 255; como adolescência perpétua, 255; de judeus europeus, 138, 147; exoticizada, 161, 170, 250-1; maniqueísmo sobre a, 61, 78, 123; na moda, 49; patológica, 42; sofrimento na negritude autêntica, 254; *ver também* consciência negra; consciência Negra

Negro Revolt, The (Lomax), 205, 317

"negro" (palavra portuguesa para a cor preta), 74

negrofobia, 49

negros: autenticidade como patologia, 42, 60, 163, 273; Bigger como, 234-5, 261, 265; como "problemas", 108; considerados como não merecedores de nada, 207; corpo(s) negro(s), 43-4, 46, 48-50, 161; crianças negras, 15, 64, 65; criminalização dos, 59, 112; dálites indianos como, 123, 239, 249; de ancestralidade europeia, 153; dupla consciência dos, 171, 182; estudos negros, 294; excesso e exponencialidade dos, 162; exotização dos, 51, 171; falsas representações na cultura popular, 32, 59, 208;

identidade negra, 58, 147; infantilização dos, 252; judeus negros, 67; latinos, 162, 208; melancolia/sentimento de não pertencer, 105, 165, 179, 241, 245-6, 275; "negro mágico", 231; nos estudos animais, 294; opções limitadas dos, 181; proletarização dos, 177; que são antinegros, 209; revolucionários, 72, 255, 265; rurais, 67, 184; Sambos, 41; semiologia dos, 118-9; urbanização dos, 216

negrosomatofilia, 49
neoliberalismo, 19-22, 25-6, 130
Neusner, Dena, 82, 298
Neves, Walter, 124, 304-5
Nicolau, são, 172
Nietzsche, Friedrich, 83, 147, 256-9, 298, 320
Nigéria, 139, 218, 227, 253
nigerianos, 99, 218, 262
"nigger", 13-5, 74, 251, 253, 260; "nigga"/"niggaz", 74, 220, 227, 259-60; "niggerização", 227, 259; "nigguh", 74, 259; origens do termo, 74
"Night in Tunisia, A" (canção), 252
Nilo, rio, 69, 222
Nirenberg, David, 300
Nishitani, Keiji, 83, 298
Nissim-Sabat, Marilyn, 287, 315
Nixey, Catherine, 104-5, 301
Njoya, Wandia, 287
"nobre selvagem", 171
Noé (personagem bíblica), 44, 102
Noite dos mortos-vivos, A (filme de 1968), 281
Northup, Solomon, 279
Nova York (NY), 12, 17, 62, 162, 176, 189-90, 208, 255-6

Nova Zelândia, 147, 163, 177
Núbia (antiga Sty), 69, 210
núbios (antigos styw), 69
númidas, 99
Nuñez, Steve, 287
Nut (deusa egípcia do Céu), 222
Nzegwu, Nkiru, 307, 311, 318

O

Obama, Barack, 50-1, 135
Obasogie, Osagie K., 304
Oboler, Suzanne, 304
Ocasio-Cortez, Alexandria, 134
Oceania, 98
"oitavões", 74
omíada, califado, 100-1
Onishi, Norimitsu, 306
opinião pública, 224
opressão, 29, 147, 157, 166, 194, 200, 204, 207, 247-8, 276, 314
Orestes (personagem mitológica), 256
Oréstia (Ésquilo), 256
Orfeu (personagem mitológica), 168
orgulho, 131, 233, 276
Oriente Médio, 210
Ortega y Gasset, José, 201, 316
ortodoxos, cristãos, 137
Osíris (deus egípcio), 221-3
Outkast, 258
outro(s), o(s), 38-9, 44, 45, 62, 138, 141, 145, 282; "outrização", 141
Ozolins, Erik G., 305

P

Pacífico, oceano, 97, 105, 116, 118, 153, 166-7

Pacino, Al, 15
Padres da Igreja (teólogos antigos), 172
padrões duplos, 57
paganismo, 106
Pai Tomás (personagem), 41
Paine, Thomas, 95
pais, 63-5, 270, 273-4
Palestina, 209
Panamá, 72
Panda, Manoj Kumar, 304
pandemias convergentes, 28-9, 285
Pantaleo, Daniel, 25
Pantera Negra (filme de 2018), 89, 208-10, 214-6, 218-24, 226, 229-31, 236, 239; Bashenga, 210, 220-1, 229-30; Capitão América e, 208, 216, 223; comparado com filmes de super-heróis brancos, 216, 218; comparado com o filme *Aquaman*, 215; críticas a, 215; ervas em formato de coração, 227; espiões em, 226-7, 235; Everett Ross, 215, 231; genuflexão em respeito aos anciãos, 220; Helmut Zeno, 223; jabaris (clã), 216, 229; Klaue, 224, 226, 231; leitura judaica de, 208, 210; M'Baku, 216, 217; mitos antigos da África Oriental em, 210; N'Jadaka, 215, 221, 225-7, 234, 236; N'Jobu, 225-6; Nakia, 218-9, 224, 226-7, 231-2, 235; neve/água em, 222-3; Okoye, 218, 224, 232-3; "Pantera Afro-Americana", 89, 237; ressurreição em, 222-3; Romanda, 217, 223, 232; Shuri, 218, 230, 232, 319; sopro do shofar em, 209; T'Chaka, 220, 223, 226, 230-1; T'Challa, 208, 210, 217-27, 230-2, 234-7;

vibranium (substância quase mágica), 210, 224; Wakanda, 208, 210, 215-21, 223-7, 229-30, 232, 235, 237, 239, 317; Zuri, 226, 231
Pantera Negra (história em quadrinhos), 208, 214, 216-7, 230-1, 234; elementos judaicos de, 208-10
Pantera Negra (minissérie de TV em desenho animado), 215
Panteras Negras (partido), 217
Papai Noel, imagem do, 172
Paquistão, 123, 238
Paradiso-Michau, Michael, 287
pardos, 9, 11, 13, 16, 63, 94, 120-3, 125, 130, 134, 138-9, 153, 172, 189, 195, 206
Paris (França), 18, 296
Parker, Charlie, 252
Parsons, Lucy, 233
Partido Comunista dos Estados Unidos, 267
Partido Comunista Soviético, 131
Partido Republicano (EUA), 51, 134-5, 137, 308
patriarcado, 169
patriarcas hebreus, 166
Peele, Jordan, 45, 49, 278, 281
Pelosi, Nancy, 134
Pence, Mike, 134
Penniman, Richard Wayne (Little Richard), 5
persa (idioma), 61, 279
Pérsia, 78
Persram, Nalini, 314
pertencimento, 10, 103, 165-6, 207, 275, 285
pessimismo, 262
Philips, Rowan Ricardo, 321
"pHty" (força divina/faraônica, no antigo idioma egípcio), 192

Pinn, Anthony B., 305
Pinóquio (personagem), 262-4, 320
Pizan, Christine de, 168, 312
Platão, 186, 211-2
pleonexia (cobiça extrema por tudo),
    53, 147, 202
pluriverso, 113, 197
pobreza, 23, 57, 274
poder: definição de, 192;
    desempoderamento, 194, 204;
    diferente de força material, 193;
    divino, 192; empoderamento,
    29, 193, 205, 285; etimologia de,
    192; imperial, 236; instituições
    de, 199; poder branco, 25, 304,
    317; poder Negro, 204; vontade
    de poder, 147
Poderoso chefão, O (filme), 15
polícia, 22, 28-9, 41, 55, 63-4, 112,
    131, 134, 138-9, 188, 233, 237, 261,
    280, 292; brutalidade policial/
    violência policial, 29, 62-6, 138,
    180, 194; como protetora da
    branquitude, 22, 29, 41
Polinésia, 74
Polinices (personagem mitológica),
    256, 257
pólis (cidade-Estado grega), 184-
    6, 188
política/político: ação política,
    170, 200, 243; amor político,
    277; Antiguidade Clássica
    e, 184-5; comunicação e
    discurso como condição, 188;
    consciência política, 29, 237;
    contra o desempoderamento,
    204; culpa política, 199-200;
    empoderamento versus
    desempoderamento, 194,
    204; impotência política, 28;
    instituições políticas, 132,
    252; na Antiguidade Clássica,

184-5; política da respeitabilidade,
    260; reconhecimento, 147;
    responsabilidade política, 31, 196,
    198-200, 269, 276; soluções para
    problemas políticos, 140; tirania
    versus política, 224; vida política,
    29, 147, 169, 186, 194, 252, 269, 272
"politicamente correto", 131, 133
poloneses, 147
populismo, 136
porto-riquenhos, hostilidade a, 13, 15
Portugal, 98, 249
Poussaint, Alvin, 63, 296
Powell, Joseph F., 305
prerrogativa, noção de, 164, 269
privatização, 19-21, 130, 190
privilégio(s), 9, 128-33, 139
progressismo, 50, 75, 136, 149-50,
    216, 227-8, 230
propriedade, 53, 57, 60, 111, 132, 173,
    175, 177, 186, 244, 269, 275
prostituídos, 41
protestantes anglo-saxões, 174
Pryor, Richard, 60, 220
psicanálise, 169, 317
psicologia, 24
pureza e purificação, 21, 44, 87, 107,
    114, 131, 153, 155-6

Q

"quadrarões", 74
Quênia, 139, 177, 209, 296
Quilligan, Maureen, 300

R

Ra (deus sol), 99, 192, 214
raça, 70, 98-9, 105, 146; cheiros e,
    124; cidadania e, 188; discussão

evitada sobre raça e racismo, 95; elemento neurótico no estudo de, 95; estudos críticos de, 89; etimologia da palavra, 98; "misturada", 215; na formação das ciências humanas, 24, 126; percepção entre os cegos, 124; policiamento de, 22, 139, 188-9; procriação e, 57, 128; *raza* (termo espanhol), 98-9, 105, 146; roupas e, 65; semiologia de, 118-9; suposta cegueira em relação a, 88-9; teocideia e, 126-7; tipos de "nós" (seres humanos modernos), 114; trans e, 144-5; visão multidimensional de, 113

racialismo, 73

racionalidade, 119-21

racismo: anti-indígena, 22; antinegro, 22, 29, 31, 43, 62, 123, 138, 181, 194, 203-7, 235, 251, 293; antissemitismo como, 102, 300, 317; cheiros e, 124; construído sobre falsidades, 44, 81; contra a democracia, 136; contra a igualdade e a reciprocidade, 96; contra a responsabilidade política, 31; desumanização, 138, 141, 156-7, 172, 200, 204, 243-4; discriminação racial, 22, 56, 200; "discriminação reversa", 56; discussão evitada sobre raça e racismo, 95; e a relação "eu e os outros", 141; emergência histórica das palavras "racista" e "racismo" (anos 1930), 73; entre os cegos, 124; "escravizado feliz", 178; estrutura formal do racismo (claro-escuro/elevado-baixo), 124; estrutural, 28, 163-4, 199, 272; impõe

mecanismo e rigidez à vida humana, 87; infantilização, 252; maniqueísta, 66, 141, 181, 183; negação da humanidade de grupos de pessoas racialmente designadas, 171; normalidade e normatividade do, 40-2; pensamento bidimensional, 43; produz racistas, 85; visões neoconservadoras e neoliberais do, 21-2, 130, 131

"Racismo e cultura" (Fanon), 296

Rajshekar, V. T., 123, 304, 319

rap *ver* hip-hop

"Rapper's Delight" (canção), 257

Raver, Miki, 168, 312

raza (termo espanhol), 98-9, 105, 146

razão, 42, 43

Rebelião de Sharpe (Jamaica, 1831-2), 23

reconhecimento político, 147

"Redbone" (canção), 45-6

redes sociais, 136, 202

reducionismo, 108

refugiados, 12, 136, 195

reggae, 250, 252-3, 257, 258

Reich, David, 309

Reino Unido, 20, 25, 53, 67, 150, 165, 194, 236, 297, 305, 308, 311-2, 320, 322; *ver também* Inglaterra

religiões, 67, 101, 106

reparações, 111, 224

República Dominicana, 57

respeitabilidade, 260-1

respiração/respirar, 24-5, 224, 243, 282, 285

responsabilidade: legal, 197, 272; metafísica, 197; moral, 196-7; política, 31, 196, 198-200, 269, 276

ressentimento, 56, 147, 201-2, 226, 229

Retrato do duque Alessandro de Medici (Bronzino), 98

Revolução Haitiana (1791-1804), 25

revoluções, 141, 204, 206, 215, 265, 267, 278

Rhodes, Universidade de (África do Sul), 53

rhythm and blues, 250

Ricker, C. E., 306

Riley, Boots, 262-4, 269

Ringo, Julia, 288

riso, 65, 85-6, 89, 99, 298

"rmT" ("egípcio" e "humanidade", no antigo idioma egípcio), 69

Roach, Max, 165

robôs, 266

Rocchi, Ghjuvan'Teramu, 5

Rochester, Shawn D., 57, 295

rock'n'roll, 64, 250, 257

rocksteady, 250, 252

Rodney, Walter, 296, 306, 318

Rodriguez, Cheryl R., 312

Roma Antiga, 100-1, 104, 210

Rondilla, Joanne L., 304

Roots, The (grupo musical), 262

Rosh Hashaná (Ano-Novo judaico), 209

Ross, César, 319

roubo, 60, 165, 173, 177, 254

Roumain, Jacques, 267

Rourke, Gina, 287

Run-DMC (grupo musical), 254, 255

rurais, áreas, 58, 67, 184, 188-9, 194, 274

Rússia, 236, 249

S

Saad Filho, Alfredo, 291

Sacro Império Romano, 100

safáris, 53

Saini, Angela, 311

salsa (ritmo), 250

Salt-N-Pepa (grupo musical), 258

samba, 250, 252

Sambos, 41

Santamaría Rodríguez, Ramón "Mongo", 271

SARS-CoV-2 (novo coronavírus) ver Covid-19, pandemia de

Sartre, Jean-Paul, 53, 79-80, 293-4, 298

Sathyanathan, Chandramohan, 172, 287, 304, 312-3

saúde, 18, 62, 112, 193, 224, 243; assistência médica, 26, 130; profissionais de, 17

Schenck v. Estados Unidos (caso de 1919), 133

Schlözer, August Ludwig von, 101

Schwartz, Gary, 287

Scott, Julius S., 294

"šēḇeṭ" (palavra hebraica para "tribo" e "galho"), 166

secularismo, 106

Segunda Guerra Mundial, 196, 250

Seielstad, M. T., 306

Selassie, Haile (Tafari Makonnen Woldemikael), 219, 318

semiologia racial, 118-9

"semita", origens da palavra, 101-2

semíticos, idiomas, 101-2

Sen, Sudip, 216, 318

Senado (EUA), 51, 134-5, 164

Sêneca, Lúcio Aneu, 104, 300

seriedade, espírito de, 83, 108, 201, 270

Sérvia, 249

Set (deus egípcio), 221-3, 225

sexualidade, 106, 110, 142; orientação sexual, 64, 110

Shakur, Assata, 234

Shem (personagem bíblica), 102

Sheth, Falguni A., 300

Shoá (Holocausto), 18

Shoard, Catherine, 304

344

shofar (instrumento feito de chifre de carneiro), 209

Shoub, Kelsey, 311

sikhs, 168

"Sikiliza Kwa Wahenga" [Ouça seus ancestrais] (canção), 46, 279, 281

Silva, Rosemere Ferreira da, 287

Silverstein, Melissa, 168, 312

simbólico, o, 48, 170, 284

Simien, Evelyn, 302

Simply Seder (Neusner), 82, 298

sinceridade, 76, 81, 211

Singh, Jaspar Kaur, 168, 287, 312

Sit, Ryan, 310

ska (ritmo), 252

Skype, 26

"slave" [escravizado, em inglês], etimologia de, 266

Snorton, Riley, 308

social-democracia, 20

socialismo, 20

sociedade civil, 57, 133, 138, 189

Sociedade de Antropologia da França, 169

Sócrates, 256, 258

Sófocles, 256, 257

sofrimento, 23, 39, 41, 109, 187, 229, 245, 248-9, 252, 254, 270, 274

Solomon, Emile Michael, 5

Solomon, Lorenzo ("Tio Sonny"), 5

Solomon, Yvone Patricia, 11

"Sometimes I Feel Like a Motherless Child" (canção), 273

"Sorrow, Tears and Blood" (canção), 85

Soul Man — Uma escola muito louca (filme), 146

soul music, 250

South, Walter, 5

Spain, Sarah, 305

Spearman, Darian, 287

Spickard, Paul, 304

Spillers, Hortense J., 301

spirituals (canções negras), 273

Stanley, Jason, 287, 307

Steinschneider, Moritz, 102

Stephens, Sandra, 287

Stevens, Rebecca, 309

Stoddart, Gertrude, 11

Strategic Narrative, A [Uma narrativa estratégica] (especialistas em segurança nacional dos EUA, 2011), 237

Strauss, Johann, 85

Stuckey, Sterling, 107, 301

suaíle (idioma), 46, 218, 226, 279

Suárez-Krabbe, Julia, 177, 313

Suécia, 249

Suez, canal de, 210

Sugarhill Gang (grupo musical), 257

Suíça, 209

sujeitos, questão dos ("identidades"), 83, 111, 113, 144, 207, 297

Sul Global, 54, 108

Sulaiman, Samantha Kostmayer, 287

"superioridade", 38, 41, 45, 115, 147, 152, 171, 205, 233, 276

Suprema Corte (EUA), 51, 133

supremacia branca, 28, 30, 39-40, 42, 44-5, 98, 101, 111, 117, 129, 134-6, 138, 146, 161, 172, 183, 207-8, 215, 217, 231, 237, 251, 253; pretensão de supremacistas brancos de controlar negros e outras pessoas de cor, 46, 80; *ver também* branquitude

surdez/surdos, 186

T

Tafari Makonnen Woldemikael (Haile Selassie), 219, 318

talense (povo africano), 69
Tate, Taylor, 287
Taylor, Paul C., 308
tchecos, 266
Temple University (Filadélfia), 148
teodiceia, 126-7, 187
"teoria", etimologia da palavra, 213
teriomorfismo, 85
teutões, 74
Tharps, Lori L., 293, 304
Thornton, Russell, 167, 311
"Thrill Is Gone, The" (canção), 85
Tiger King (documentário), 55
tigres, 54-5
tigrínia (idioma), 102
Tillotson, Michael, 311
tirania versus política, 224
TLC (grupo musical), 258
Tometi, Opal, 271
tortura, 80, 200
tráfico de seres humanos: comércio
    árabe de escravizados,
    70; comércio asiático de
    escravizados, 70; comércio
    europeu de escravizados, 70;
    tráfico negreiro, 23, 73, 148, 238
tragédias gregas, 168, 256-8
trans/transgênero, 143-4, 149-
    51, 155; *ver também* gênero,
    questões de
transracialismo, 144-5
"transvaloração de valores", 83
"tribo", etimologia da palavra, 166
Trinidad, 148
Trump, Donald, 21, 27, 134-7, 164,
    191, 202, 236, 308, 310, 314
Truth, Sojourner, 33, 261, 269, 279,
    285, 292
"truth" (palavra inglesa para
    verdade), 211
Tsikata, Dzodzi, 312
tswana (povo africano), 177

Tubman, Harriet, 279, 285
Tucci, Serena, 303
Turquia, 172, 202
Tuvel, Rebecca, 144-5, 149, 307-8
Twitter, 271

U

Uganda, 139, 208-9
União Soviética, 131
universidades norte-americanas,
    67
Urano (deus grego do Céu), 222
Uruguai, 57

V

valores, 20, 68, 83-5, 100, 183, 200,
    219, 260
vândalos (invasores de Roma), 104
Vendramini, Danny, 116-8, 303-4
Venezuela, 57
Venzel, Stacey, 295
verdade: *aletheia* (palavra grega para
    "verdade"), 212; "truth" (palavra
    inglesa para "verdade"), 211
"vermelhas", pessoas, 120-2
Vespúcio, Américo, 72
vida selvagem, 53
"Vidas azuis [cor do uniforme da
    polícia] importam" (grito de
    manifestantes brancos), 134
Vietnã, 123
vigilantes brancos, 16
violência, 12, 23, 29; de Estado,
    190-1; doméstica, 64; força
    legítima versus violência, 224;
    policial *ver* polícia, brutalidade
    policial/violência policial;
    racial, 134; sexual, 80, 200;

346

ver também colonialismo;
linchamentos; polícia
Virgílio, 267, 281
Vitale, Alex S., 292, 296, 302, 307
vitamina D, 116
vítimas/vitimização, 18, 39, 45, 63,
97, 111, 131, 134, 137, 147, 187, 200,
207, 248
voto, direito de, 139, 195
voz, 105; ausência de, 168;
autoridade da voz masculina,
169, 170; timbre e o diapasão
da, 124

W

Wade, Lizzie, 310
Wagner, Richard, 85
Wailers (banda), 139, 252
Walker, Corey D. B., 315
Walker, Michelle, 168, 312
Waller, Fats (Thomas Wright), 245
Walsh, Catherine E., 297
Wamba, Wamba dia, 5
wampanoag (povo nativo norte-
americano), 177
Washington, George, 72
Washington, Robert E., 304
Watkins, W. S. , 306
Webex, 26
Weil, Simone, 83, 277, 298, 322
Wells, H. G., 117
Wells-Barnett, Ida B., 233, 307
"(What Did I Do to Be So) Black
and Blue" (canção), 245
Wheatley, Phillis, 168, 312
Whitman, J. Q., 316
Wilson, Andrew F., 317
Wiredu, Kwasi, 317
Wolfe, Patrick, 174, 313
wolof (povo africano), 69

World Bank (Banco Mundial), 317
Wright, Richard, 233, 261, 319

X

X, Malcolm (El-Hajj Malik El-
Shabazz), 261, 265
xenofobia, 20, 202, 235
Xinran, 169, 312

Y

Yankton Sioux (povo nativo norte-
americano), 107, 153
"Yardbird Suite" (canção), 252
Yilmaz, Mustafa Selim, 300
yolngu (povo australiano), 175-6
Young, Iris Marion, 198, 316
Yung, Judy, 169, 312

Z

Zâmbia, 139
Zane, Sherry, 287
Zé Pequeno (personagem), 283-4
Zhou, Ying, 303
Zimbábue, 209
Zimmerman, George, 94, 271
Zirakzadeh, Cyrus Ernesto, 319
zoófilos, 54-5
Zoom, 26

Fear of Black Consciousness © Lewis R. Gordon, 2022
Publicado mediante acordo com Farrar, Straus and Giroux, Nova York.

Todos os direitos desta edição reservados à Todavia.

Grafia atualizada segundo o Acordo Ortográfico da Língua
Portuguesa de 1990, que entrou em vigor no Brasil em 2009.

capa
Julia Custodio
foto de capa e verso da capa
© Stephen Shames/ Polaris
preparação
Nina Schipper
índice remissivo
Luciano Marchiori
revisão
Ana Maria Barbosa
Gabriela Rocha

Dados Internacionais de Catalogação na Publicação (CIP)

Gordon, Lewis Ricardo (1962-)
  Medo da consciência negra / Lewis Ricardo Gordon ;
tradução José Geraldo Couto. — 1. ed. — São Paulo :
Todavia, 2023.

  Título original: Fear of Black Consciousness
  ISBN 978-65-5692-448-9

  1. Racismo. 2. Consciência negra. 3. Branquitude.
4. Covid-19 — Estados Unidos. I. Couto, José Geraldo.
II. Título.

CDD 305.8

Índice para catálogo sistemático:
1. Racismo 305.8

Bruna Heller — Bibliotecária — CRB 10/2348

todavia
Rua Luís Anhaia, 44
05433.020 São Paulo SP
T. 55 11 3094 0500
www.todavialivros.com.br

fonte
Register*
papel
Pólen natural 80 g/m²
impressão
Geográfica